Joachim Hähnel

Rheinisches Freilichtmuseum Kommern

Museumsführer

1985
Rheinland-Verlag GmbH · Köln
in Kommission bei
Dr. Rudolf Habelt GmbH · Bonn

3. überarbeitete Auflage

Anschrift: Abtei Brauweiler, 5024 Pulheim 2
Fotos: Klaus Dittert
Zeichnungen: Gerhard Eitzen und Klaus Dittert
Gestaltung: Gregor Kierblewsky
Herstellung: Publikationsstelle des Landschaftsverbandes Rheinland
Lithos: Peukert & Co., Köln
Druck: Druckhaus B. Kühlen KG, Mönchengladbach
ISBN 3-7927-0879-5

Vorwort

Mit diesem Band erscheint nach längerer Pause wieder ein ausführlicher Führer durch das Rheinische Freilichtmuseum. Der inzwischen fortgeschrittene Aufbau machte eine Neukonzeption des Textes erforderlich. Zum erstenmal wird das gesamte Museumsgelände einbezogen. Beschrieben werden nicht nur die Baugruppen mit den historischen Museumsbauten, sondern auch Hofplätze, Gärten, Baumwiesen, Felder und Wald mit ihren musealen Anlagen ebenso wie mit ihrer Pflanzen- und Tierwelt. Denn das Rheinische Freilichtmuseum versteht sich nicht nur als Häusermuseum. Es bemüht sich vielmehr, die in das Museumsgelände übertragenen Gebäude auch an ihrem neuen Standort, soweit das überhaupt in einem Museum möglich ist, in ihrer Einbindung in die historische Kulturlandschaft zu zeigen, sie als Bestandteil der bäuerlichen Lebens- und Arbeitswelt und in ihrer natürlichen Umwelt darzustellen. Der Führer berichtet sowohl über den Stand der Arbeit als auch über die weitere Planung. Wenn dabei in dieser ersten Übersicht noch nicht alle Aspekte in gleicher Intensität behandelt werden konnten, sollen künftige Veröffentlichungen zu Einzelthemen beitragen, verbleibende Informationslücken zu schließen.

Inhalt

Am Haus aus Kessenich

Kurzinformation im Überblick

Das Rheinische Freilichtmuseum wurde 1958 vom Landschaftsverband Rheinland gegründet und mit einem ersten Teilabschnitt 1961 eröffnet. In einem Gelände von rund 75 ha Größe auf dem Kahlenbusch, einem Höhenrücken der Voreifel, zeigt es charakteristische Beispiele der alten bäuerlichen Baukultur des Rheinlands. An ihrem ursprünglichen Standort abgebrochene Gebäude, überwiegend Fachwerkbauten, sind hier in vier Baugruppen, die vier Regionen des Rheinlands entsprechen — Eifel, Westerwald, Niederrhein und Bergisches Land —, wieder aufgebaut. Abbruch, Restaurierung und Wiederaufbau werden von den Museumshandwerkern ausgeführt. Vor dem Abbruch werden die Gebäude vermessen und gezeichnet und ihre Baugeschichte wird dokumentiert, so daß beim Aufbau im Museum ihr ursprünglicher Zustand wiederhergestellt werden kann. Die Bauten sind so ausgewählt, daß sie beispielhaft die regionalen Bautypen und die Entwicklung der Bautechniken und Konstruktionsformen des ländlichen Hausbaus im Rheinland zeigen können. Durch die Ausstattung mit altem Hausrat und Arbeitsgerät aus ihren Herkunftsgebieten geben sie einen Eindruck von den ländlichen Wohn- und Wirtschaftsformen der Vergangenheit. Neben den Bauernhöfen werden auf diese Weise auch die Arbeitsstätten des bäuerlichen Handwerks mit ihrer Einrichtung und zeitweilig auch in Betrieb gezeigt. Zu den Bauten und Anlagen gehören eine Dorfkapelle, eine Dorfschule, Mühlen und Backhäuser, Feld- und Wegkreuze sowie alte Grabdenkmäler.

Einzelbauten und Hofanlagen erhalten im Freilichtmuseum wieder ihr historisches Umfeld: es wurden Gärten angelegt, in denen alte Gemüse-, Zier- und Heilpflanzen angebaut werden, wie sie früher im Rheinland verbreitet waren, Baumwiesen mit alten Obstbaumsorten und Felder, auf denen die verschiedenen Getreidearten, aber auch alte Nutzpflanzen wie Flachs und Buchweizen in traditioneller Weise gebaut und geerntet werden. Auch die Haustiere des alten Bauernhofs sind im Museum zu sehen.

Darüber hinaus hat das Museum auch die Wildkräuter des Dorfs und der Dorfflur in seinen Schutz genommen, Pflanzenarten, die durch Dorferneuerung und moderne Agrarchemie gefährdet oder vom Aussterben bedroht sind, durch die Ansiedlung im Museumsgelände aber einen dauerhaften Zufluchtsort finden sollen. Der Wald des Museumsgeländes wird teils durch forstpflegerische Maßnahmen wieder in einen artenreichen, naturnahen Bestand übergeführt, teils dient er der Darstellung historischer Waldnutzungen und Wirtschaftsformen. Alle diese Maßnahmen bedürfen nicht

nur der besonderen Pflege durch das Museumspersonal, sie sind vor allem auch auf den Schutz durch die Museumsbesucher angewiesen.
Seit 1969 ist das Rheinische Freilichtmuseum zugleich Landesmuseum für Volkskunde. In drei Ausstellungsgebäuden zeigt es ständige und Wechselausstellungen zur rheinischen Kulturgeschichte; in einer Filmhalle werden Einführungsfilme für den Museumsbesuch und Filme aus der Thematik des Museums vorgeführt. Zwei Museumsgaststätten befinden sich beim Parkplatz und in der Nähe der Baugruppe Niederrhein. Über das Museumsgelände informiert ein Plan am Eingangsgebäude; dort werden außerdem auf einer Tafel („Heute im Museum") täglich die aktuellen Aktivitäten (Ausstellungen, Veranstaltungen, Handwerksvorführungen, Arbeiten im Gelände u. dgl.) angezeigt.

Was gibt es zu sehen?

Das Freilichtmuseum in Stichworten

Die Zahlen in Klammern verweisen auf die Museumsbauten; nähere Angaben finden sich bei den Gebäudetexten im Führer.

Allgemeines

Ausstellungen (Nr. 3)
Filme (Nr. 2)
Informationsräume in den Baugruppen (Nr. 14. 33)
Restaurants (Nr. 6. 7)
Verwaltung (Nr. 4)
Werkstätten (Nr. 5)

Die Museumsbauten

Backhäuser s. Dorf- und Hofbackhaus
Backöfen (Nr. 12. 14. 16)
Bergische Häuser (Nr. 61—67)
Bienenhäuser (Nr. 16. 34)
Bockwindmühle (Nr. 51)
Bruchsteinbauten (Nr. 28. 63)
Dorfbackhaus (Nr. 40)
Eifelhäuser (Nr. 12—24)
Einhaus(-Hof) (Nr. 10)
Ernhäuser s. Eifel- u. Westerwaldhäuser
Fachwerkbauten (Nr. 10—67)
Garnkasten (Nr. 64)
Gartenhaus (Nr. 67)
Hallenhäuser (Nr. 55. 57. 63)
Hofbackhaus (Nr. 55)
Hoftore (Nr. 12. 14)
Kapelle (Nr. 11)
Kappenwindmühle (Nr. 53)
Kelterhaus (Nr. 36)
Mannesmann-Haus (Nr. 66)
Niederrheinhäuser (Nr. 55—57)
Notstall (Nr. 38)
Remisen (Nr. 14. 33. 55)
Sägegatter (Nr. 27)
Sägemühle (Nr. 28)
Schafställe (Nr. 14. 16. 17. 18. 55)

Einrichtung und Zubehör

Zimmerungsformen und -techniken

Freigespärre (Nr. 12)
Fugennagelung bei Blattungen (Nr. 17. 18. 33. 34. 35)
Krummsäulenstuhl (Nr. 14. 15. 35. 36)
Liegender Stuhl (Nr. 31. 32. 33. 40. 63)
Querbindergefüge (Nr. 10—24. 35—36. 55—57)
Rofen (Nr. 10. 17)
Schwertstiele (Nr. 24)
Schwertungen (Nr. 10. 12. 17. 21)
Sparrenschuhe (Nr. 12. 21. 55. 56. 57)
Spitzsäule (Nr. 33)
Stehender Stuhl (Nr. 16. 18. 24. 34. 35. 61. 62)
Stockbau (Nr. 31. 32. 33)
Stockwände am Ständerbau (Nr. 14. 15. 16)
Zierformen des Fachwerks (insbes. Nr. 31. 32. 33), Schaugiebel (Nr. 12. 15. 16), strebenloses Fachwerk als Repräsentationsform (Nr. 12. 15. 24)

Sonstiges

Äcker, Ackerwildkräuter (Nr. 18. 34)
Arma-Christi-Kreuze (Nr. 83—85)
Bauernstein (Nr. 81)
Baumwiesen (Nr. 14. 15. 16. 18. 32. 34. 35. 61)
Beerengärten (Nr. 15. 33)
Gerichtssäule (Nr. 81)
Getreidefelder (Nr. 18. 34)
Grabdenkmäler (Nr. 80)
Hausgärten (Nr. 16. 24. 31. 32. 57)
Haustiere (Pferde, Ochse, Esel, Schweine, Schafe, Ziegen, Katzen, Gänse, Enten, Hühner)
Heilkräuter (Nr. 31)
Holzkohlenmeiler (Parz. B 1)
Hudewald (Parz. N 3. Q 1)
Kräutergarten (Nr. 31)
Kreuz, steinernes (Nr. 82)
Lohhecken (Parz. B 8)
Rottland (Parz. B 11)
Ruderalpflanzen (Nr. 12. 14—18. 31—36. 40)
Schiffelland (Parz. B 10)
Textilpflanzen (Nr. 21)
Wegkreuz (Nr. 82—85)

Handwerk im Museum

Während des Sommerhalbjahrs finden regelmäßig Handwerksvorführungen im Freilichtmuseum statt. Soweit die entsprechenden alten Werkstätten in den Museumshäusern vorhanden sind, wird dort gearbeitet. Für die übrigen Handwerke, die zur Zeit noch einen nur provisorischen Platz haben, sollen die — bereits übernommenen — Werkstätten im Zuge des weiteren Museumsausbaus eingerichtet werden. An welchen Tagen und zu welchen Uhrzeiten die Handwerker in den Museumsbauten arbeiten, ist der Informationstafel am Eingang zu entnehmen. Da sich diese Termine nicht langfristig vorausplanen lassen, wird hier auf Zeitangaben verzichtet. Der jeweils aktuelle Stand kann jedoch auch bei der Museumsverwaltung erfragt werden.

Brotbacken: Dorfbackhaus aus Löhndorf (Nr. 40)

Holzkohlenmeiler: im Südteil (Parzelle B 1)
Imkerei: Lehrbienenstand (bei Nr. 34)
Korbmacher: z. Z. Baugruppe Niederrhein
Maurer s. Zimmerleute
Sägegatter s. Zimmerleute
Schmied: Schmiede aus Bornich (Nr. 38)
Schreiner: Haus aus Ruppenrod (Nr. 31), Drechslerwerkstatt
Spinnen: z. Z. Haus aus Mönchengladbach (Nr. 57)
Stellmacher: Hof aus Wallenthal (Nr. 14), Stellmacherwerkstatt
Weben: z. Z. Haus aus Mönchengladbach (Nr. 57)
Windmühlen: Nr. 51 u. 53 (in Betrieb nur bei geeigneten Windverhältnissen)
Zimmerleute, Maurer: Die Baustellen, auf denen die historischen Museumsgebäude errichtet werden, müssen ebenso wie die Zimmerei des Museums mit Sägegatter und Abbundplatz (Nr. 27) aus Sicherheitsgründen für den allgemeinen Besucherverkehr gesperrt bleiben. Für speziell interessierte Besucher können nach vorheriger Anmeldung in der Museumsverwaltung Besichtigungen vereinbart werden. Besondere Ereignisse in der Bautätigkeit des Museums, wie etwa das Aufrichten eines Hauses, werden an der Informationstafel am Eingang angekündigt.

Haus und Hof im Rheinland in Stichworten

Regionale Unterschiede

a) zwischen Nord und Süd (Grenzen jeweils unterschiedlich):
- im Norden Niederrheinisches Hallenhaus und Bergisches Wohnstallhaus, im mittleren und südlichen Rheinland mitteldeutsche Hausformen (Ernhäuser),
- im Norden freistehende Speicherbauten, im Süden Speicherkammern im Haus,
- im Norden Hofbacköfen bzw. -backhäuser, im Süden Dorfbackhäuser,
- im Norden ebenerdiger, im Süden aufgemauerter Herd;

b) zwischen West und Ost (Grenzen jeweils unterschiedlich):
- im Westen (und Norden) Querbindergefüge (mit ständergebundener Balkenlage und Drempelbildung), im Osten (und Süden) Dachbalkenzimmerung (mit rähmgebundener Balkenlage),
- im Westen seit dem 16. Jh. Rauchschlote, im Osten bis zum 18./19. Jh. Rauchhäuser (ohne Rauchabführung über Dach),
- im Westen Herdraumwohnen (Herdraum als Hauptwohnraum), im Osten Stubenwohnen,
- im Westen Takenheizung, im Osten Ofenheizung der Stube,

— im Westen stärkeres Festhalten am Ständerbau, im Osten stärkere Tendenz zum Stockbau,
— im Westen Tendenz zur Ausbildung geschlossener Hofformen, im Osten stärkeres Beibehalten offener Hofformen.

Historische Wandlungen:
— Bis zum 16. Jh. spätmittelalterliche Zimmerungstechniken im Fachwerkbau (Blattungen, Schwertungen, Restvorkommen von Firstsäulenbau, Dachgefüge mit Sparrenschuhen usw.),
— Aufkommen und Ausbreitung neuer Zimmerungstechniken und Zierformen im Fachwerkbau seit dem 16. Jh., Niedergang der Fachwerkbaukunst seit dem 18. Jh.,
— Übergang vom Fachwerkbau zu Massivbauweisen gebietsweise seit Ende des 17. Jh. (Bruchsteinbau insbes. in der Südwest-Eifel, Backsteinbau am Niederrhein), in größerem Rahmen im 19. Jh.,
— neue Hausgrundrisse seit Ende des 18. Jh. (Hausflur, abgetrennte Küche, Ausbildung von dörflichen Mehrfamilienhäusern), gemauerte Schornsteine, neuartige Feuerstellen: Sparherd und transportabler Eisenofen.

Siedlungsformen:
Einzelhofsiedlung am Niederrhein, Weilerbildung im Bergischen Land, Dorfsiedlung im mittleren und südlichen Rheinland.

Vererbung des bäuerlichen Grundbesitzes:
Geschlossene Hofübergabe (Anerbenrecht) am nördlichen Niederrhein (und bei den Stockgütern der südwestlichen Eifel), Realteilung im gesamten übrigen Rheinland.

Bäuerliche Wirtschaftsweisen (bis zum 19. Jh.):
— in günstigen Lagen verschiedene Formen der Dreifelderwirtschaft (zwei Jahre Anbau, ein Jahr Brache), in ungünstigen Lagen extensivere Anbauformen (mit kurzen Ackerbau- und längeren Brachzeiten: Feldgraswirtschaft, Schiffelwirtschaft, Rottwirtschaft u. a.);
— überwiegender Ackerbau (Getreidebau) auf fruchtbaren Böden, stärkerer Anteil der Viehhaltung vor allem in den Mittelgebirgen;
— Waldnutzungen als Hudewald (Waldweide), Niederwald (Aufwuchs aus Stockausschlag), Hauberg (Niederwald mit periodischer Getreideeinsaat), Lohhecke (Eichenschälwald zur Gewinnung von Gerberlohe);
— ehemals weiter verbreiteter Weinbau;
— in günstigen Lagen und in Stadtnähe seit dem 19. Jh. Entwicklung von Obst- und Gemüsebaugebieten;
— im 19. Jh. Aufgabe der Dreifelderwirtschaft und Intensivierung des Ackerbaus (Kunstdünger) mit erweiterten Fruchtfolgen und verstärktem Futter- und Hackfruchtanbau, stärkere regionale Differenzierung (Weizen-, Braugerste-, Kartoffel-, Zuckerrübenanbau, Grünlandwirtschaft usw.).

Zur Geschichte der Freilichtmuseen

Als das Rheinische Freilichtmuseum 1958 gegründet wurde, war es zwar eines der ersten Museen seiner Art in Deutschland, der Gedanke des Freilichtmuseums aber ist über hundert Jahre alt. Um die Mitte des vorigen Jahrhunderts entstanden die ersten großen kulturgeschichtlichen Museen und erwachte auch das Interesse an den bäuerlichen Hausformen und den Sachgütern der Volkskultur. Es war dies gleichzeitig das Zeitalter der großen Landes- und Weltausstellungen, die zwar ganz im Zeichen der stolzen Präsentation des technischen und gewerblichen Fortschritts standen, aber zunehmend auch Zeugnisse der nationalen Kultur und Geschichte der beteiligten Staaten zur Schau stellten. Auf der Weltausstellung in Wien 1873 schließlich wurde erstmals eine Gruppe von Bauernhäusern aus verschiedenen europäischen Regionen vorgestellt. Damit war das „ethnographische Dorf" geboren, das in der Folgezeit Bestandteil vieler derartiger Ausstellungen wurde und großes Interesse fand. Allerdings — in diesen „Dörfern" wurden in den meisten Fällen keine originalen Baudenkmäler vorgestellt, sondern Kopien in natürlicher Größe, und auch diese häufig stark idealisiert und romantisch verklärt. Außerdem waren sie in der Regel nur für die Zeit der Ausstellung aufgestellt und nicht auf Dauer errichtet.

Immerhin gibt es Berührungspunkte mit dem Museumsgedanken: Arthur Hazelius, der 1873 in Stockholm das Nordische Museum als erstes großes Volkskundenmuseum gründete, gestaltete 1878 auf der Weltausstellung in Paris die schwedischen Bauernstuben in der Art, wie er sie auch in seinem Museum als vollständig eingerichtete Wohnräume präsentierte. Und in die gleiche Zeit fällt auch Hazelius' Konzept eines skandinavischen Freilichtmuseums, dessen konkrete Planung um 1880 begann und für das 1885 das erste originale Gebäude in der schwedischen Provinz Dalarna abgebaut wurde. Mit seinem Wiederaufbau wurde 1891 das erste Freilichtmuseum, Skansen in Stockholm, eröffnet, das inzwischen auch das größte und meistbesuchte Museum dieser Art geworden ist.

In seiner Konzeption gleichaltrig und nur nach dem Zeitpunkt der Eröffnung jünger ist das norwegische Freilichtmuseum Bygdøy bei Oslo, für das 1881 ein erster Plan entstand und 1884—88 die ersten Gebäude übertragen wurden, während die offizielle Gründung erst 1894 und die Eröffnung 1902 erfolgten. Von 1891 bis 1915 entstanden in Schweden elf, in Norwegen von 1899 bis 1914 sechzehn regionale Freilichtmuseen. 1901 wurde in Lyngby bei Kopenhagen das zentrale dänische Freilichtmuseum

gegründet. Finnland folgte 1906 mit zwei regionalen Museen und 1909 mit der Gründung des zentralen finnischen Freilichtmuseums in Seurasaari. In dieser Zeit war dieser Museumstyp also ganz auf Nordeuropa beschränkt. Daß er dort entstand und einen so raschen Aufschwung nahm, ist angesichts des hohen Stellenwerts, den die Volkskultur in der skandinavischen Kulturgeschichtsforschung seit jeher hat, nicht verwunderlich. Nur sehr zögernd wurde das skandinavische Vorbild dagegen in den anderen europäischen Staaten aufgegriffen. 1909—13 entstand ein Freilichtmuseum in Königsberg, das allerdings größtenteils nicht aus Originalbauten, sondern aus Kopien ostpreußischer Bauernhäuser bestand. 1912 wurde in Arnhem das Freilichtmuseum der Niederlande gegründet.
In Deutschland waren schon gegen Ende des vorigen Jahrhunderts im Zuge der ersten großen Stadtsanierungen und des städtischen Baubooms der Gründerjahre verschiedentlich Bürgerhäuser — mitunter aber auch nur Fassaden — durch Versetzung oder Übernahme in einen musealen Zusammenhang vor der Zerstörung bewahrt worden; und auch im Bereich der bäuerlichen Bauten begann hier die Entwicklung mit der Umsetzung von Einzelbauten zu Bauernhausmuseen, so 1899 in Husum, 1907 in Meldorf, 1909 in Bremerhaven, 1910 in Zwischenahn, 1911 in Diesdorf (Sachsen-Anhalt), 1912 in Rudolstadt und 1917 in Bielefeld.
1934 wurde mit dem „Museumsdorf Cloppenburg" das erste regionale Freilichtmuseum in Deutschland gegründet. Es folgten 1953 Hamburg-Harburg, 1958 Kommern, 1960 Detmold, Hagen und Kiel-Rammsee, dann 1963 Gutach im Schwarzwald als erstes Freilichtmuseum in Süddeutschland. In den siebziger Jahren häufen sich die Gründungen, so daß mittlerweile in fast allen Bundesländern Freilichtmuseen bestehen oder zumindest im Aufbau sind.
In den meisten mittel-, west- und osteuropäischen Staaten bestehen inzwischen regionale oder auch zentrale Freilichtmuseen. Die Mehrzahl sind Museen bäuerlicher Bauten, einige sind auf technische Kulturdenkmäler spezialisiert (in Deutschland: Hagen). Freilichtmuseen auch für städtische Bauten anzulegen, blieb wieder den skandinavischen Ländern vorbehalten. In Århus in Dänemark entstand 1914 das erste Stadt-Freilichtmuseum; in Norwegen folgte 1934 Bergen, in Schweden 1949 Linköping, in Finnland 1940 Turku. Als Einzelbauten oder im Rahmen städtischer Baugruppen sind Bürgerhäuser in etliche nordeuropäische Freilichtmuseen aufgenommen, aber auch die Museen in Arnhem (Niederlande) und Bokrijk (Belgien) haben Abteilungen für Stadthäuser aufgebaut. In Deutschland besteht noch kein Museum für städtische Bauten.

Zur Geschichte des Rheinischen Freilichtmuseums

Gründer und Träger des Rheinischen Freilichtmuseums ist der Landschaftsverband Rheinland. Die Planungen für ein solches Museum, als dessen Standort zunächst das Gelände um die Burg Linn in Krefeld vorgesehen war, nahmen 1955 konkrete Gestalt an. Aufgrund einer Ausschreibung für ein geeignetes Museumsgelände im Oktober 1957 bewarb sich neben mehr als dreißig anderen Gemeinden auch die damalige Gemeinde Kommern um den Museumsstandort. Nach Prüfung der Angebote wurden vier Standorte in die engere Wahl gezogen und unter diesen am 28. März 1958 durch Abstimmung in der Landschaftsversammlung Kommern ausgewählt. Erster Direktor des Museums wurde Dr. Adelhart Zippelius. Er hat es von der Gründung bis 1981 geleitet. Der Aufbau der historischen Museumsbauten stand unter der Leitung des Hausforschers Gerhard Eitzen, der schon in der Vorbereitungsphase durch eine systematische Bereisung des Rheinlands die wissenschaftliche Grundlage für die bauliche Museumsgestaltung erarbeitete, für das Museum geeignete Bauten ermittelte und durch Aufmaße dokumentierte. Viele der heute im Freilichtmuseum stehenden Gebäude wurden bereits in diesen ersten Jahren gefunden und für den Fall ihres Abbruchs für das Museum gesichert. Insbesondere für einige der ältesten und baugeschichtlich wichtigsten Bauten, die damals schon in Verfall oder vor dem Abbruch standen, kam die Übernahme durch das Freilichtmuseum gerade noch rechtzeitig.
Durch den Strukturwandel in der Landwirtschaft, Zusammenlegung und Technisierung der bäuerlichen Betriebe, Flurbereinigung und Aussiedlung der Anwesen aus den Dörfern wurde ein großer Teil der Altbauten funktionslos. Auch die noch am alten Platz genutzten Wirtschaftsgebäude waren meist den Anforderungen einer modernen landwirtschaftlichen Betriebsführung nicht gewachsen und mußten um- oder neugebaut werden. Ebenso führte die Modernisierung der Wohnverhältnisse zum Umbau oder Abbruch vieler alter Fachwerkhäuser. Auf diese Weise verschwanden Jahr für Jahr mehr dörfliche Baudenkmäler. Straßenbauten und Straßenerweiterungen, Hofraumerweiterungen und Anlage von Parkplätzen trugen ebenso zur Reduzierung des Bestands an Altbauten bei. Mit den Mitteln der Denkmalpflege konnte und kann nur ein geringer Teil erhalten werden, und in den meisten Fällen müssen sich denkmalpflegerische Maßnahmen auf die Straßenfronten der Anwesen beschränken. So blieb das Freilichtmuseum meist die einzige Möglichkeit, wenigstens einige ländliche Baudenkmäler vor der Zerstörung zu bewahren und in ihrem Altzustand zu

erhalten. Daß dies bei einer Begrenzung der Museumskapazität auf etwa hundert Bauten angesichts der vielen Tausende historisch wertvoller Baudenkmäler im Rheinland nur eine ganz kleine Auswahl sein kann, liegt auf der Hand.
Der Abbruch der für das Freilichtmuseum vorgesehenen Gebäude ist eigentlich kein Ab„bruch“, sondern ein Abbau, der von Hand erfolgen muß und bei dem keiner der für den Wiederaufbau nötigen Bauteile Schaden nehmen darf. Zunächst wird das tragende Gerüst des Hauses, das hölzerne Fachwerkskelett, freigelegt; durch Lösen der zimmermannsmäßigen Verbindungen wird es Stück für Stück und in gegenüber dem Aufbau umgekehrter Abfolge in seine Einzelteile zerlegt, ins Museum transportiert, gereinigt, konserviert und bis zur weiteren Bearbeitung aufgestapelt. Die Bauuntersuchung zur Klärung der Baugeschichte des Gebäudes, der Rekonstruktion des Erstzustandes und seiner Veränderungen, zur Ermittlung des ursprünglichen Aussehens eventuell fehlender oder durch Umbauten veränderter Teile muß zum großen Teil dem Abbruch voraufgehen, aber auch während des Abbaus weitergeführt werden, da vielfach erst dabei offene Fragen geklärt werden können. Zu den Zielen dieser Untersuchung gehört die Ermittlung der ursprünglichen Gestalt und Funktion, der Veränderungen in Aussehen und Nutzungen, die Datierung des Gebäudes und seiner Bauteile. Wenn die Bauzeit nicht durch Inschriften oder aus Konstruktions- und Stilmerkmalen ermittelt werden kann, müssen geeignete Stammscheiben aus dem Fachwerk für die dendrochronologische Altersbestimmung (durch mikroskopische Jahrringbreitenmessung) sichergestellt werden. Die bei diesen Untersuchungen angefertigten Fotos und Aufmaßzeichnungen und die Abbundziffern, die schon beim Erstbau des Gebäudes vom Zimmermann in alle Hölzer eingeschlagen wurden und die, soweit ihr System noch erkennbar ist, beim Abbruch nur an Fehlstellen ergänzt zu werden brauchen, bilden die Grundlage für den Wiederaufbau. Dieser aber ist in der Regel sehr viel langwieriger und kostspieliger als der Abbruch. Fast immer müssen große Teile des Fachwerks restauriert, ergänzt oder wegen Verfalls oder starker Beschädigung ausgewechselt, also neu angefertigt werden; Ergänzungen und Rekonstruktionen, die Wiederherstellung unvollständig oder gar nicht erhaltener Altbauteile stellen oft alle Beteiligten vor schwierige Probleme; und auch der Umstand, daß alle diese Arbeiten handwerklich erfolgen müssen und der Einsatz moderner Maschinen und Geräte infolgedessen nur in begrenztem Maße möglich ist, bewirkt, daß die Vorarbeiten für den Wiederaufbau ihre Zeit dauern. Bei dieser Wiederherstellung wird das Fachwerk in der gleichen Weise auf dem Zimmerplatz „abgebunden“, d. h. Wand für Wand und Gebinde für Gebinde liegend verzimmert und aufeinandergepaßt, wie dies vor Jahrhunderten auch beim Erstbau des Hauses erfolgt ist. Nachdem der Abbund abgeschlossen ist und alle Hölzer chemisch konserviert

Frühling am Hof aus Scheuerheck

sind, geht das Aufrichten des Fachwerks relativ schnell vonstatten. Wenn das Hausgerüst steht, folgen die Arbeitsgänge des Untermauerns, Ausfachens und der Dachdeckung; dann schließt sich der Innenausbau mit Decken, Böden, Treppen, Türen, Fenstern usw. an.

Da insbesondere in den ersten Jahren nach der Museumsgründung besonders viele Altbauten durch die Museumshandwerker abgebaut werden mußten, um verfalls- oder abbruchbedrohte Gebäude für das Museum zu retten, konnte der Wiederaufbau natürlich mit den Abbrüchen nicht Schritt halten. So kommt es, daß jetzt und auch in naher Zukunft noch viele wohlgepackte Holzstapel übernommener Fachwerkhäuser im Museumsgelände liegen, die auf ihren Wiederaufbau warten.

Im Herbst 1958 begannen die Arbeiten im Freilichtmuseum mit den ersten Abbrüchen, und im Juni 1959 konnte im ersten im Museumsgelände wiederaufgebauten Gebäude, dem Haus aus Scheuerheck, Richtfest gefeiert

werden. Im November desselben Jahres war die Windmühle aus Spiel wieder errichtet. Die Aufbauplanung für das Museumsgelände sah von Anfang an die Aufteilung in vier durch Waldstücke voneinander getrennte Baugruppen vor, die vier Regionen des Rheinlands entsprechen. Die Standorte der Baugruppen im Museumsgelände und die Anordnung der Gebäude in den Baugruppen wurden in Anlehnung an die für diese Regionen charakteristischen Siedlungslagen und -strukturen gewählt. Insgesamt galt und gilt als Einzugs- und Sammlungsbereich des Museums der Nordteil der ehemaligen Rheinprovinz, also nicht nur der heutige Landesteil Nordrhein, sondern auch der nördliche Teil des heutigen Landes Rheinland-Pfalz bis zur Mosel und Lahn. Damit kam im übrigen neben dem rheinischen auch der zu Rheinland-Pfalz gekommene ehemals nassauische Teil des Westerwalds zu den vom Rheinischen Freilichtmuseum erfaßten Gebieten.
Begonnen wurde der Aufbau im Museum mit der Baugruppe Eifel, die auch das nördliche Eifelvorland („Köln-Bonner Bucht") einbezieht. Mit den ersten in dieser Baugruppe errichteten Gebäuden (und der Windmühle aus Spiel) wurde das Rheinische Freilichtmuseum am 20. Juli 1961 eröffnet. Heute umfaßt diese Baugruppe 22 Einzelbauten in 8 Hofanlagen; 15 weitere Gebäude sollen in den nächsten Jahren folgen und die Baugruppe vervollständigen. Mit den bisher übernommenen Gebäuden ist allerdings nur der nördliche Teil der Eifel, in dem bis zum vorigen Jahrhundert der Fachwerkbau vorherrschte, erfaßt. Das Steinbaugebiet der südlichen und südwestlichen Eifel ist noch nicht mit Gebäuden vertreten. Etwas abgerückt, aber noch in direkter Nachbarschaft zu den Eifelhäusern, wird seit 1981 das Vennhaus aus Rohren aufgebaut.
1964 begann der Aufbau der Baugruppe Westerwald-Mittelrhein. Hier stehen Bauten aus dem Westerwald zwischen Siegtal im Norden und Lahntal im Süden und vom Rheintal zwischen Bonn und Koblenz und seiner Umgebung. Die Aufteilung in der Baugruppe ist so gewählt, daß auf der — vom Eingang her gesehen — linken (westlichen) Seite des Wegs die Westerwaldhäuser stehen, auf der rechten die von den Randlandschaften des Rheintals, wobei sich allerdings zwangsläufig einige Überschneidungen ergaben: so gehört das Haus aus Hanf seinem Herkunftsort nach sowohl zur natürlichen Landschaft des Westerwalds wie zur historischen des Bergischen Lands, während es sich in seinen Bauformen der „Köln-Bonner Bucht" anschließt. Insgesamt gesehen ist der Westerwald mit den übernommenen Gebäuden bis zur jetzigen hessischen Grenze hin recht gut dokumentiert. Die Baugruppe umfaßt zur Zeit 17 Einzelbauten; 9 weitere sind noch für den Wiederaufbau vorgesehen. Oberhalb der Baugruppe sollen in einem späteren Ausbaustadium des Freilichtmuseums Häuser und Werkbauten ehemals für das Rheinland wichtiger ländlicher Gewerbe wie Töpferei, Gerberei u. dgl. entstehen.

Sommer am Haus aus Ruppenrod

Geringer ist der Bestand sowohl an wiederaufgebauten als auch an bisher abgebrochenen Gebäuden in den beiden jüngsten Baugruppen. In der Baugruppe Niederrhein begann der Aufbau 1972 im Anschluß an die beiden Windmühlen. Zu den bisher stehenden Hofanlagen aus Mönchengladbach und Korschenbroich wird in den nächsten Jahren noch ein Hof aus Viersen kommen. Seit 1981 sind auch die ersten Häuser der Baugruppe Bergisches Land für den Besucher zugänglich. Die große Zahl von Fachwerkbauten, die das Bild dieser Landschaft noch heute prägen, kann nicht darüber hinwegtäuschen, daß der Bestand an aussagekräftigen und zugleich wiederaufbaufähigen Altbauten sehr gering ist, da — vor allem

durch die Erbteilungen — viele bergische Häuser immer wieder umgebaut und verändert worden sind. Gleichwohl vermögen die bisher übernommenen und wieder aufgebauten Gebäude sowohl die wichtigsten Bautypen wie auch charakteristische Entwicklungen im bergischen Hausbau zu zeigen. Das Bergische war aber nicht nur bäuerliches Land, sondern auch früh schon industrialisiert. Dem trägt im Museum die Zweiteilung der Baugruppe in einen bäuerlichen und einen gewerblichen Teil Rechnung. Mittelpunkt des letzteren wird das bereits aufgebaute Haus Mannesmann sein, das in Anknüpfung an seine eigene Hausgeschichte einmal Dokumente und Gegenstände bergischer Industriegeschichte zeigen soll. Um seinen Hof sollen Gebäude des bergischen Textil- und Kleineisengewerbes errichtet werden.
Die Sammlungstätigkeit des Rheinischen Freilichtmuseums beschränkte sich von Anfang an nicht darauf, nur Gegenstände für die Ausstattung der Museumsbauten zu erwerben. Sie umfaßte vielmehr den gesamten Bereich der Sachgüter der rheinischen Volkskultur, für die es bis dahin noch keine zentrale Sammelstätte gab. Schon in den ursprünglichen Konzeptionen war der Ausbau des Freilichtmuseums zu einem rheinischen Volkskundemuseum vorgesehen; dieser Plan wurde in der ersten Aufbauphase zwar zugunsten der Freilicht-Abteilung zurückgestellt, aber nicht aufgegeben. Verwaltung und Werkstätten des Museums waren in dieser Zeit noch in einem ehemaligen Bauernhof im Dorf Kommern untergebracht. Im Museumsgelände selbst gab es als einzigen Neubau die Museumsgaststätte Haus Kahlenbusch, die mit dem Gelände von der Gemeinde übernommen und für den wachsenden Bedarf weiter ausgebaut wurde. Als erster Ansatzpunkt für die künftigen neuen Museumsgebäude entstand 1963—64 das Hauptmagazin für Museumsgut, über dem 1966—67 die erste Ausstellungshalle errichtet wurde (die heutige Filmhalle). Seit dem 12. Juni 1969 fand das erweiterte Programm des Rheinischen Freilichtmuseums in dem Namenszusatz „Landesmuseum für Volkskunde" Ausdruck. In der Halle wurde ab 1968 die Ausstellung „Volkskunst im Rheinland", seit 1971 die Ausstellung „Puppen und ihre Welt" gezeigt. 1974 konnten Verwaltung und Werkstätten aus ihrem alten Domizil im Dorf in einen Neubau im Museumsgelände umziehen, und 1975—77 erfolgte dann der endgültige Ausbau des Landesmuseums durch die Errichtung von drei Ausstellungspavillons, in denen seitdem größere Bestände aus den Museumssammlungen in ständigen und in Wechselausstellungen gezeigt werden können, während die ältere Halle zum Vortrags- und Filmsaal umgestaltet wurde.
Das Gelände, auf dem alle diese Baumaßnahmen erfolgten, war bei der Museumsgründung Wald, der ursprünglich einmal als Eichen-Niederwald vorwiegend zur Lohegewinnung bewirtschaftet wurde, dann zum Teil verheidete, zu einem größeren Teil mit Kiefern aufgeforstet wurde. Die Flä-

Herbst am Haus aus Kessenich

chen für die Museums-Neubauten wie für die historischen Baugruppen sind wie Inseln in diesen Wald hineingerodet, der auch heute noch den größten Teil des Museumsgeländes bedeckt. Die Umgestaltung dieses Geländes im Zuge des Museumsaufbaus zielte in zwei Richtungen. Zum einen ging es darum, den wieder aufgebauten historischen Gebäuden auch ihr historisches Umfeld wiederzugeben durch die Anlage von Hausgärten, Baumgärten, Wiesen und Feldern, auf denen all das angebaut werden konnte, was zur historischen Landwirtschaft und zum bäuerlichen Haushalt gehört. Das konnte aber erst geschehen, nachdem auf dem steinigen und ausgemagerten Waldboden mit seiner dünnen Humusdecke hinreichend Mutterboden von Ackerflächen des Umkreises aufgetragen worden war. Seitdem werden in den Gärten des Museums alte Zier- und Heilpflanzen, Küchenkräuter und Gemüse angebaut, wie sie etwa um 1900 in den rheinischen Dörfern üblich waren, in den Baumgärten stehen Obstbäume, denen im Lauf der Zeit alte, zum Teil aus aufgelassenen älteren Baumwiesen beschaffte Obstsorten aufgepfropft wurden und werden, auf den Äckern werden Getreide und Hackfrüchte angebaut, wobei schrittweise alte Feldformen, Anbauverfahren, Fruchtfolgen und Arbeitstechniken zurückgewonnen werden sollen. Zum anderen wurde die allmähliche Umwandlung der monotonen Kiefernforsten in lebendigere und artenreiche Mischwaldformen betrieben, wobei zugleich auf geeigneten Flächen die Wiederaufnahme historischer Waldwirtschaftsweisen und Waldnutzungsformen vorbereitet wurde, um künftig auch diese Bereiche der historischen bäuerlichen Kultur im Freilichtmuseum zeigen zu können.
Zum Bild des alten Dorfs und seiner Flur gehören aber nicht nur die vom Menschen kultivierten Gewächse, sondern auch die Wildkräuter und -stauden, deren natürlicher Standort der unmittelbare Bereich der Siedlungen und der landwirtschaftlich genutzten Flur ist — die „kulturbegleitenden" Pflanzenarten und -gesellschaften. Von der Modernisierung der Dörfer und Höfe und der landwirtschaftlichen Betriebsweise sind sie ebenso betroffen wie die alten Gebäude und Geräte. In den Dörfern verschwinden mit den unbefestigten Dorfstraßen und Hofplätzen, Viehtriften und Gänseweiden, den Schutt- und Ödflächen, Misthaufen und Jaucherinnen die für solche Standorte charakteristischen Arten der Ruderalflora; auf und an den Äckern werden durch die massierte Unkrautbekämpfung durch die moderne Agrarchemie und den Einsatz von Herbiziden die Vertreter der Segetalflora (Ackerwildkräuter) vernichtet. Viele der noch vor wenigen Jahrzehnten für den Dorfbereich, die Wegränder, Feldraine und Äcker kennzeichnenden Pflanzenarten sind heute verschwunden, vom Aussterben bedroht oder zumindest in ihrem weiteren Bestand stark gefährdet. Im chemiefrei bewirtschafteten Museumsgelände konnten diese Arten einen Zufluchtsort finden, und seit 1978 wird ihre Ansiedlung im Museum durch gezielte Maßnahmen gefördert. Diese Maßnahmen mündeten 1980 in das

Winter am Hof aus Mönchengladbach

Projekt „Anlage biogenetischer Reservate", das in fachlicher Zusammenarbeit mit der Bundesforschungsanstalt für Naturschutz und Landschaftsökologie unter Betreuung durch Dr. Wilhelm Lohmeyer und Dr. Wolfgang Schumacher durchgeführt und in seiner Anlaufphase als Modellvorhaben durch das Bundesministerium für Ernährung, Landwirtschaft und Forsten gefördert wurde. Für die Ansiedlung der Ruderalgesellschaften wurden geeignete Standorte um die Gebäude in den Baugruppen ausgewählt, standortgemäß aufbereitet, die Leitpflanzen gepflanzt bzw. eingesät und ihr Aufwuchs über mehrere Jahre durch gezielte Pflegemaßnahmen gefördert. An den meisten Plätzen haben sie sich bereits so gut entwickelt, daß sie nicht mehr zu übersehen sind. Für die Ackerwildkräuter wurden durch den Mutterbodenauftrag und die Bodenbehandlung die standortgemäßen Voraussetzungen geschaffen: für die Arten saurer Böden die Ackerflächen unterhalb der Baugruppe Westerwald, für die Ackerpflanzen der Eifeler Kalkgebiete der mit Kalkboden versehene Acker oberhalb der Baugruppe Eifel. Auch hier werden die Wildkräuter mit dem Getreide eingesät, bis ein Zustand erreicht ist, bei dem auf steuernde Maßnahmen verzichtet werden kann und die erwünschte Segetalflora sich ohne weiteres Zutun jährlich regeneriert. Sowohl zur Demonstration für den Besucher als auch zur eigenen Vorratshaltung an Samengut sind vor den Äckern kleine Beete angelegt, auf denen die Arten einzeln gezogen werden und besichtigt werden können.

Alle diese Maßnahmen stehen noch im Anfang, allerdings einem trotz mancher aufgetretener Schwierigkeiten und gelegentlicher unvermeidlicher Rückschläge sehr erfolgversprechenden Anfang. Gerade diesem biologischen Aspekt der Museumsarbeit wird in den nächsten Jahren besonderes Augenmerk gelten. Eng damit verbunden ist als weiterer Schwerpunkt der Ausbau der wirtschaftsgeschichtlichen Vorhaben, wie der schrittweise Übergang zur historischen Dreifelderwirtschaft durch Erweiterung der Ackerflächen, die Aufnahme der Feldgraswirtschaft (Wechselfeldwirtschaft) im Bereich des Vennhauses, der weitere Ausbau der Gärten nach Bestandsaufnahmen, alten Beschreibungen und historischen Plänen rheinischer Bauerngärten und die Fortführung der bereits eingeleiteten Arbeiten im Südteil des Museumsgeländes zur Rekonstruktion historischer Wald- und Feldnutzungen wie Rottland, Schiffelland, Lohhecke, Waldweide und Köhlerei. In ihrem Artenbestand besonders bemerkenswerte Parzellen werden als Schutzgebiete von jeder Nutzung freigehalten und ihrer natürlichen Entwicklung überlassen.

Die Listen am Schluß dieses Führers zeigen, wie reich an Pflanzen- und Tierarten das Museumsgelände bereits heute ist. Dabei ist die Liste der Tiere noch sehr unvollständig; die vielgestaltige Kleintierwelt konnte bisher noch nicht erfaßt werden. Diese Vielfalt ist einmal in der von Schadstoffen freien Nutzung und Bewirtschaftung des Geländes begründet, zum anderen werden im Museum auf engem Raum eine große Zahl von Biotopen, Lebensräumen unterschiedlichster Prägung für Pflanzen und Tiere angeboten. Um den biologischen Reichtum zu erhalten und zu fördern, um den Aufbau von Pflanzen- und Tierlebensgemeinschaften zu ermöglichen und sie im Gleichgewicht zu halten, ist außer den Anstrengungen der Museumsmitarbeiter auch die Mithilfe der Besucher nötig — durch Selbstdisziplin. Es sollte für jeden selbstverständlich sein, daß Tiere nicht gestört werden, daß keine Pflanzen gepflückt oder gar ausgerissen werden, denn jeder der jährlich 300 000 Besucher soll ja seine Freude an den Blumen, Schmetterlingen oder Vögeln haben.

Ausstellungs- und Verwaltungsbauten

Kassengebäude am Eingang 1
Am überdachten Vorplatz informiert eine Tafel „Heute im Museum" über Ausstellungen und Veranstaltungen sowie über den jeweils aktuellen Stand der täglich wechselnden Aktivitäten wie Handwerksvorführungen, Brotbacken, landwirtschaftliche Arbeiten usw. mit Zeit- und Ortsangabe.

Ausstellungsgebäude
Ältester Teil ist die heutige Filmhalle links vom Zugang. Das Gebäude 2
wurde 1966—67 nach dem Entwurf von Günther Borchers, Bonn, errichtet. Seit 1977 dient die Halle als Versammlungs- und Filmraum. Hier wird täglich von 9—17 Uhr (je nach Bedarf) ein Einführungsfilm von 16 Minuten Dauer vorgeführt. Außerdem können auf Voranmeldung interessierten Besuchergruppen zur Zeit folgende Filme aus dem Themenkreis des Rheinischen Freilichtmuseums gezeigt werden:

Das Rheinische Freilichtmuseum und Landesmuseum für Volkskunde in Kommern. 29 Min. Nr. 324680.
(Der Film zeigt u. a. Abbruch und Wiederaufbau des Hauses aus Bilkheim im Westerwald.)
Pferdestärken bei der Feldbestellung. 16 Min. Nr. 325034.
Ernten und Dreschen. 15 Min. Nr. 325035.
Mehlmahlen. 17 Min. Nr. 325036.
Wie wird Butter gemacht? Die Herstellung der Butter gestern und heute. 18 Min. Nr. 324991.
Winzerarbeit im Rheinland — Die Arbeit im Weinberg.
17 Min. Nr. 325171.
Winzerarbeit im Rheinland — Die Arbeit im Kelterhaus und im Weinkeller. 15 Min. Nr. 325172.

Diese Filme können durch Schulen und Einrichtungen der Jugendpflege und Erwachsenenbildung auch bei der Landesbildstelle Rheinland (über die zuständige Stadt- oder Kreisbildstelle) unter den genannten Filmnummern ausgeliehen werden. Der Einführungsfilm (Nr. 325089) ist in den meisten rheinischen Stadt- und Kreisbildstellen vorhanden.
Unter diesem Gebäude befindet sich das Hauptmagazin des Museums. Während das dort verwahrte Museumsgut zur Zeit nur im Rahmen von Wechselausstellungen gezeigt werden kann, wird es ein geplanter Erweiterungsbau ermöglichen, einen Teil der Bestände als Schaumagazin interessierten Besuchern ständig zugänglich zu machen.

3 Mit dem Bau der drei Ausstellungspavillons 1975—76 nach dem Entwurf und unter der Bauleitung von Walter von Lom, Köln, wurde der gesamte Eingangsbereich des Museums neugestaltet und baulich zusammengefaßt. Die quadratischen, zweigeschossigen Gebäude umgeben einen terrassierten Hof, sind der Hanglage entsprechend gestaffelt angeordnet und in einer klar gegliederten Holz-Glas-Konstruktion errichtet, die in Gestaltung und Farbgebung auf den umgebenden Kiefernwald Bezug nimmt. Ein Zwischentrakt verbindet die Pavillons mit dem älteren Museumsgebäude. Pavillon I zeigt die Ausstellung „Vom Handwerk zur Industrie — Volkskunst im Wandel" vor allem am Beispiel der rheinischen Töpferei und der keramischen Produktion dreier Bonner Firmen im späten 19. und frühen 20. Jahrhundert: der Porzellan- und Steingutfabrik Ludwig Wessel (1828—1969), der Steingutfabrik Franz Anton Mehlem (1838—1931) und Wessels Wandplattenfabrik (gegr. 1896). In Pavillon II hat die große Puppenstubensammlung des Museums Aufstellung gefunden, die vorher bereits in der alten Ausstellungshalle zu sehen war. Die Ausstellung „Bürgerliche Welt im Puppenhaus" geht auf die 1969 erworbene Sammlung Maria Junghanns zurück und ist, seither durch weitere Erwerbungen ergänzt, mit über 120 Puppenhäusern und -stuben und mehr als 600 Puppen aus allen Teilen Deutschlands eine der größten Kollektionen ihrer Art. „Puppenstuben als Spiegelbild bürgerlich-städtischen Wohnens" — mit den ausgestellten Stücken ist das ganze 19. Jahrhundert vom Klassizismus bis zu den Gründerjahren und vor allem die Wohnkultur des Großbürgertums in Miniaturmodellen erfaßt. Spielzeug verschiedenster Art bis hin zum Karussell und Marionettentheater erweitert diese Ausstellung zu einer Schau der Welt des Kindes im 19. Jahrhundert, die zugleich aber auch der heiteren Spielwelt des großbürgerlichen Kindes in einigen Dokumenten die düstere Arbeitswelt des Arbeiterkinds gegenüberstellt und in den Begleittexten die Funktion des „Spielzeugs als Erziehungsmittel" verdeutlicht. Im Pavillon III werden Wechselausstellungen gezeigt.

4 Verwaltung und Werkstätten

5 Die beiden 1973—74 errichteten Gebäude enthalten Verwaltung, Archiv, Bibliothek, Fotolabor, Restaurierungswerkstätten und Magazinräume.

Gaststätten

6 Das oberhalb der Parkplätze stehende Museumsrestaurant „Haus Kahlenbusch" wurde 1959 eröffnet und 1968—70 erweitert.
Mitten im Museumsgelände, in der Nähe der Baugruppe Niederrhein, befindet sich eine zweite Gaststätte, die 1970 als Schnellimbiß errichtet
7 wurde. Nach 1982 erfolgter Neugestaltung bietet sie jetzt als „Wirtshaus im Museum" „Bei Griet und Bärb" neben Imbissen und Erfrischungen Gerichte aus der ländlichen rheinischen Küche.

Baugruppe Eifel

Mit der Errichtung der ersten Museumsbauten in der Baugruppe Eifel begann 1958 der Aufbau des Rheinischen Freilichtmuseums. Dargestellt wird hier die Landschaft, in der auch das Museum selbst seinen Standort hat; unter den vier Baugruppen des Museums erfaßt sie aber auch die größte und zugleich vielgestaltigste Teilregion. Die Mittelgebirgslandschaft der Eifel mit ihrem Vorland, etwa von der Linie Aachen-Köln im Norden bis zur Mosel im Süden, schließt so gegensätzliche Landschaften ein wie die fruchtbaren Börden des nördlichen Vorlands, die Vorgebirgsdörfer zwischen Bonn und Köln, die alten Siedlungskammern von Bitburger Gutland, Wittlicher Senke und Maifeld, aber auch die rauhen Hochflächen um die Moorgebiete des Hohen Venn und die kargen Bergländer von Ahrgebirge, Hocheifel und Schneifel.
Naturräumlich gehört die Eifel zum Rheinischen Schiefergebirge; hinter dieser Bezeichnung verbirgt sich aber ein vielfältig gegliederter geologischer Untergrund: die aus verschiedenen Zeitaltern der Erdgeschichte stammenden Schiefer und Grauwacken, die den größten Teil der Landschaft formen, sind um Münstereifel und Nettersheim, Blankenheim, Hillesheim, Gerolstein und Prüm von Kalksteinzonen durchsetzt; im Bitburger Gutland wird ein großes und — wie der Name sagt — fruchtbares Kalksteingebiet, das im Süden bis Trier reicht, allseitig von einem Gürtel von Buntsandstein umschlossen; ein zweites Buntsandsteingebiet erstreckt sich in der Nordeifel von Kall und Mechernich bis Nideggen; und im mittleren Teil, insbesondere um und zwischen Adenau, Daun und Manderscheid, wird die Schiefer- und Grauwackendecke von vulkanischen Gesteinen, vor allem Basalten, und ihren Tuffen durchsetzt. Im Osten, im Maifeld und Neuwieder Becken zwischen Mayen, Andernach und Koblenz, ist eine ganze Landschaft von Basalt und Tuffablagerungen geprägt. In den Börden bildet fruchtbarer Löß und Lößlehm den Boden.
Ähnlich kontrastreich ist das Klima, das vom atlantisch geprägten Nordwesten mit den niederschlagsreichen und winterkalten Moorgebieten des Hohen Venn mit Jahresniederschlägen von fast 1400 mm bis zu trockenwarmen Klimazonen besonders im Bereich der vulkanischen Böden im Südosten mit Jahresniederschlägen von nur 500 mm reicht. Der Vielfalt von Böden und klimatischen Bedingungen entspricht die Pflanzenwelt der Eifel, und darauf basieren auch die Gegensätze in Möglichkeiten und Formen der landwirtschaftlichen Nutzung, vor allem in älterer Zeit.
Bis zur Bildung der preußischen Rheinprovinz im 19. Jahrhundert war die

Eifel in viele Territorien zersplittert. Die größten Landesherrschaften waren Kurköln im Nordosten, das Herzogtum Jülich im Nordwesten und Kurtrier im Süden. Im Westen gehörten Teile zu Luxemburg, und zwischen den Gebieten dieser größeren Länder lagen viele kleine selbständige Gebiete der Reichsritterschaft und geistlicher Ortsherrschaften. Alle diese Territorien waren untereinander vielfach verzahnt und durchmengt, so daß Rechtsverhältnisse und politische Zugehörigkeit oft von Dorf zu Dorf wechselten. Wie das ganze Rheinland war die Eifel oft Schauplatz von Kriegen, die Zerstörungen und Notzeiten für die Bewohner mit sich brachten. Doch wenn auch die Landesherren mehrfach wechselten, blieben die Grenzen der Einzelterritorien im wesentlichen vom Spätmittelalter an stabil bis zur französischen Besetzung des Landes 1792, die zu einer völligen Neuordnung der rechtlichen und politischen Verhältnisse führte und eine Landeseinteilung schuf, auf der dann auch die Verwaltungsgliederung der preußischen Rheinprovinz aufbaute, zu der das ganze Gebiet ab 1815 gehörte. Seit 1945 zieht wieder eine Landesgrenze durch die Eifel: der Norden gehört seither zum Land Nordrhein-Westfalen, der Süden zu Rheinland-Pfalz.

Die Eifel gehört zum Dorfsiedlungsgebiet. Die Dorfbildung anstelle älterer Siedlung in kleinen und lockeren Weilern war ein Ergebnis hoch- und spätmittelalterlicher Siedlungsverdichtung. Große, geschlossene Straßen- und Haufendörfer gibt es vor allem im Eifelvorland und in den fruchtbaren Altsiedelgebieten. Wo in Gebieten späten Siedlungsausbaus größere Dörfer entstanden, blieben sie meist locker bebaut und dementsprechend weiträumig, so in Teilen der nordwestlichen Eifel und am Hohen Venn. In den siedlungsungünstigeren Lagen des Berglands aber, das auch heute noch große, fast siedlungsleere Waldgebiete aufweist, erhielt sich weithin bis heute die Siedlungsform des weilerartigen Kleindorfs von oft nur wenigen Anwesen. Doch selbst in dem heute dichtbesiedelten Vorgebirge (der Ville) bei Bonn hat das Zusammenwachsen der Dörfer aus zahlreichen Weiler-Kernen bis heute seine Spuren im Siedlungsbild hinterlassen.

Mit der Siedlungsverdichtung im Dorf entstanden aus Höfen, deren Gebäude locker und unregelmäßig auf weiträumigen, umzäunten Hofplätzen verteilt waren, regional und örtlich unterschiedlich, insgesamt gesehen sehr vielfältige Hofformen, denen in Teilen der Eifel seit dem 17. Jahrhundert die Tendenz gemeinsam ist, die einzelnen Gebäude baulich zusammenzuschließen. Am verbreitetsten sind Winkelhöfe, bei denen einem giebelseitig zur Straße stehenden Haus der Stall und im rechten Winkel an der Hofrückseite angebaut die Scheune folgt. Die Straßenfront des Hofs wird häufig von einem hölzernen Torgerüst geschlossen. Bei größeren Höfen sind drei oder alle vier Seiten des Hofplatzes mit Gebäuden umbaut, die sich teilweise zum Mehrkant (mit übereck durchlaufendem First) zusammenschließen. In der südwestlichen Eifel herrschen

Blick zum Hof aus Binzenbach

Streckhöfe vor, bei denen alle Bauteile in einer Firstlinie aneinandergebaut sind. Auf dem Venn entwickelte sich das Einhaus, das Wohnung, Stall und Scheune unter einem Dach zusammenfaßt. Offener und lockerer blieben die Höfe in den Weilern und Kleindörfern; besonders enge und verschachtelte Hofanlagen entstanden in den dichtgedrängten, kleinstädtisch wirkenden Winzerdörfern an der Mosel. Die heute vor allem im nördlichen Eifelvorland dorfbildprägenden geschlossenen traufenständigen Häuserzeilen mit überbauten Hofeinfahrten längs der Straßen sind allerdings im wesentlichen erst seit der Zeit um 1800 entstanden.

Ehemals war die ganze Eifel Fachwerkbaugebiet, und in großen Teilen hat sich das Fachwerk als vorherrschende Bauweise bis über die Mitte des vorigen Jahrhunderts hinaus gehalten. Holzmangel und landesherrliche Bauordnungen bewirkten jedoch gebietsweise seit dem späten 17. Jahrhundert den Übergang zu Massivbauweisen, sofern geeignetes Baumaterial zur Verfügung stand. So setzte sich im kurtrierischen Südteil der Eifel seit dieser Zeit der Bruchsteinbau durch; und auch in einigen Kalksteingebieten der nördlichen Eifel, um Blankenheim-Schmidtheim und um Wollersheim-Embken, entstanden Steinbauinseln. Vom nördlichen Eifelvorland her verbreitete sich seit dem 18. Jahrhundert der Backsteinbau. Auch die übrigen örtlichen Baumaterialien wie Grauwacke, Buntsandstein, Basalt und Basalttuff drängten den Fachwerkbau zurück und ließen vor allem von Bauformen des vorigen Jahrhunderts geprägte Steinbaudörfer entstehen.

Das Fachwerk der Eifelhäuser ist schlichter als das der meisten Nachbarlandschaften; die Häuser sind, mit den Nachbargebieten verglichen, oft ungewöhnlich klein, doch wird dann der verfügbare Raum besonders intensiv genutzt. Seit alters kommen ein- und zweigeschossiger Hausbau nebeneinander vor; bei beiden aber ermöglicht die durch die Bautechnik (Bundbalkenzimmerung) bedingte, vom Dachfuß abgesenkte Balkenlage („Drempel") zusätzlichen Raumgewinn im Dachgeschoß, das durch die Drempelwand keine toten Winkel an den Traufen bildet. Das Haus ist queraufgeschlossen und zwei- oder dreizonig. Die Haustür führt in den Herdraum, der zugleich Hauptwohnraum ist und bei älteren Häusern etwa die doppelte Größe der Stube hat. Diese wiederum ist weniger Aufenthalts- als Rückzugsraum und in der Regel auch zugleich Schlafraum. Die Herdstelle ist ebenerdig, hat aber einen Rauchschlot über Dach. Dieser hölzerne Schlot ist in der Eifel mindestens seit dem Ausgang des Mittelalters bekannt und kommt bereits bei den ältesten erhaltenen Bauernhäusern dieses Gebiets vor. Stubenöfen sind in der Eifel seltene Ausnahme. Die Stube wird von der Herdstelle aus durch die in eine Aussparung der Herdwand hinter dem Feuer eingefügte eiserne Takenplatte erwärmt. Eiserne Öfen finden hier erst in Gestalt der transportablen Windöfen im frühen 19. Jahrhundert Verbreitung.
Bundbalkenzimmerung und Rauchschlot verbinden die Eifel mit dem Westen und trennen sie hauskundlich von den östlich des Rheins gelegenen Landschaften. Die Bundbalkenzimmerung, bei der der Querverband des Hausgefüges durch je ein Ständerpaar miteinander verbindende Bundbalken (und die Decke durch diesen Bundbalken längs aufgelegte Deckbalken) gebildet wird, erreicht im Rheinland die Ostgrenze ihrer Verbreitung. Ihr Verbreitungsgebiet schließt von Norden nach Süden gesehen das Emsland, das westliche Münsterland, das Ruhrgebiet und den Niederrhein ein und verläuft dann wenig östlich des Rheins nach Süden weiter, um dann nach Westen umzubiegen. Östlich und südlich der Grenzlinie schließt sich der Fachwerkbau mit Dachbalkenzimmerung an, deren Querverband die am Dachfuß die Gespärre verbindenden Dachbalken bewirken, die zugleich die — somit stets an den Dachfuß gebundenen — Deckbalken sind. Dachbalkenzimmerung haben der größte Teil des Bergischen Lands und der Westerwald. Der hölzerne Rauchschlot der Eifelhäuser, der mit den frühen Kaminen westeuropäischer Bauernhausformen zusammen zu sehen ist, hat die Ostgrenze weitgehend mit der Bundbalkenzimmerung gemeinsam, greift aber im Gebiet der unteren Sieg weiter nach Osten aus. Hingegen ist auch am Niederrhein der frühe hölzerne Schlot unbekannt; dort kommen erst seit dem 17. Jahrhundert gemauerte Schornsteine auf. Noch länger bleiben die Häuser im Bergischen Land und Westerwald ohne Rauchabzug.
Die hier geschilderten Baumerkmale der Eifeler Bauernhäuser gelten für

Am Hof aus Brenig

die Zeit bis etwa zum späten 18. Jahrhundert. Die dann aufkommenden Neuerungen betreffen aber nicht nur die Zimmerung, sondern auch Raumeinteilung und Wohnweise. Mit der Traufenstellung werden die Häuser nicht mehr vom Hof aus, sondern von der Straße her erschlossen. Vom Herdraum wird ein Flur abgetrennt, in den die Haustür führt und von dem durch Türen und Treppen alle anderen Teile des Hauses erreichbar sind; der Herdraum wird zur Küche. Sparherd und Windofen sowie gemauerter Kamin binden die Feuerstätte nicht mehr zwingend an den Hausgrundriß und machen die Raumnutzung variabler. Bei hinreichender Hausgröße ermöglicht der Flur die Aufteilung in mehrere, voneinander getrennte Wohnungen. Das aber ist eine Entwicklung, die in den anderen rheinischen Landschaften ganz ähnlich verläuft.
Der Stall ist in der Eifel in der Regel vom Wohnhaus getrennt (Ausnahme: das Einhaus des Venn); auch wenn er im Zuge der Zusammenfassung der Hofbauten angebaut wird, bleiben Haus und Stall stets ohne innere Verbindung. Über dem Stall befindet sich der Futterboden, der meist durch eine Innentreppe zugänglich ist. Dritter baulicher Bestandteil des Eifler Bauernhofs ist die Scheune, queraufgeschlossen, meist dreizonig, mit mittlerer Tenne, auf der einen Seite die Getreidebanse, auf der anderen die Banse für das Heu, häufig aber, wenn auf dem Hof Schafe gehalten werden, der Schafstall mit dem Heuboden darüber. Speicherbauten gibt es in der Eifel nicht; als Speicher, also Vorratsraum, dienen Kammern des

Obergeschosses bzw. beim eingeschossigen Haus des Dachgeschosses (Drempels), so daß sich die Wortbedeutung „Speicher" für Obergeschoß oder Dachboden des Hauses hier allgemein einbürgern konnte, während das Wort als Bezeichnung eines selbständigen Gebäudes unbekannt ist.

Bezüglich der Backöfen durchzieht die Eifel eine Grenze von Südwesten nach Nordosten. Der Südteil der Landschaft hat wie Hunsrück und Westerwald Dorfbackhäuser, der Nordteil wie Bergisches Land und Niederrhein Hofbacköfen. Gebietsweise kamen freistehende, meist im Baumgarten beim Hof errichtete Backhäuschen vor; erhalten haben sich hauptsächlich eingebaute Backöfen. Bei kleineren Anwesen hatten sie ihren Standort im Herdraum, und zwar so, daß der Ofenmund im Raum lag, der Ofenkörper aber erkerförmig nach draußen ragte. Bei größeren Höfen waren die Backöfen auch in Wirtschaftsgebäuden untergebracht. Der erhaltene Bestand reicht aber nicht über die Zeit um 1700 zurück. Auch die Brunnen lagen teils im Garten hinter dem Haus, teils im Haus selbst — im Herdraum oder im Keller. (Unterkellert war fast immer nur die Stube).

Beim Hof lagen ein kleiner Hausgarten und der Pesch, die Hofwiese, die als Grasland und Hausweide, vor allem aber als Baumwiese (oder Baumgarten) dem Obstbau diente. In der Regel hatte jeder Hof auch einen größeren Gemüsegarten. Diese Gärten lagen oft von den Höfen entfernt zu mehreren in eigenen Gartengewannen auf besonders gutem Boden. Gärten und Hofwiesen waren umzäunt bzw. von Hecken umschlossen und ganzjährig der individuellen Nutzung überlassen. Die anderen Teile des landwirtschaftlichen Nutzlands waren zwar im privaten Besitz, aber durch den Flurzwang für alle verbindlichen Nutzungsregelungen unterworfen.

Die Eifel ist Realteilungsgebiet. Aller Besitz wird im Erbfall zu gleichen Anteilen unter die Erben geteilt. Das Streben nach nicht nur gleich großen, sondern auch in der Bodengüte vergleichbaren Anteilen führte zu fortgesetzten Parzellenteilungen. Dadurch erreichte die Flurzersplitterung schon früh ein Ausmaß, daß Höfe mittlerer Größe mit mehr als hundert über die ganze Flur einer Gemeinde oder mehrerer benachbarter Dörfer verteilten Grundstücken nicht selten waren. Um bei dieser Gemengelage der einzelnen Besitzparzellen, von denen zwangsläufig viele nicht mehr unmittelbar durch Wege erschlossen, sondern nur noch über Parzellen anderer Besitzer erreichbar waren, einen geordneten Anbau zu ermöglichen, mußten Bestellung und Ernte einheitlich und nach festen Regeln erfolgen. Bei dem verbreitetesten Fruchtfolgesystem, der Dreifelderwirtschaft, waren jeweils größere Ackerlandkomplexe in je drei Teile (Zelgen) geteilt. In jährlich wechselndem Turnus wurde in der einen Zelge Wintergetreide, in der zweiten Sommergetreide gebaut, die dritte lag für ein Jahr brach. Die Bestellung der Parzellen jeder Zelge erfolgte in der Weise, daß zuerst die inneren, nicht durch Wege erschlossenen Parzellen besät wurden, zuletzt die an den Wegen liegenden; die Ernte schritt umgekehrt von den äuße-

Am Haus aus Scheuerheck

ren zu den inneren Parzellen fort, so daß gewährleistet war, daß kein Schaden durch Befahren eines fremden bestellten Felds entstehen konnte. Um jährlich gleichmäßige Erträge an Winter- und Sommerfrucht zu erhalten, mußte folglich jeder Bauer bestrebt sein, etwa gleich große Besitzanteile in jeder Zelge zu halten. Nach erfolgter Ernte wurden die Äcker für die gemeinsame Viehherde des Dorfs zur Stoppelweide freigegeben, im Brachjahr die Brachzelgen ganzjährig zur Brachweide. Wieviel Vieh der einzelne Bauer mit der Herde auftreiben durfte, richtete sich nach seinen jeweiligen Besitzanteilen.
Je fruchtbarer der Boden, um so größer war in der Regel der Anteil der Dorfflur, der als Dauerackerland nach dem System der Dreifelderwirtschaft bebaut wurde. In den Börden gab es Dörfer, deren gesamte Gemarkung außerhalb des hofnahen Gartenlands Acker war. Ansonsten gab es außer

dem Ackerland einen wechselnden Anteil von Wiesen, die vor allem entlang von Bachläufen lagen. Im Bergland war häufig der Anteil von Wiesen und Weiden größer und damit die Viehaltung wichtiger als der Ackerbau. Auch konnte in weniger fruchtbaren Gebieten nur ein Teil des Bodens ständig und mit nur einjähriger Brache Frucht tragen. So liegen in der Eifel häufig neben dem Ackerland andere Wirtschaftsländereien, auf denen extensivere Anbauformen betrieben wurden. Besonders bekannt und verbreitet war die Schiffelwirtschaft, bei der auf ein- oder zweijährigen Anbau eine mehrjährige, im Extremfall jahrzehntelange Brache folgte, in der das Schiffelland verheidete und nur als Schafweide diente. Je extensiver der Anbau und je länger die Brachzeiten des Schiffellandes waren, um so weniger war seine Nutzung festen Regeln unterworfen.

Auf dem Venn und in einigen Teilen der nordwestlichen Eifel fehlte die Dreifelderwirtschaft mit ihrem geregelten Anbausystem ganz. Hier herrschte eine ungeregelte Feldgraswirtschaft mit Wechsel von Ackernutzung und längerer Brache als Grasland.

Wald war in der Eifel wie in anderen Teilen des Rheinischen Schiefergebirges in erster Linie Niederwald, ein Buschholz, das in fünfzehn- bis zwanzigjährigem Turnus schlagweise abgetrieben wurde und aus Stockausschlägen wiederaufwuchs. Diese Waldwirtschaftsform war vielfach mit Nebennutzungen verbunden. Die häufigste Nutzung der überwiegend mit Eichen bestockten Niederwälder war die Gewinnung von Gerberlohe aus der vor dem Abtrieb am Stamm geschälten Rinde. In der Form der in älterer Zeit in der Eifel weitverbreiteten Rottwirtschaft fand auch ein Wald-Feld-Wechsel statt. Der abgetriebene Holzschlag wurde abgebrannt, die Asche untergepflügt und Getreide eingesät. Nach ein- oder zweijährigem Anbau überließ man das Rottland wieder dem Waldaufwuchs aus dem Stockausschlag.

Übernutzungen des Waldes durch Rottwirtschaft und Vieheintrieb führten bis zum Ende des 18. Jahrhunderts zur Verwüstung vieler Holzungen und zur Entstehung ausgedehnter Heide- und Ödlandflächen, die in der preußischen Zeit vorwiegend mit Nadelholz wieder aufgeforstet wurden.

Die Eifel ist altes Bergbaugebiet. Für ihren Kunstguß (Ofen- und Takenplatten) bekannt waren die Eisenhütten. Bleibergbau und -verhüttung gab es in der Nordeifel mit Schwerpunkt um Mechernich, Zinkbergbau und Messingindustrie in und um Stolberg. Verbreitete Gewerbe waren Tuchmacherei auf der Grundlage ausgedehnter Schafhaltung und Gerberei, für die die Eichen-Niederwälder die Lohe lieferten. Starker Bevölkerungszuwachs und Niedergang der örtlichen Industrien machten die Eifel im 19. Jahrhundert zum Notstandsgebiet.

Konfessionell blieb die Eifel fast ausschließlich katholisch; die in einigen kleinen Territorien im 16. Jahrhundert eingeführte evangelische Religion hielt sich nur bis in die Zeit der Gegenreformation.

Haus aus Rohren

(Stadt Monschau, Kreis Aachen)

Einhaus mit Wohnung, Stall und Scheune unter einem Dach, Fachwerkbau mit Firstsäulen und Rofendach, erbaut im 16./17. Jahrhundert, vielleicht ursprünglich Wohnstall-Einraumhaus. Wetterschutz durch Rotbuchenhecke. **10**

Am Weg zur Baugruppe Eifel ist seit 1981 ein Haus wiederaufgebaut, das im Museum die Hauslandschaft des Hohen Venn vertritt, der Dörfer um Monschau und am Ostrand jener ausgedehnten Moorhochflächenlandschaft im deutsch-belgischen Grenzgebiet zwischen Monschau, Eupen und Malmedy, die auch in ihren Haus- und Siedlungsformen ein eigenes Gepräge zeigt. Deshalb ist das Vennhaus auch im Museum deutlich von der Baugruppe Eifel abgerückt und höher am Hang plaziert, so wie es auch an seinem ursprünglichen Standort von allen ins Freilichtmuseum überführten Gebäuden das höchstgelegene war.

Die Venndörfer liegen auf Höhen zwischen 500 und 600 m (Rohren 555 m). Mit über 1200 mm Jahresniederschlag ist diese Landschaft eines der regenreichsten Gebiete in Mitteleuropa. Das Klima ist rauh, die Mitteltemperaturen der Wintermonate liegen unter 0 °C, der Jahresdurchschnitt beträgt nur 6—7 °, dementsprechend lang ist die Schnee- und Frostperiode. Dadurch sind die landwirtschaftlichen Möglichkeiten begrenzt. Erst spät wurde die Hochfläche gerodet und besiedelt. Der späte Ausbau ist bis heute an den weitläufig-lockeren Dörfern und an der Flureinteilung zu spüren, bei der bis zu den Regulierungen durch die Flurbereinigung die Parzellen in unregelmäßigen Blöcken im Gemenge lagen, so wie sie durch Rodung oder Urbarmachung von Wald-, Heide- oder Moorland einmal entstanden waren, die meisten von Rotbuchenhecken umschlossen, die auch heute noch, wenn auch inzwischen stark zurückgedrängt, der Kulturlandschaft am Venn das Gepräge geben. Besonders gepflegte Rotbuchenhekken umschlossen die Höfe und Hausgärten. Sie dienten hier nicht nur dazu, das Vieh von den Einhegungen fernzuhalten, sondern vor allem als Wetterschutz. Die stattlichen, sauber geschnittenen lebenden Wände aus Buchen an den Wetterseiten der Häuser sind noch heute für die Venndörfer charakteristisch.

Im Gegensatz zu den meisten anderen Landschaften des Rheinlands gab es am Hohen Venn keine Dreifelderwirtschaft. Hier wurde Feldgraswirtschaft betrieben, bei der es kein ständig unter den Pflug genommenes Ackerland gibt, sondern nur Wechselland, bei dem auf eine Ackernutzung von wenigen Jahren stets eine längere Ruhezeit als Grasland folgt. Wechselland war der größte Teil des landwirtschaftlichen Nutzlandes. Nur in den Bachtälern und in besonders feuchten Partien lagen Wiesen. Das allerdings waren nicht für die Grasnutzung besonders bevorzugte Flächen, sondern meist im Gegenteil Flurteile, die wegen ungünstiger Lage oder zu großer Nässe für den Ackerbau ungeeignet waren. Außerdem gab es zur Zeit der Urkatasteraufnahme um 1830 große Flächen mit Heiden, Gestrüppen und Wald, zwischen denen offensichtlich fließende Übergänge bestanden. Dieser Wirtschaftsform entsprach eine stärkere Viehhaltung, da neben dem Grasland auch Wald und Heiden als Weide genutzt werden konnten. Während der Blütezeit der Monschauer Tuchmacherei im 18. Jahrhundert gab es in den Venndörfern große Schafherden. Durch Niedergang der Tuchindustrie und Aufforstung der Heiden im 19. Jahrhundert wurde der Schafhaltung die Grundlage entzogen. Wichtigste Getreideart war bis vor hundert Jahren der Hafer; der Roggenanbau erlangte erst im vorigen Jahrhundert einige Bedeutung. So wurden 1826 in Kalterherberg 850 Morgen Hafer, aber nur 5 Morgen Roggen angebaut, 1879 waren es noch 740 Morgen Hafer, aber bereits 140 Morgen Roggen. Früh setzte sich hier der feldmäßige Kartoffelanbau durch. 1826 wurden in Kalterherberg 100, 1879 178 Morgen mit Kartoffeln bebaut.

Rohren gehörte wie das ganze Monschauer Land bis 1794 zum Amt Monschau im Herzogtum Jülich. Es hatte 1825 61 Häuser mit 349 Einwohnern. Etwa 20% der Gemarkung waren Wechselland, 10% Wiesen, 16% Heide und Ödland, 53% Gestrüpp und Wald, 0,5% Gärten. Die Einwohnerzahl hat sich im übrigen in anderthalb Jahrhunderten kaum erhöht — 1961 hatte Rohren 419 Einwohner.

Das Haus vereinigt alle Bauaufgaben des bäuerlichen Anwesens unter einem Dach; es ist ein sog. „Einhaus". Wohnung, Stall und Scheune sind unter dem gleichen First aneinandergereiht, und zusätzlich sind alle Räume im Innern untereinander verbunden. So konnte der Hof im Winter bewirtschaftet werden, ohne daß man das schützende Dach verlassen mußte. Das Dach ist als Wetterschutz auf beiden Seiten weit heruntergezogen, die tragenden Wände stehen im Innern, und nur am Scheunentor ist die Dachfläche bis zur Hochwand zurückgeschnitten. Dem vorderen Giebel ist, bis über die Hochwand einspringend, die Stube angefügt. Herdraum und Stall sind durch keine Wand getrennt. Zwischen beiden befindet sich nur eine Brüstung aus Brettern, über die das Vieh vom Herdraum aus gefüttert wurde. Ein zweiter Stall befindet sich unter dem Schleppdach der vorderen Traufseite.

Das Hausgefüge läßt sich am besten von der Tenne aus erkennen. Zu beiden Seiten erheben sich auf den Querschwellen die mächtigen Firstsäulen, die auf ihren Köpfen den Firstbaum und mit diesem das Dach tragen. Den Firstsäulen sind die Bundbalken aufgeblattet, die das innere Gerüst in der Querachse zusammenbinden. Die Bundbalken sind in den Hochwänden mit den Ständerköpfen verhälst. Die Hochwandständer wiederum sind in den Quergebinden durch hohe Fußstreben versteift. Das rechte

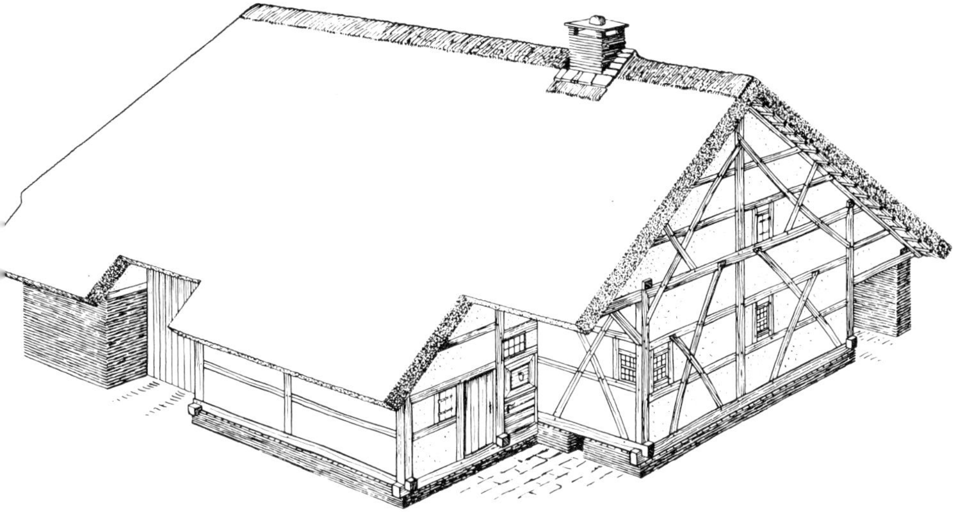

Quergebinde ist zugleich Wand zwischen Tenne und Stall. Diese Wand besteht aus einer Abfolge von Riegeln, die in regelmäßigen Abständen — den Bundbalken einbeziehend — den Ständern, Fußstreben und der Firstsäule vorgeblattet (die Kehlriegel im Dachbereich sind den Sparren und zwei sparrenparallelen Streben aufgeblattet, in die Firstsäule aber eingezapft) und an deren Unterkantenfalz senkrechte Bohlen als Wandfüllung angeschlagen sind. Die beiden Firstsäulen zu seiten der Tenne sind die einzigen, die vom Boden aufsteigen. Im Wohnteil sind die Firstsäulen auf den unteren Bundbalken abgefangen, die zwischen Untergeschoß und Drempel durch die Hochwandständer gezapft sind. Der erste Bundbalken überspannt als mächtiges Holz 7,50 m weit den Innenraum — Herd- und Stallraum — des Hauses. Zwei lange Schwertungen, die von den Hochwandständern bis unter den Kopf der Firstsäule reichen, verstreben dieses Gebinde. Die weiteren Firstsäulen sind in die Herdwand zwischen Herdraum und Stube und in den Stubengiebel eingebunden. Das Fachwerk dieser beiden Wände wird ebenso wie das der einspringenden Traufenwand der Stube durch die großen, kreuzförmig angeordneten Schwertungen beherrscht. In der Längsachse ist das Hausgefüge durch einen Längsbalken gesichert, der als sogenannter Unterfirst in einigem Abstand unterhalb des Firstbaums von der Tennenwand bis zur Herdwand reicht und durch die Firstsäulen dieser Gebinde durchgezapft ist, sowie durch aufgeblattete Kopfstreben, die von den Firstsäulen über den Unterfirst bis zum Firstbaum reichen. Ist schon der Firstsäulenbau eine besonders altartige Zimmerung, die sich nur im Hohen Venn bis zum Ende des 17. Jahrhunderts hielt, so kommt hier ein zweites altertümliches Bauelement hinzu: Die Dachhaut wird nicht von Sparren getragen, die am First paarweise verbunden sind, sondern von einzeln mit Holzdübeln über den Firstbaum gehängten Rofen, die ohne gegenseitigen Verband nebeneinanderliegen und bis zu den Rähmen der Hochwände herabreichen. Dort schließen sich ihnen in gleicher Weise aufgelegte Rofen für die Dachflächen über den beidseitigen Niederlässen an.

Die Deckbalken über dem Untergeschoß sind auf den unteren Bundbalken und auf Wandriegeln längsverlegt. Mauersockel, Scheunen- und hintere Niederlaßwände sind aus dem für die Venndörfer ehemals charakteristischen Monschauer Schiefer aufgemauert, dem am Ort anstehenden Gestein, einem dünnspaltenden, dunkelblauen Schiefer, dessen Abbau und Verwendung aufgegeben wurde, als durch die verbesserten Transportmöglichkeiten geeignetere Bausteine zur Verfügung standen. Auch Herdwand und Schornstein sind in diesem Material aufgemauert. Der Rauchfang wird von einem kräftigen Balkenkranz getragen, dessen seitliche Balken durch die Wandständer zu seiten der Herdmauer gezapft sind. Als Takenplatte hat hier die Seitenplatte eines Eisenofens Verwendung gefunden, die beim Abbruch des Hauses, wenn auch nicht mehr am originalen Platz, aufgefunden wurde. Ebenfalls aus dem Haus stammt der schmale Takenschrank auf der Stubenseite der Herdwand. Daß Ofenplatte und Takenschrank in ihren — ansonsten für Taken sehr ungewöhnlichen — Maßen übereinstimmen, macht es wahrscheinlich, daß die Ofenplatte hier tatsächlich früher als Takenplatte eingebaut war. Sie zeigt Lukretia und Diana und ist in einer Eifeler Hütte im dritten Viertel des 16. Jahrhunderts entstanden.

Verschiedene Beobachtungen beim Abbruch des Hauses, insbesondere Gestaltung und Zustand der Wände, der nur über den Herd- und Stallraum reichende Unterfirst und der Umstand, daß Firstbaum und Rähme in den Bindern gestoßen sind, in denen auch der Unterfirst endet, weisen darauf hin, daß das Haus möglicherweise ursprünglich nur aus diesem Mittelteil mit dem Herd- und Stall-Einraum bestand und Herdwand und Wand zwischen Stall und Tenne die ursprünglichen Giebel des Hauses waren, an das Stube und Scheunenteil erst nachträglich angebaut wurden. Dann wäre das Rohrener Haus nicht nur wegen seiner Zimmerung, die es mit anderen alten Vennhäusern gemeinsam hat, sondern vor allem auch wegen seiner ungewöhnlich „urtümlich“ anmutenden Raumstruktur als Wohnstall-Einraumhaus ein einzigartiges Baudenkmal, für das es erst wieder mit dem Mönchengladbacher Haus der Baugruppe Niederrhein im Museum eine Parallele gibt.

Diese vermutete erste Erweiterung — Anbau von Stube und Scheune — blieb nicht der einzige Umbau des Hauses, das wiederholt veränderten Bedürfnissen angepaßt werden mußte. In seinem letzten Zustand vor dem Abbruch war die Stube seitlich erweitert und im Innern von ihr eine Kammer abgetrennt worden, auch vom Herdraum war eine Abstellkammer abgeteilt, zur vorderen Traufseite war ein Quertrakt angefügt, der einen

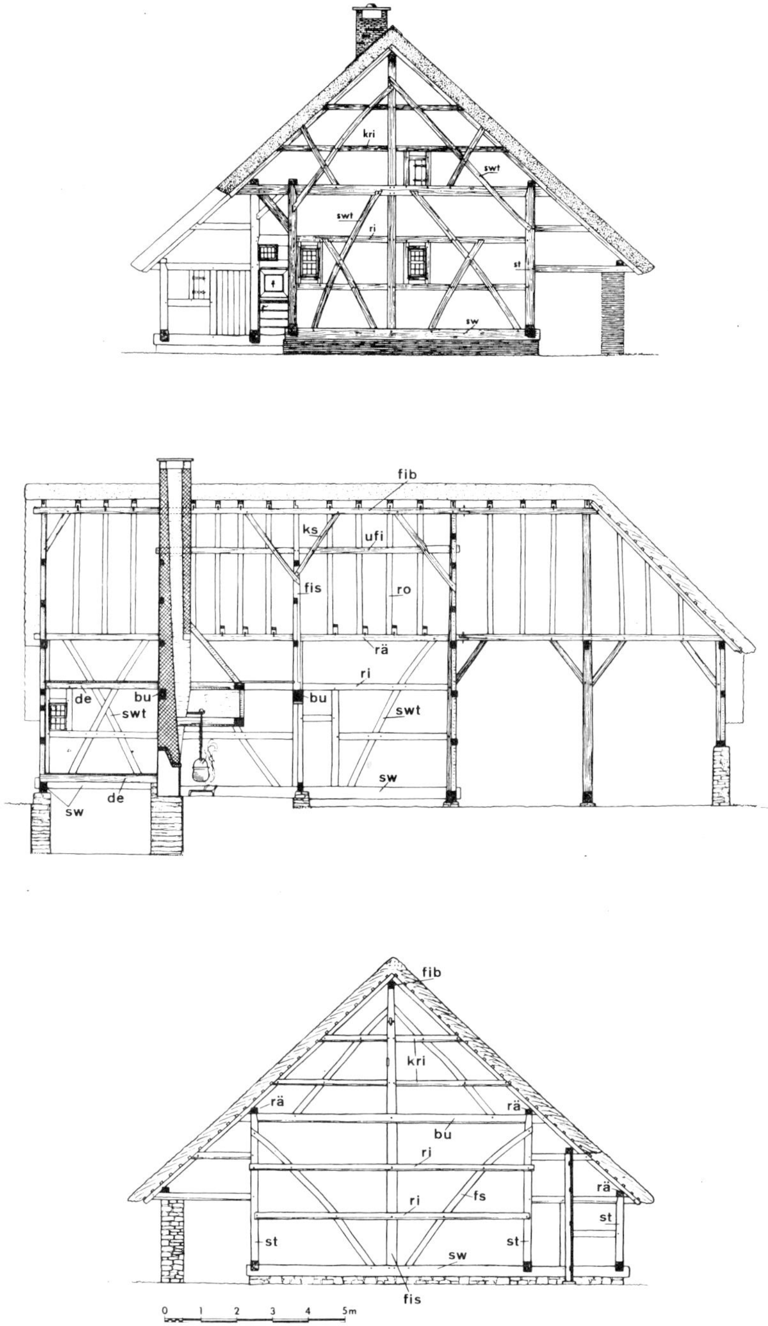

Haus aus Rohren: Ansicht Stubengiebel, Längsschnitt, Querschnitt Stall-Tennen-Wand von der Tenne aus (Legende zu den Zeichnungen im hinteren Umschlag)

zusätzlichen Wohnraum enthielt, und bei einer Hofteilung war die am hinteren, abgewalmten Giebel gelegene Banse des Scheunenteils abgeschnitten und direkt an die Tenne das Nachbarhaus angebaut worden. So brachte der Versuch, bei Abbruch und Wiederaufbau den ursprünglichen Zustand des Hauses wiederherzustellen, allerlei Probleme mit sich. Daß sie in Kauf genommen wurden, lag vor allem an der Aussicht, mit dieser Rekonstruktion eines der ältesten Hausgefüge zurückzugewinnen, die in den Venndörfern bis in unsere Zeit erhalten geblieben sind. Das Baujahr ist bis jetzt noch nicht bekannt. Es ist aber zu hoffen, daß es durch die noch ausstehende dendrochronologische Untersuchung von Bauhölzern ermittelt werden kann.

Die Besitzgeschichte des Hofes ist seit 1825 bekannt. Von diesem Jahr, dem Zeitpunkt der Urkatasteraufnahme an, bis 1958 waren vier Generationen der Familie Carl auf dem Hof. Der Name Carl erscheint schon seit 1718 in mehreren Zweigen in den Rohrener Kirchenbüchern, so daß die Besitzfolge in dieser Familie auch für unseren Hof bis ins 18. Jahrhundert zurückreichen könnte. Zum Hof gehörten 1825 42 Morgen Land. Der Besitz stieg bis 1857 auf 48 Morgen an, blieb aber infolge Teilung in den nächsten Generationen stets unter 20 Morgen (ca. 5 ha). In dieser Zeit wurden auf dem Hof 4—5 Kühe gehalten. Bis zum vorigen Jahrhundert hielt man auch Schafe auf dem Hof, die im hinteren Niederlaß des Hauses ihren Stall hatten. Das Haus wurde mehrfach umgebaut; durch einen Anbau wurden zusätzliche Wohnräume gewonnen. Es behielt aber bis zum Abbruch sein Strohdach. Das seit 1958 nicht mehr bewohnte Haus wurde 1960 abgebrochen.

Kapelle aus Schützendorf

(Stadt Mechernich, Kreis Euskirchen)

11 *Erbaut 1783, eine der letzten erhaltenen Fachwerkkapellen der Eifel, mit Altar aus der 2. Hälfte des 17. Jahrhunderts.*

Schützendorf liegt 5 km südwestlich von Kommern. Das kleine, nach Bleibuir eingepfarrte Dorf hatte 1830 13 Häuser mit 66 Einwohnern. Vor 1794 gehörte es zum Amt Münstereifel im Herzogtum Jülich. Als die Ortsgemeinde 1958 beschloß, eine neue Kapelle zu bauen, befand sich die alte in fortgeschrittenem Verfall, unter Zementputz und Brettschalung war sie kaum als Fachwerkbau erkennbar. In diesem unscheinbaren Zustand war sie weitgehend unbekannt geblieben und auch im Kunstdenkmäler-Inventar nicht erwähnt worden. Als eine der letzten Fachwerkkapellen der Eifel kam sie in das Freilichtmuseum, wo mit ihrem Wiederaufbau 1959 die Bauarbeiten in der Baugruppe Eifel begannen. Da die in Schützendorf neuerrichtete Kapelle auch eine neue Einrichtung erhielt, konnte das gesamte alte Inventar mit ins Museum übernommen werden. So ist die Kapelle auch nach ihrem Wiederaufbau mit ihrem Altar und Gestühl ausgestattet. Der Bau ist über der Tür 1783 datiert. Älter ist das Kreuz auf dem Dachreiter, das die Jahreszahl 1671 trägt und vermutlich von einem Vorgängerbau stammt. In die gleiche Zeit ist auch der Altar zu datieren, ein Zweisäulenaufbau mit Knorpelwerkornament, verkröpften Gesimsen und gesprengtem Giebel, dessen Bild die Himmelfahrt Mariä und im Auszug die Taube als Symbol des Heiligen Geistes zeigt. Zwei Wappen in den unteren Ecken des Altarbildes, die auf die Stifter und damit auf die Herkunft des Altars hinweisen dürften, konnten noch nicht identifiziert werden.

Die Kapelle ist in einem sehr schlichten Fachwerk errichtet, auf der Altarseite dreiseitig geschlossen und mit einem Schieferdach gedeckt, das über dem Eingangsgiebel einen verschieferten Dachreiter trägt. Nur

Kapelle aus Schützendorf

ein Bundbalken an diesem Giebel verspannt das Fachwerkgefüge in der Querachse, eine sehr schwache Sicherung gegen den Schub der Gespärre mit der Dachlast und der Lehmtonne, die den Innenraum überdeckt. Damit diese Last die Wände nicht nach außen drückt, wurden sie beim Wiederaufbau im Innern zusätzlich verankert. Der Opferstock am Eingang stammt aus Scheuern (Kreis Daun).

Vor dem Weg zur Kapelle liegt ein unscheinbarer kleiner Basaltblock, der
81 als Rechtsdenkmal Beachtung verdient. Es ist ein sogenannter Bauernstein oder Verkündstein, von dem aus zu bestimmten Terminen, oft am Sonntag nach der Messe, vom Gemeindevorsteher oder einem Gemeindediener Bekanntmachungen verlesen wurden — Vorläufer der schriftlichen Bekanntmachung an der Anschlagtafel. Der Bauernstein vor der Kapelle stammt aus Brenig bei Bonn, er lag ursprünglich vor dem Schornshof, gegenüber dem ins Freilichtmuseum übernommenen Hof aus Brenig. Bauernsteine gab es in fast allen Vorgebirgsdörfern zwischen Bonn und Brühl. Ein weiteres Rechtsdenkmal steht auf dem Grasanger rechts von der Kapelle: Hier wurde die alte Kommerner Gerichtssäule wiederaufgebaut. Früher stand sie in Kommern an der Kölner Straße vor der Gartenmauer der Burg. Die Säule war Zeichen der Gerichtshoheit der Ortsherrschaft.

Hof aus Brenig

(Gemeinde Bornheim, Rhein-Sieg-Kreis)

12 *Vierseithof in Fachwerkbau mit Haus, Hoftor, Schweinestall, Backhaus, Scheune und Stall mit Futterboden; das Haus erbaut 1556, Straßengiebel mit Freigespärre als Schauseite gestaltet; die Scheune erbaut 1785; Scheune und Ställe auch im Museum landwirtschaftlich genutzt.*

Brenig liegt westlich Bonn am Hang des Vorgebirges (der Ville) zum Rheintal. Bis 1794 gehörte der Ort zur Herrlichkeit Bornheim im Kurfürstentum Köln. 1828 hatte Brenig 397 Einwohner. Wie Kessenich war Brenig ursprünglich ein Wein- und Ackerbauerndorf. Im 19. Jahrhundert ging der Weinbau rasch zurück; die Katasterneuaufnahme von 1886 verzeichnet nur noch einen Weingarten in der Gemarkung. An seine Stelle trat wie im ganzen Vorgebirge der Obst- und Gemüsebau.

Die Hofanlage bildet einen Vierseithof, der als Ganzes übernommen werden konnte. Zu seiner heutigen Stellung im Museum sind allerdings einige Erläuterungen erforderlich. Die alte Straßenfront des Hofs war nicht die jetzt dem Platz an der Kapelle zugekehrte Seite, sondern die jetzt nach

Gerichtssäule aus Kommern

Südwesten gerichtete mit dem Hausgiebel und dem Hoftor. Die rechte Traufenwand des Hauses mit der Haustür lag am alten Standort an der Grundstücksgrenze; die Tür war dort zugesetzt, und es schlossen hier unmittelbar die Gebäude des Nachbarhofs an. Statt dieser — ursprünglichen — Tür war ein neuer Zugang zum Haus von der linken Traufenwand, der Hofseite, aus durch die dort nachträglich eingesetzte Tür geschaffen. Dieser Umbau gibt einen Hinweis auf die Hofgeschichte. Da bei der Giebelstellung des Hauses die Haustür stets an der dem Hof zugekehrten Seite liegt, muß der Hofraum ursprünglich rechts vom Haus gelegen haben; dort muß man sich also auch die ältesten Wirtschaftsgebäude — Stall und Scheune — vorstellen. Bei einer Hofteilung wurden dann die Gebäude so unter zwei Erben aufgeteilt, daß der eine das Haus, der andere die Wirtschaftsgebäude erhielt, die Grenze zwischen den beiden Teilhöfen also unmittelbar rechts vom Haus verlief. Der neue Besitzer des linken Teils mußte sich also links vom Haus neue Wirtschaftsgebäude bauen und das übernommene Haus zu diesem neuen Hof hin öffnen; der Besitzer des rechten Teils baute sich zu den übernommenen Hofgebäuden weiter rechts ein neues Haus. Eine solche Hofteilung ist im rheinischen Realteilungsgebiet immer wieder vorgekommen, hier aber besonders gut nachzuvollziehen.

Aus dieser Schilderung geht schon hervor, daß das Haus der älteste erhaltene Teil der Hofanlage ist. Für den aufmerksamen Betrachter hebt es sich deutlich aus dem Gebäudekomplex hervor, nicht nur durch sein —

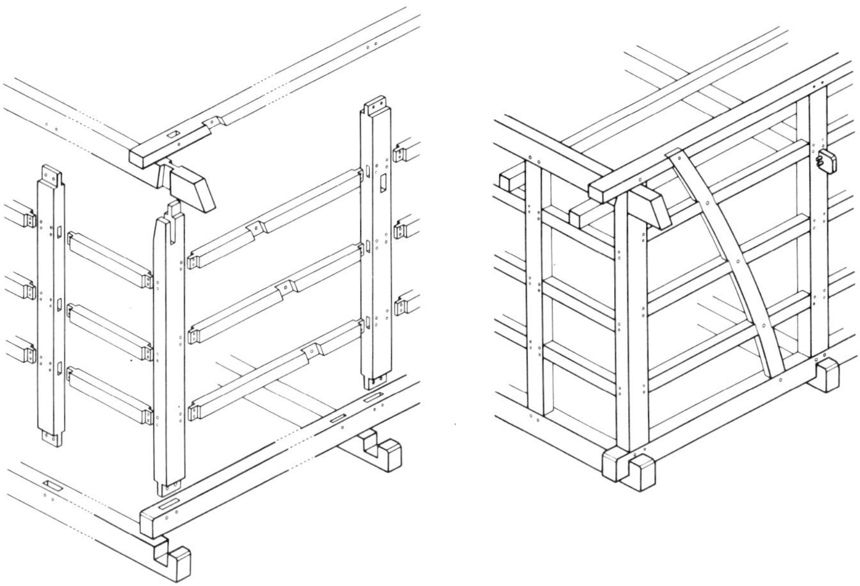

Haus aus Brenig: Wandgefüge mit Schwertung

altartigeres — Fachwerk, sondern auch durch den deutlich abgesetzten Schwellenkranz und die beim Wiederaufbau bewußt abgehobene Farbgestaltung mit den dunkleren Hölzern. Es ist eingeschossig, queraufgeschlossen und dreizonig, d. h. von der Traufseite her gesehen liegen drei Raumeinheiten („Zonen") nebeneinander: in der Mitte der Herdraum, in den die Haustür führt, zum Vordergiebel hin die Stube, zur anderen Seite zwei Kammern. Als größter Raum des Hauses ist der Herdraum durch einen freitragenden Bundbalken unterteilt, während die anderen Bundbalken in Querwände eingebunden sind. Vor der Wand zwischen Herdraum und Stube liegt die ebenerdige Feuerstelle, über der der Rauchfang in den Raum vorspringt und der hölzerne Schlot den Rauch des Herdfeuers über Dach ableitet. Die Herdwand ist halbhoch in Bruchstein aufgemauert; in eine Aussparung dieser Mauer ist hinter dem Feuer die Takenplatte eingesetzt. Beim Fachwerk fällt die unterschiedliche Gestaltung von Traufenwänden und Giebel auf. Nur die Traufenwände sind verstrebt; die Streben sind aber keine Hölzer von voller Wandstärke, sondern bohlenstarke Schwertungen. Sie sind auf die dahinter von Ständer zu Ständer durchlaufenden Riegel und auf das Rähm aufgeblattet. Nur die für die Bundbalken erforderlichen Bundständer teilen die Wand in weite Joche, denen die Schwertungen die nötige Winkelfestigkeit geben. Dagegen ist der Vordergiebel strebenlos; Ständer und Riegel teilen die Wand in regelmäßige Gefache auf. Der Giebel zeigt also das für den älteren rheinischen Fachwerkbau charakteristische Schauseitenfachwerk; die von der Straße nicht einsehbaren Traufenwände zeigen dagegen das wirkliche Gefüge des Hauses: das für diese Zeit ebenso typische weitjochige Fachwerk, das sich in der Wandgliederung nur auf die konstruktiv nötigen Hölzer beschränkt. Zum schmuckhaft aufgefaßten Fachwerk des Straßengiebels kommt als zusätzlicher Dekor das durch Bogenfriese und Giebelpfahl gestaltete Freigespärre. Das Dachgefüge ist ein Sparrendach mit aufgeblatteten Kehlbalken und Sparrenschuhen. Das Haus ist dendrochronologisch auf 1556 datiert.

Wesentlich jünger ist die Scheune. In der Inschrift über dem Tennentor wird das Baujahr 1785 genannt. Die Scheune ist queraufgeschlossen und vierzonig — rechts von der Tenne liegen zwei Bansen. Die dementsprechend fünf Gebinde haben verhälste Bundbalken, das einfache Fachwerk mit Jochstreben an den Giebeln und unregelmäßig verteilten Fußstreben an den Traufenwänden entspricht dem in der Bauzeit üblichen. Blattungen kommen nirgends mehr vor; die Riegel sind sowohl in die Ständer als auch in die Streben gezapft. Die Gespärre des Dachs werden von einem Krummsäulenstuhl gestützt.

Um die gleiche Zeit dürfte auch die Torfront entstanden sein mit dem Kammeranbau an das Haus, dem hölzernen Torgestell und den links davon im Winkel folgenden Wirtschaftsgebäuden: Schweinestall, Viehstall und Backhaus (mit am hinteren Giebel hufeisenförmig ausgebautem Backofen). Schließlich wurde noch der Stallbau mit Futterboden zwischen Haus und Scheune eingefügt und der Gebäudetrakt damit auf dieser Seite zum Kanthof (mit im Winkel durchgehendem Dach) geschlossen.

An Hausrat im Herdraum des Hauses sind zu nennen: ein Tisch aus Hasselbach SIM, eine Topfbank aus Kommern, Kesselhaken und Feuerböcke aus dem Kreis Altenkirchen, ein Stoßbutterfaß und eine Waschbütte. Aus Brenig, und zwar aus dem Nachbarhof unseres Anwesens, stammt der steinerne Mörser.

Die Besitzgeschichte des Hofs läßt sich anhand der archivalischen Quellen von Anfang an verfolgen, denn das Baujahr des Hauses — 1556 — ist zugleich das Gründungsjahr des Hofs. Im bald nach 1557 niedergeschriebenen Schatzbuch der Herrlichkeit Bornheim ist eine Eintragung folgenden Inhalts auf unser Gebäude zu beziehen: Johann Halffen zu Dutzhoeven, Mertens Eithumb zu Bistorff, hat von Leefgen ahm Endt gegolden einen Bongert, darauff er itzo Hauß und Hoff, ist nu sein Hoffrecht . . . Das heißt: Johann, ein Hofpächter aus Dützhoven (heute Dützhöfe, zwei Einzelhöfe auf der Ville-Hochfläche), Schwiegersohn des in Bisdorf bei Brenig wohnenden Martin, hat einen Baumgarten erworben und darauf Haus und Hof errichtet. Der Name des Verkäufers „am End“ weist auf dessen Wohnsitz und die Lage des neuerworbenen Hofplatzes am oberen Ende von Brenig hin. Der Landbesitz des Johann besteht aus weitgestreuten Parzellen, die er wohl durch Kauf oder Erbschaft bekom-

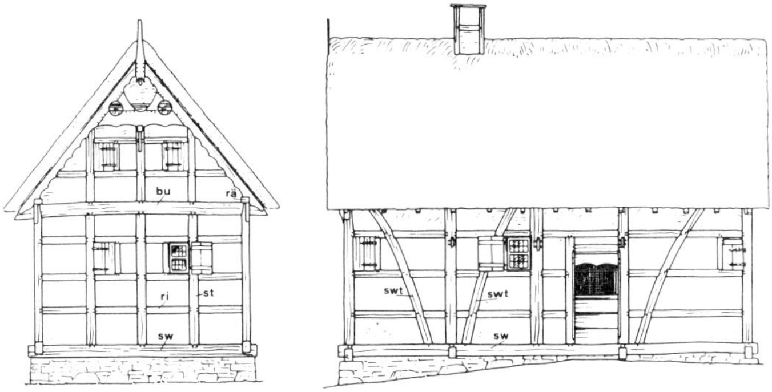

Haus aus Brenig: Giebelansicht, Traufenwandansicht

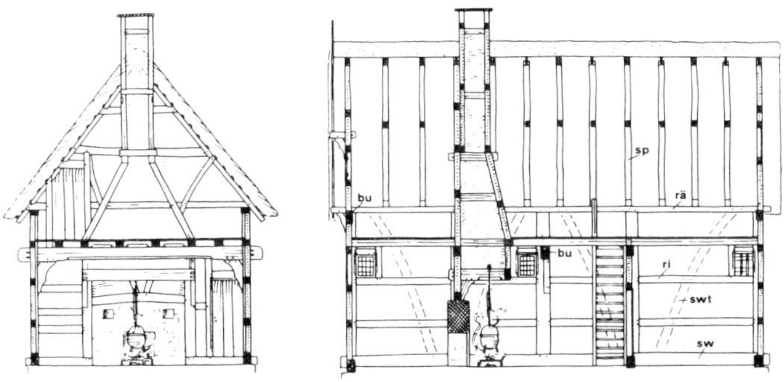

Querschnitt im Herdraum nach links, Längsschnitt

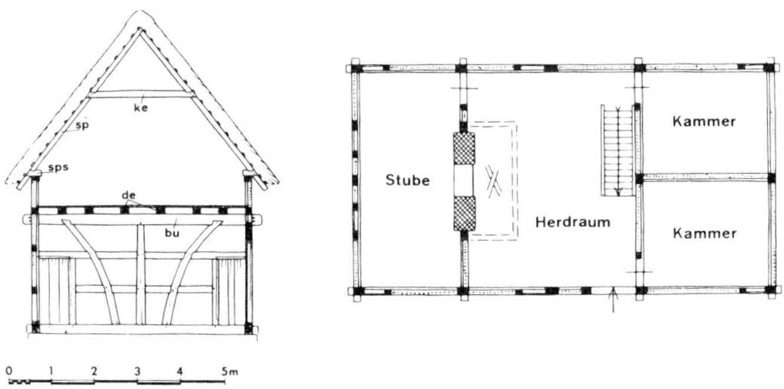

Querschnitt im Herdraum nach rechts, Grundriß

men hat. Heiratsgut oder Erbgut von seinem Schwiegervater dürften die Besitzungen in Bisdorf sein, wo er von Martin noch einen weiteren Hof übernommen hat. Insgesamt nennt das Schatzbuch an Besitzungen des Johann etwa 3 Morgen Weingarten, ½ M. Baumgarten, 2 M. Ackerland und 3 M. Busch. Nach 1580 ist Peter am Endt Besitzer des Hofs, „so Johannen Halffmahn zu Dützhoffen gewesen". Von ihm werden als Ländereibesitz ein knapper Morgen Weingarten, etwa ein Morgen Baumgarten, 4 Morgen Ackerland und 3 Morgen Busch genannt. 1625 erwirbt Merten Schorn aus Hemmerich den Besitz, von ihm kommt er 1637 an das Zisterzienserinnenkloster Blatzheim. Damit verschwindet der Hof vorerst aus der Überlieferung, da der größte Teil der Archivalien dieses Klosters verlorengegangen ist. In den wenigen erhaltenen Güterverzeichnissen wird er nicht erwähnt. Als Blatzheimer Klosterbesitz wird der Hof jedoch durch die Bauinschrift am Scheunentor belegt. Sie nennt MAZZA ABTISSIN IN BLATZHEIM 17 MAY 1785 als Bauherrin. Dieser Scheunenbau könnte im Zusammenhang mit der eingangs genannten Hofteilung erfolgt sein.
Daß Grundherren ihre Pachthöfe an zwei Pächter aufteilten, sofern sie davon eine Intensivierung der Bewirtschaftung und damit höhere Abgaben erzielen konnten, ist öfters belegt. 1793 gehörten 10,44 ha Land zum Hof. Im Zuge der Säkularisation in der französischen Zeit muß der Hof wie aller kirchliche und klösterliche Besitz eingezogen und verkauft worden sein, jedoch wird er in den bisher erschlossenen Säkularisationsakten nicht genannt. Später finden wir ihn im Besitz der Familie Lux wieder; 1886 waren die Ländereien nochmals aufgeteilt und Eigentum von Johann Joseph Lux, der auf unserem Hof saß, und Franz Jakob Lux mit einem Hof in der Nachbarschaft. Zum Hof des Johann Joseph Lux gehörten in diesem Jahr noch 5,93 ha, davon sind 5,71 ha Ackerland, der Rest ist Wiese, Baum- und Gemüsegarten und Hofplatz. Sein Besitznachfolger wurde eine Erbengemeinschaft aus zwei Söhnen und zwei Töchtern. Letztere blieben unverheiratet und bewohnten und bewirtschafteten den Hof, einer der Söhne hatte eigenen Hofbesitz in Brenig. Seine Tochter erbte nach dem Tod der Schwestern unseren Hof, und von ihr erwarb das Museum die Gebäude zum Abbruch. Wohnhaus, Torbau und Stall wurden im Mai 1960, die Scheune im Juni 1961 abgebrochen und zwischen 1965 und 1969 im Freilichtmuseum wiederaufgebaut. An der Stelle des Hofs in Brenig ist ein neues, auf Gemüse- und Obstbau spezialisiertes Anwesen errichtet worden.
Im Museum hat der Hof einen Teil seiner alten Funktion wiedererhalten. Die Scheune birgt wieder Heu und Getreide von den Wiesen und Feldern des Museumsgeländes, in den Ställen sind Ochse und Pferde, zeitweilig auch die Enten der Baugruppe untergebracht. Der Misthaufen im Hof ist also keine Dekoration.
Pflanzen: Hinter dem Hof steht ein Nußbaum, vor dem Tor ein Birn-

Hof aus Brenig

baum. Rund um den Hof sind mehrere Ruderalgesellschaften angesiedelt worden: in der Ecke links vor dem Tor eine Eselsdistelflur mit Eselsdistel, Königskerze, Natterkopf, Bilsenkraut, Hundszunge, Gelber Ochsenzunge, Großer und Kleiner Klette, Gelber Resede und Färberresede sowie Kugeldistel; am Hausgiebel eine Mäusegerstenflur, an der rechten Traufenwand des Hauses links von der Haustür eine Schwarznessel-, rechts eine Gänsemalvenflur.

Die Lücke zwischen der Breniger Scheune und dem nächsten Hof ist der Bauplatz für ein Haus aus Holzheim bei Mechernich, das 1729 datiert **13**
ist, traufenständig zur Straße steht und links eine Durchfahrt zum Hof enthält; an der Hofrückseite soll dazu eine Scheune aus Firmenich bei Kommern errichtet werden. Das Holzheimer Haus wurde 1960, die Scheune 1967 abgebrochen.

Hof aus Wallenthal

(Gemeinde Kall, Kreis Euskirchen) mit

Haus aus Elsig

(Stadt und Kreis Euskirchen)

14 *Vierseithof in Fachwerkbau mit Haus von 1719, Scheune, Stall und Backhaus aus dem frühen und Remise aus dem mittleren 19. Jahrhundert, steinernes Hoftor (ursprünglich Klostertor) wohl von 1726. Im Haus u. a. Sparherd, „Kölner Decke“, Wandbett und Wäschemangel; im Torbau Kelter von 1683; im Stallgebäude Stellmacherwerkstatt; in der Scheune Informationsraum der Baugruppe Eifel.*

Wallenthal ist ein Voreifeldorf in 370 m Höhe vor dem Waldgebiet des Kermeter, 7 km südwestlich von Kommern. Im Gebiet um Wallenthal wurde gemischte Acker- und Grünlandwirtschaft betrieben; um 1830 waren 46% der landwirtschaftlichen Nutzfläche Acker- und Schiffelland, 13% Wiesen und Weiden, 41% Wald und Wildland (Heide). Auf dem Ackerland wurden vor allem Hafer, Roggen und Spelz angebaut. Der Kartoffelanbau hatte schon im frühen 19. Jahrhundert hohen Anteil. Bei der Viehhaltung ist neben den Rindern vor allem die Schafhaltung zu nennen. Elsig liegt zwischen Euskirchen und Zülpich. Beide Dörfer gehörten bis 1794 zum Amt Münstereifel im Herzogtum Jülich. Wallenthal hatte 1828 97, Elsig 306 Einwohner.

Aus Wallenthal konnten alle Wirtschaftsgebäude eines Vierseithofs übernommen werden, nachdem auf diesem Hof die Landwirtschaft aufgegeben worden war. Das Haus blieb allerdings am alten Platz; an seiner Stelle wurde im Museum ein Haus aus Elsig aufgebaut.

An der Rückseite der Hofanlage steht die Scheune, ein vierzoniger, queraufgeschlossener Fachwerkbau mit Jochstreben und Fußstreben, verhälsten Bundbalken, krummsäuligem Firststuhl mit First- und Zwischenpfetten und abgewalmtem Dach. Rechts von der Tenne die Banse für das Getreide, links zwei Zonen, die in zwei Geschosse unterteilt sind mit dem Schafstall im Untergeschoß und dem Heuboden im Obergeschoß. In den beiden Räumen des ehemaligen Schafstalls ist jetzt der Informationsraum der Baugruppe Eifel eingerichtet.

Die linke Hofseite ist durch eine Remise geschlossen, in der verschiedenes landwirtschaftliches Gerät untergebracht ist. Zur Scheune hin schließt sich an die Remise der Schweinestall an.

An der rechten Hofseite steht ein langgestrecktes, zweigeschossiges Wirtschaftsgebäude, das im vorderen Teil im Untergeschoß das Backhaus mit dem am Giebel ausgebauten Backofen enthält, in der Mitte Stallräume, hinten eine Remise. Das Wirtschaftsgebäude ist auf der Hof-

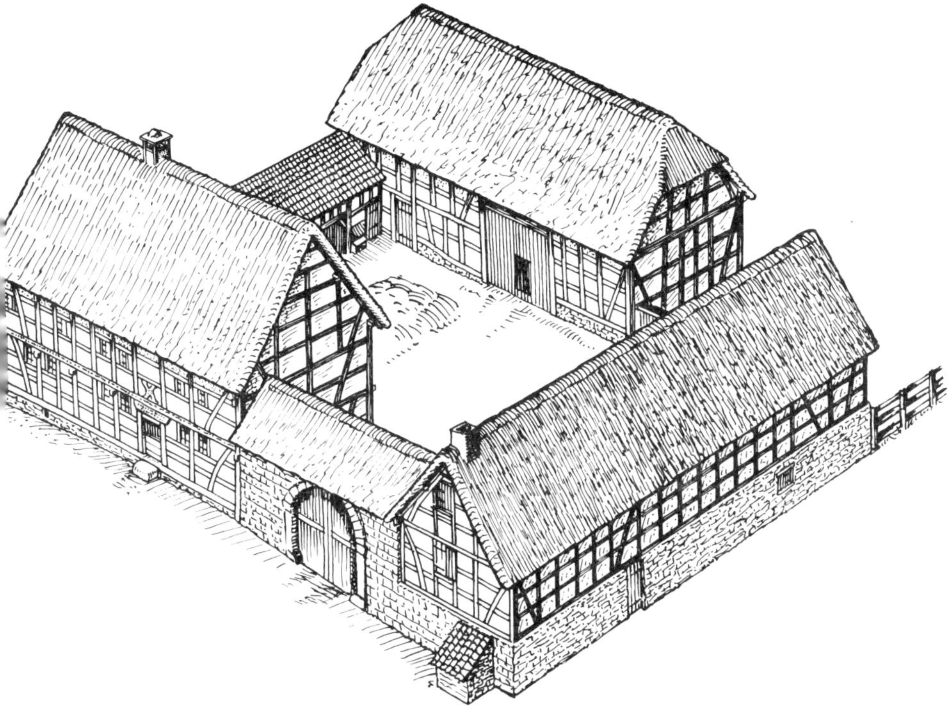

seite ein einfacher Fachwerk-Ständerbau, die übrigen Untergeschoßwände und der tonnengewölbte Backraum sind aus Mechernicher Buntsandstein errichtet, dem im Herkunftsort des Hofes üblichen Stein-Baumaterial, aus dem im übrigen auch die Mauersockel der anderen Hofgebäude bestehen. Im Obergeschoß bildet das Fachwerk über dem Backraum eine Raumeinheit für sich, vom übrigen Teil des Wirtschaftsgebäudes durch eine bis zum First reichende Wand abgeschlossen, während der Obergeschoßraum über Ställen und Remise nicht unterteilt ist und vor allem als Futterkammer diente. Das Dachgefüge ist an den Giebeln und im Innern einheitlich gestaltet und daher auch von außen gut erkennbar: ein bis zu einem kurzen Kehlriegel dicht unter dem First hochgezogener Krummsäulenstuhl mit in Schulterhöhe aufgefügten Zwischenpfetten und darüber eine Firstpfette auf kurzen, den Kehlriegeln aufstehenden Stielen.
Scheune und rechtes Wirtschaftsgebäude dürften im frühen, die Remise links im mittleren 19. Jahrhundert entstanden sein. Die Gebäude wurden 1959 in Wallenthal abgebrochen und 1963—67 im Museum wiederaufgebaut.
Während einer der Ställe heute als Ziegenstall dient, ist im anderen Raum und der anschließenden Remise eine S t e l l m a c h e r w e r k s t a t t einge-

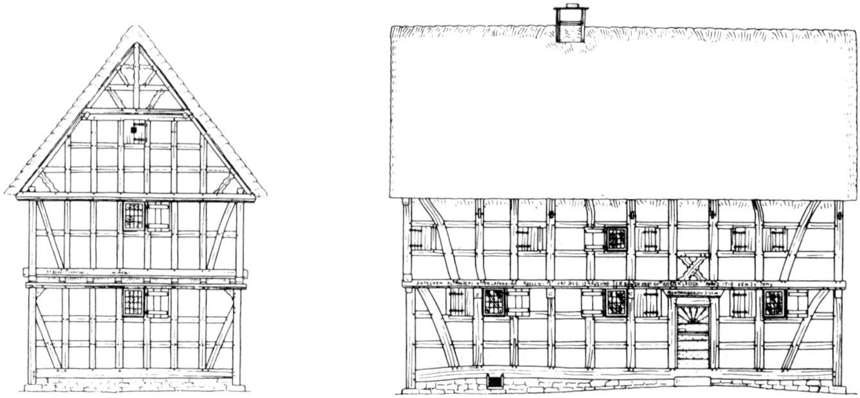

Haus aus Elsig: Ansichten

richtet, in der zeitweise gearbeitet wird (Hinweistafel am Museumseingang). Die Stellmacherei war ein wichtiges Handwerk im alten Dorf. Durch den Stellmacher wurden insbesondere Fahrzeuge — Wagen, Karren, Schlitten — und Ackergeräte — Pflug, Egge usw. — hergestellt. Die Arbeitsgeräte gehören überwiegend zum Bestand einer aus Iversheim bei Münstereifel übernommenen Werkstatt. Die Backformen und -gerätschaften im Backraum stammen aus Kommern, Kronenburg, Bernkastel und Krefeld.

Das Haus aus Elsig ist ein zweigeschossiger, queraufgeschlossener, dreizoniger Fachwerkbau. Die Inschrift an der Stockschwelle der vorderen Traufenwand nennt Bauherr und Baujahr: ANTHONEN ALTHAUSENS WITTIB CATHARINA ROEVENICHS HAT DIESE BEHAUSUNG ERBAWEN UNDT AUFFRICHTEN LASSEN ANNO 1719 DEN 20 JUNY. An den beiden von der Straße her sichtbaren Wänden, vorderer Traufseite und linkem Giebel, zeigt das Haus eine für seine Entstehungszeit „moderne" und repräsentative Zimmerung: den Stockbau, bei dem Unter- und Obergeschoß für sich gezimmert und durch über ganze Wandlänge reichende Stockschwellen getrennt sind. Diese Selbständigkeit der beiden Geschosse wird noch dadurch betont, daß das Obergeschoß an beiden Seiten leicht über das Untergeschoß vorkragt. Betreten wir jedoch den Hof, so sehen wir an der Rückseite des Hauses, daß diese neue Zimmerung für den einheimischen Zimmermann nicht so selbstverständlich war, wie es von außen scheint. Denn die Hofseite ist im altgewohnten Ständerbau aufgeführt, und auch der Querschnitt zeigt, daß der Stockbau Fassade bleibt, eine Mode, die der Zimmermann zwar beherrschen muß, um dem Haus ein stattliches Aussehen zu geben, der er aber für die Konstruktion

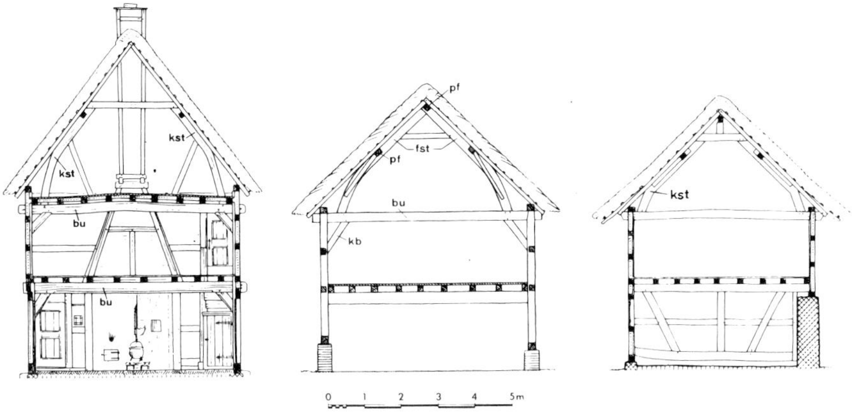

Haus aus Elsig: Querschnitt, Scheune und Wirtschaftsgebäude aus Wallenthal: Querschnitte

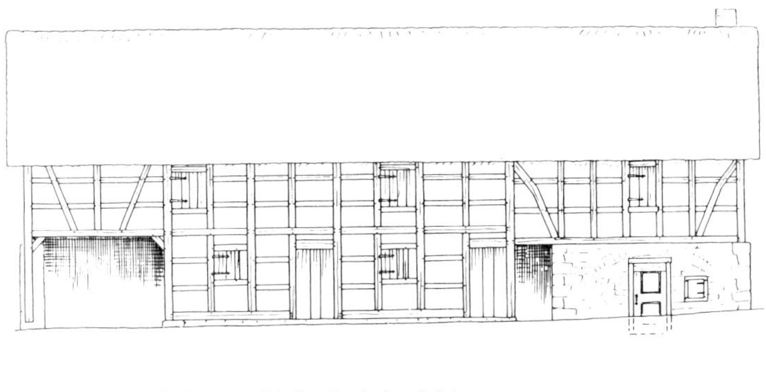

Wirtschaftsgebäude aus Wallenthal: Ansicht

im ganzen noch nicht traut. So entsprechen die meisten Gefügeteile auch an den Stockwänden dem gewohnten Bild: die dicken Balkenköpfe, die an der vorderen Traufenwand unter der Stockschwelle vortreten, sind die hier in die Köpfe der Untergeschoßständer eingehälsten, rückseitig aber wie gewohnt durchgezapften Bundbalken, die Bundbalken über dem Obergeschoß sind an beiden Traufenwänden durchgezapft, und die Reihe der Balkenköpfe über denen am linken Giebel das Obergeschoß vorkragt, gehört zu der im Innern den Bundbalken aufgelegten Längsbalkendecke, wie sie auch die älteren Ständerbauten zeigen. Außer durch den Stockbau sind die beiden Schauseiten durch einige Zierformen im Fachwerk ausge-

zeichnet: Rundstäbe an Giebelbundbalken, Stockschwellen und Kehlbalken, profilierte Kopfbänder bzw. Gefachstreben in den Eckjochen des Giebels, Rundstäbe an Gewände und Gebälk der Tür und ein geschweiftes Andreaskreuz im Gefach darüber, und schließlich eine ganze Ansammlung profilierter Hölzer in der Giebelspitze, die mit einem Spitzstiel ein von Streben gerahmtes Kreuz bilden — gewissermaßen eine in die Fachwerkwand zurückgenommene Nachfolgeform des Freigespärres älterer Zeit. Die Hofseiten sind dagegen ganz schlicht gehalten. Das Dach wird durch einen Krummsäulenstuhl getragen. Besonders gut sind an diesem Haus die Abbundziffern zu erkennen, mit denen der Zimmermann jedes einzelne Holz für den Zusammenbau beim Aufrichten kennzeichnete. Das Haus wurde 1962 abgebrochen und 1963 wiederaufgebaut.
Das Haus wurde beim Wiederaufbau dem Hof aus Wallenthal eingepaßt und steht wie das ursprünglich zu diesem Hof gehörige Wohngebäude traufständig zur Straße. In Elsig war es hingegen giebelständig. Der linke Giebel ist der alte Straßengiebel, die jetzige Straßenfront war in Elsig dem Kirchplatz zugekehrt. Es hatte also auch an seinem alten Standort bereits zwei Außenfronten. Der Elsiger Hofplatz lag von hier aus gesehen hinter dem Haus — links vom Hausgiebel schloß ein Torhaus an, ihm folgte, wie das Haus giebelständig und den Hof nach der anderen Seite abschließend, ein Stallgebäude, an der Hofrückseite stand die Scheune. 1828 war der Hof noch im Besitz der Familie Althausen.
Die Haustür führt wie üblich in den Herdraum; links liegt die unterkellerte Stube, rechts eine Kammer. Vor der aufgemauerten Herdwand lag die offene Feuerstelle, über der sich in der Decke der Rauchfang öffnete, der, sich im Obergeschoß trichterförmig verengend, in den hölzernen Schlot überleitet, der den Rauch über Dach abführt. In den Zeichnungen ist dieser ursprüngliche Zustand der Feuerstelle festgehalten. Bei der Einrichtung des Herdraums wurde die Feuerstelle jedoch in der Art gestaltet, wie sie im 19. Jahrhundert genutzt wurde: der offene Rauchfang ist durch ein Blech geschlossen, darunter ist ein eiserner Sparherd aufgestellt, auf dessen Platte über der geschlossenen Feuerung gekocht wird, während der Rauch durch ein Blechrohr in den Rauchfang abgeführt wird. Diese „Kochmaschine" war weitaus bequemer und kostensparender als das offene Feuer und setzte sich daher im 19. Jahrhundert in immer wieder verbesserten Modellen sehr schnell durch, vor allem, nachdem das Brennholz knapp wurde und mit Stein- oder Braunkohle geheizt werden mußte, die sich nur in geschlossenen Feuerungen verbrennen ließ. Der hier aufgestellte Sparherd ist ein Erzeugnis der Eibelshäuserhütte im Dillkreis. Eine Takenheizung war hier von Anfang an nicht vorhanden; die Stube wird vielmehr durch einen Eisenofen beheizt, der vom Herdraum aus durch einen in die Herdmauer eingebauten kastenförmigen Fortsatz („Hals") beschickt wird und auch seinen Rauch in den Herdraum abgibt. Dieser

Hof aus Wallenthal und Elsig

„Halsofen" ist die ältere Form des Stubenofens; er war immer mit einer (offenen) Herdfeuerstelle verbunden, von der aus er beheizt wurde. Eine größere Neuerung bedeuteten dagegen Öfen, bei denen die Heizöffnung unmittelbar am Ofenkörper angebracht war und der Rauch durch ein unterschiedlich langes Ofenrohr in einen Schornstein abgeführt wurde. Diese „Windöfen" waren transportabel und konnten überall aufgestellt werden, wenn durch eine geeignete Rauchrohrführung der Anschluß an einen Schornstein möglich war. Ebenso wie mit dem transportablen Sparherd war es mit dem Windofen möglich, zusätzliche Räume, etwa im Obergeschoß, direkt zu beheizen. In der Kammer über der Stube des Elsiger Hauses ist ein solcher Windofen aufgestellt.

In der Stube fällt die Deckengestaltung auf, deren Putzverkleidung die Deckbalken sichtbar läßt und die Felder dazwischen an den Enden bogenförmig schließt. Diese Form des Deckenverputzes war unter der

Bezeichnung „Kölner Decke" im 17. und 18. Jahrhundert im Rheinland sehr beliebt. Der hintere Teil der Stube wird durch eine Schrankwand abgetrennt, die im rechten Teil das tagsüber wie ein Schrank verschließbare Wandbett enthält und links davon noch Platz für eine kleine Abstellkammer läßt. Der Ofen in der Stube ist aus Scheuren bei Schleiden, der Tisch aus Adenau, der Eckschrank aus Hostel und die Wanduhr aus Glehn (beides bei Kommern). Im Herdraum steht ein Milchschrank aus Lasel bei Prüm, eine Tellerbank aus Manderscheid und ein Butterfaß mit Bock aus Monschau. Die Einrichtung der Kammer auf der anderen Seite des Herdraums ist dem Thema Wäschewaschen gewidmet, mit einem Waschkessel aus Domesch bei Euskirchen, einer Pumpe aus Simmerath, einer kleinen Mangel aus Arloff bei Münstereifel und einer großen aus Neuwied.

Der steinerne Torbau rechts vom Haus gehört nicht zum alten Bestand des Hofes. Er hat eine wechselvolle Geschichte hinter sich. Ursprünglich stand er am Eingang zum Zisterzienserinnenkloster Schweinheim, das 1803 aufgelöst und danach fast vollständig abgebrochen wurde. Den Torbogen erwarb ein Bauer aus dem benachbarten Kirchheim (Stadt und Kreis Euskirchen), der ihn an seinem Hof wiederaufbaute. Dabei wurden die Gewändeschäfte vermutlich wesentlich verkürzt, so daß das Tor jetzt sehr gedrungen wirkt. An seinem ersten Standort am Kloster hat man sich den Bogen höher vorzustellen. Als das Tor auch in Kirchheim vor dem Abbruch stand, konnte es vom Freilichtmuseum übernommen werden. Der Torbogen dürfte 1726 entstanden sein, denn in diesem Jahr wurde das ganze Kloster Schweinheim nach einer am Anfang des 18. Jahrhunderts erfolgten Zerstörung wiederaufgebaut. Links hinter dem Tor steht eine schwere Zweispindelkelter. Sie stammt aus Haus Dürffenthal bei Ülpenich (Stadt Zülpich, Kreis Euskirchen). Der Trog ist aus einem mächtigen Eichenstamm ausgehöhlt; der die beiden Spindeln tragende Balken nennt das Baujahr der Kelter: 1683. Die Konstruktion der Kelter entspricht ganz der Bauweise im Hausbau dieser Zeit: Die beiden Ständer werden wie bei hölzernen Hoftoren durch Schwellen und Fußstreben gestützt; Trog und Spindelbalken sind wie die Bundbalken im Fachwerkbau durch die Ständer gezapft, hier sogar mit je zwei Zapfen, und die Zapfohren mit je zwei Keilen gesichert. Weinbau läßt sich im Eifelvorland bis zum 18. Jahrhundert nachweisen, doch ging der Anbau im allgemeinen seit der Zeit um 1600 zurück. Soweit zu ermitteln, wurde hier offenbar vorwiegend Rotwein gewonnen.

Pflanzen: An drei Stellen sind am Haus aus Elsig Ruderalpflanzen angesiedelt: an der vorderen Traufenwand Gänsemalve, Kleine Brennessel und Breitblättriger Ampfer, am linken Giebel vor dem Rosenstrauch Schwarznessel, Schierling, Weiße Taubnessel und Wilde Malve, am Rosenstrauch die Zaunrübe.

Haus aus Bodenbach

(Kreis Daun)

Fachwerkbau der 2. Hälfte des 17. Jahrhunderts mit als Schauseite gestaltetem Straßengiebel; hintere Traufenwand mit Strohverkleidung als Wetterschutz; im Haus u. a. Schusterwerkstatt. **15**

Bodenbach liegt in der Hocheifel zwischen Adenau und Daun. Es gehörte bis 1794 zum kurtrierischen Amt Daun und hatte 1843 37 Häuser mit 207 Einwohnern. Die Gemarkung bestand zu etwa je einem Drittel aus Ackerland, Wiese und Wald. Bis in jüngste Zeit wurde vor allem Roggen und Hafer angebaut, erst in diesem Jahrhundert auch Weizen und auf größeren Höfen Gerste. Auf Schiffelland wurde Buchweizen gezogen, Geackert wurde mit Kühen oder Ochsen; um 1900 war erst ein Pferd im Dorf. Außerdem wurden auf den Höfen Schafe, wenige Schweine und an Geflügel nur Hühner gehalten.
Das nicht datierte, aber wohl aus der zweiten Hälfte des 17. Jahrhunderts

Haus aus Bodenbach

stammende Haus ist ein zweigeschossiger, queraufgeschlossener und dreizoniger Fachwerkbau, bei dem besonders der Kontrast zwischen dem reichgestalteten Straßengiebel und den einfachen übrigen Wänden auffällt. Der Giebel hat das für die Schauseiten dieser Zeit übliche strebenlose, engständerige Fachwerk und ist über Unter- und Obergeschoß auf den von langen gekehlten und mit je zwei Rundstäben besetzten Knaggen gestützten Längsbalkenköpfen vorgekragt. Balkenköpfe und Stockschwellen sind profiliert, das Giebeldreieck erhält durch symmetrische gebogene Gefachstreben und ein genastes Radkreuz zusätzlichen Schmuck. Auch am Bodenbacher Haus ist der Stockbau des Straßengiebels nur vorgetäuscht; ein Blick auf die Hofseite verrät mit den durch beide Geschosse reichenden Ständern an der hinteren Hausecke und zwischen Herdraum und Stube den dahintersteckenden Ständerbau. Noch einfacher ist die Rückwand gestaltet, deren Fachwerk sich allerdings hinter einer Strohverkleidung verbirgt, die nur die Bundbalkenköpfe erkennen läßt. Diese Wandverkleidung aus Roggenstroh, das ohne zusätzliche Befestigung in eine das Fachwerk überdeckende Lehmschicht gedrückt wird, war ein ehemals in der Eifel verbreiteter, inzwischen aber fast vollständig verschwundener Wetterschutz — und zugleich Wärmedämmung — für wetterseitige Hauswände. Quer- und Längsschnitt des Hauses zeigen das übliche Ständerbaugefüge mit durchgezapften Bundbalken, darauf längsverlegten Deckbalken, niedrigem Drempel über dem Obergeschoß und Krummsäulenstuhl im Dach, der hier aber zusätzlich Firststiele mit Firstpfette trägt. Die Herdwand zwischen Herdraum und unterkellerter Stube umschließt die Öffnung mit der Takenplatte und auf der Stubenseite darüber den Takenschrank. Eine Besonderheit zeigt die Art der Rauchableitung über dem Herdfeuer. Der Rauch durchzieht hier erst eine geräumige Rauchkammer im Obergeschoß, die für das Räuchern von Fleisch und Würsten durch eine Tür zugänglich ist, und erst im Dachgeschoß wird er durch den Trichter des Rauchfangs in den Schlot übergeleitet.

Der Hausrat im Herdraum stammt vorwiegend aus der südlichen Eifel: der Kesselhaken aus Lasel, die Tellerbank aus Neuerburg, die Stühle aus Büdesheim, der Milchschrank aus der Gegend von Cochem, der Backtrog aus Bodenbach selbst. In der Stube befindet sich ein Tisch aus Rheinbreitbach mit Stühlen aus Ringen bei Ahrweiler, ein Glasschrank aus Much, ein Eckschrank aus Kommern und der Takenschrank aus Zingsheim. Die Kammerzone ist auch hier in zwei Kammern unterteilt. In der vorderen wurde eine Schusterwerkstatt eingerichtet mit Geräten aus Scheuern bei Münstereifel, Kommern, Miel und Freialdenhoven (Kr. Düren); die hintere Kammer zeigt Gegenstände der Milchwirtschaft vor allem aus den Kreisen Daun und Bernkastel.

Über die frühe Besitzgeschichte des Hauses ist zur Zeit noch nichts bekannt. Zu unbekannter Zeit war das Haus unter zwei Besitzer aufgeteilt

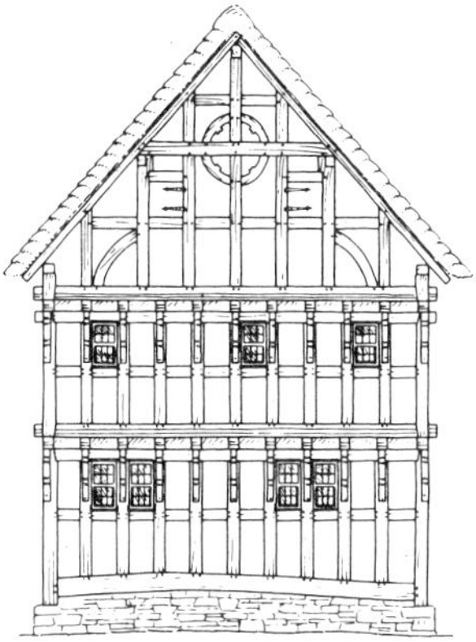

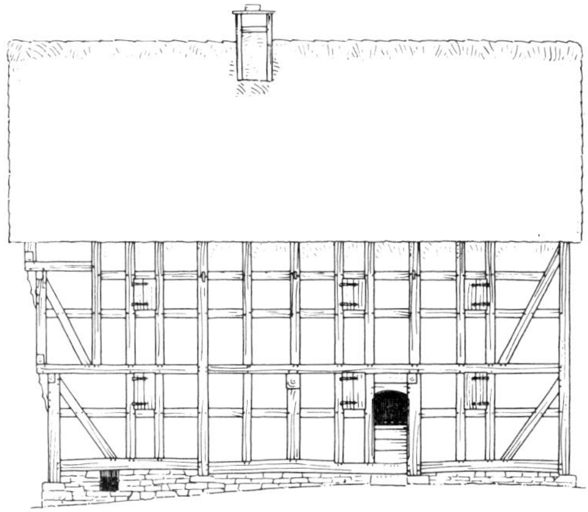

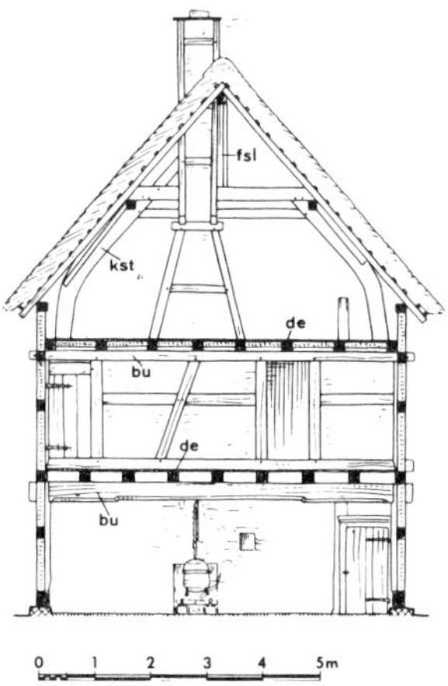

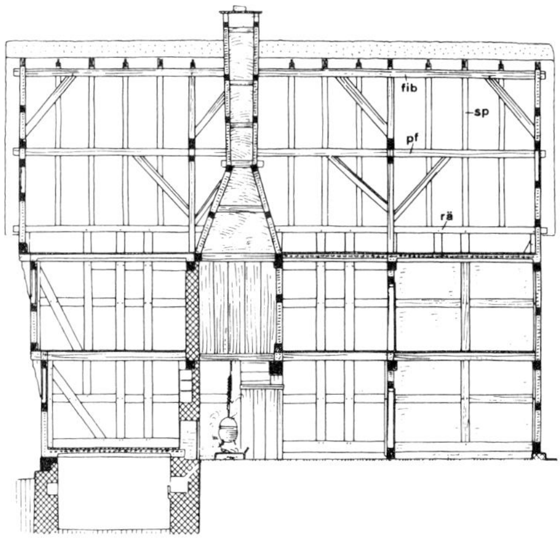

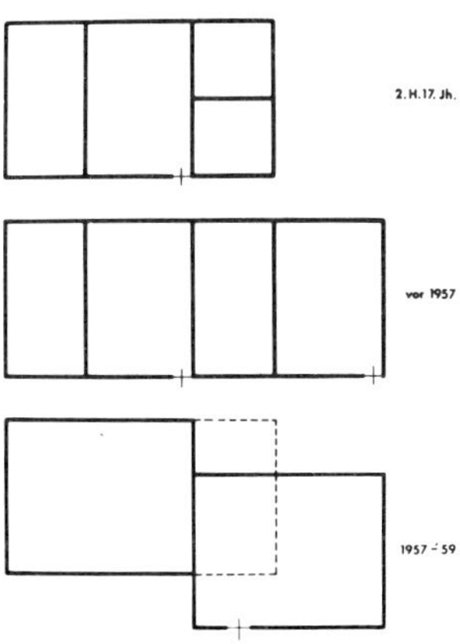

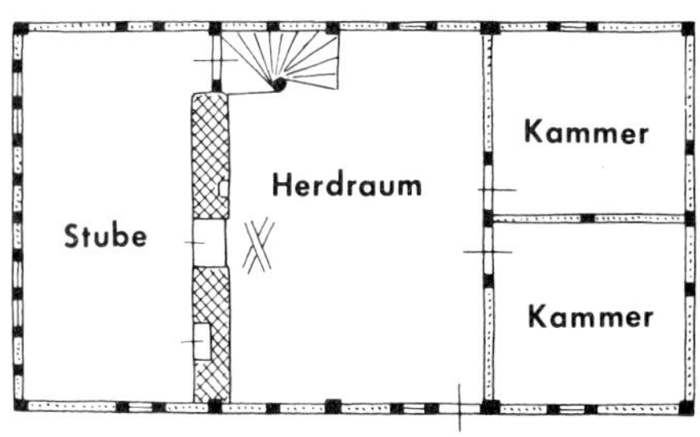

Haus aus Bodenbach:
Ansichten, Querschnitt, Längsschnitt,
Grundrißskizzen zur Hausentwicklung,
Grundriß

Blick zum Haus aus Bodenbach

worden, und zwar hatte einer den vorderen Teil mit Stube und Küche erhalten, der zweite den Kammerteil des Hauses. Dieser zweite baute sich seinen Teil zur Wohnung aus, indem er eine weitere Raumzone als Herdraum anfügte und den Kammerteil des alten Hauses zur Stube ausbaute. Damit waren aus dem dreizonigen Haus zwei zweizonige Hausteile von annähernd gleichem Grundriß entstanden. 1957 sollte dieser hintere Hausteil wegen Baufälligkeit erneuert werden. Da dicht an der hinteren Traufenwand des Hauses ein Wirtschaftsweg vorbeiführte, der zur Straße verbreitert werden sollte, wurde die Erneuerung mit der Auflage verbunden, das Haus um zwei Meter gegen den Hofraum hin zu versetzen. So kam es zum Abbruch des zweiten Hausteils mit der Kammerzone des Hauskerns, und als zwei Jahre später aus dem gleichen Anlaß die Aussiedlung des im vorderen Hausteil betriebenen landwirtschaftlichen

Betriebs anstand und das bis dahin unter Denkmalschutz stehende Haus zum Abbruch freigegeben wurde, konnte durch das Freilichtmuseum nur der verbliebene Restbestand übernommen werden; die Kammerzone mußte beim Wiederaufbau 1962 rekonstruiert werden. Von den Besitzern des Hauses sind bislang für den vorderen Teil die Familien Blink und Rätz, für den hinteren die Familien Klinkhammer, Daniels und Müller bekannt.
Pflanzen: Vor dem Haus ist eine Schwarznesselflur angesiedelt mit Schwarznessel, Herzgespann, Schierling, Kleiner Klette, Weißer Taubnessel, Mutterkrautwucherblume, Hundszunge, Andorn, Bilsenkraut, Gelber Ochsenzunge, Katzenminze und Wilder Malve. In der Baumwiese hinter dem Haus stehen drei Birnbäume und ein Kirschbaum (Große Prinzessinkirsche).
Noch zu errichtende Wirtschaftsgebäude werden auch den Platz vor dem Bodenbacher Haus zum vollständigen Hof ergänzen. An der Rückseite sollen eine Scheune und ein Stall errichtet werden, die 1976 in dem Hocheifeldorf Spessart bei Kempenich abgebrochen wurden. Für die dritte Seite ist ein kleines Stallgebäude mit Futterboden vorgesehen, das zur Zeit noch an seinem ursprünglichen Platz steht und dessen Übernahme noch nicht sicher ist. Damit würde die Lücke zum Hof aus Scheuerheck geschlossen.

Hof aus Scheuerheck

(Stadt Münstereifel, Kreis Euskirchen)

Hofanlage in Fachwerkbau mit Wohnstallhaus und Scheune; das Haus, erbaut 1711, mit nur 28 qm Wohnfläche und Backofen im Herdraum; hinter dem Hof Bienenhaus; kleiner Gemüse- und Kräutergarten. **16**

Scheuerheck liegt auf der Hochfläche des Ahrgebirges südöstlich Münstereifel in 440 m Höhe. Es gehörte bis 1794 zum Amt Münstereifel im Herzogtum Jülich und hatte 1828 14 Häuser mit 78 Einwohnern, 1843 22 Häuser mit 118 Einwohnern. Das Gebiet ist eine spätbesiedelte und bis heute waldreiche Rodungslandschaft. Um die Dörfer legte sich bis zum vorigen Jahrhundert ein Kranz von Ackerland, an den sich ein mehr oder weniger ausgedehnter Außenbereich von Schiffelland bis zu den Waldgebieten anschloß. In den Senken erstreckten sich die Wiesen. 1816 heißt es von der Gemeinde Effelsberg, zu der Scheuerheck gehörte: „Der Ackerbau ist unzureichend." Für die 85 Anwesen der Gemeinde werden damals nur 46 Ochsen und 116 Kühe, aber 840 Schafe angegeben; als Hauptgewerbe werden Kohlenbrennen, Schaf- und Bienenzucht genannt. Auf dem Ackerland wurde Hafer als Hauptfrucht angebaut, an zweiter Stelle steht der Roggen, aber auch der Spelz oder Dinkel wird schon ab 1720 für dieses

Gebiet genannt. Bereits 1774 wird von verstärktem feldmäßigen Anbau der Kartoffel berichtet, die in Notjahren zum wichtigsten Nahrungsmittel wurde.

Haus und Scheune unserer Hofanlage stammen zwar von zwei verschiedenen Scheuerhecker Höfen; ihre Anordnung zueinander entspricht aber einer ortsüblichen Hofform. An die schon für dieses Gebiet hervorgehobene Bienenzucht erinnert das zwischen Haus und Scheune etwas zurückliegende Bienenhaus, das gleichfalls aus Scheuerheck übernommen wurde.

Das kleine eingeschossige, queraufgeschlossene und dreizonige Haus hat eine Wohnfläche von gerade 28 qm, denn die linke Zone ist schon kein Wohnraum mehr, sondern Stall, deshalb dort die zusätzliche Außentür. Der zweiräumige Wohnteil schließt mit der Bundwand unmittelbar links der Haustür ab. Im Innern werden die beengten Raumverhältnisse besonders deutlich. Der Herdraum ist nicht nur Wohn-, Koch- und Hausarbeitsraum, sondern auch Backraum, denn der an der Rückseite ausgebaute Backofen ragt mit seiner Vorderwand in den Herdraum herein und wird von hier aus beschickt. In der niedrigen und schmalen Stube bleibt nur für wenige Möbel Platz, da sie zugleich Schlafraum war. In jeder Hinsicht wird das Streben nach rationeller Raumausnützung deutlich. Die Stube ist über dem Keller um zwei Stufen erhöht, dementsprechend liegt auch ihre Decke rund 40 cm höher als die des Herdraums. Im Vergleich mit anderen Gebäuden betrachtet, ist es aber eigentlich gerade umgekehrt: die Decke des Herdraums ist weiter — so weit es eben noch geht — abgesenkt, um im Drempel des Dachraums zusätzlich Platz zu gewinnen. Gleichwohl würde es in die Irre führen, wollte man allein aus der räumlichen Enge des Hauses auf besondere Armut der Bewohner schließen, denn das Fachwerk macht durchaus keinen ärmlichen Eindruck. Der als Stockgiebel gestaltete Straßengiebel schmückt sich mit fünf mit Kehlen und Viertelstäben profilierten waagerechten Hölzern übereinander, von der Drempelschwelle bis zum obersten Kehlriegel dicht unter dem First, alle Balkenköpfe sind profiliert, das Giebeldreieck hat Andreaskreuz und gebogene Gefachstreben, die Haustür hat profiliertes Gewände und Gebälk und einen phantasievoll ausgeschnittenen Sturz, der auch das Baujahr 1711 nennt. Ungewöhnlich ist auch die Profilierung des mittleren Bundbalkens im Herdraum und seiner beiden Konsolbänder. Mit all diesen Schmuckformen und der Qualität des verarbeiteten Holzes steht das Haus über dem Durchschnitt seiner Zeit und seiner Landschaft und scheint auf einen sehr selbstbewußten Erbauer zu weisen. So lange über diesen und die Baumstände nichts bekannt ist, lassen sich dazu aber nur Vermutungen äußern. Der Backofen gehört im übrigen nicht zum ältesten Bestand des Hauses, er wurde erst nachträglich eingebaut.

Von etwa 1875 an war das Haus Bestandteil eines Nachbaranwesens und

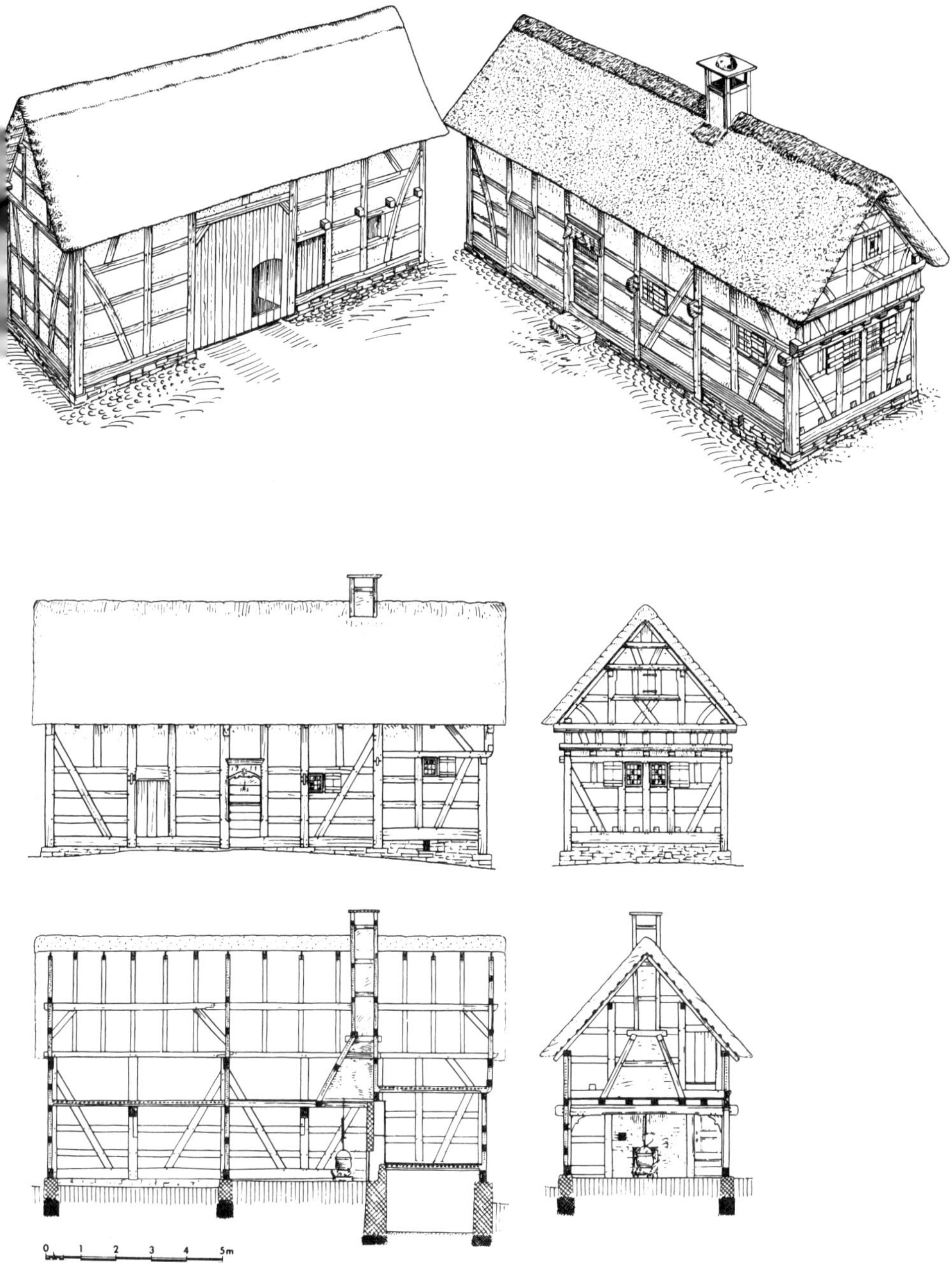

Haus aus Scheuerheck: Ansichten, Längs- und Querschnitt

nicht mehr bewohnt. Infolgedessen wurde es seitdem auch nicht mehr erneuert, so daß bis zum Abbruch die offene Feuerstelle mit der Herdwand, der hölzerne Schlot und Teile der Einrichtung unverändert erhalten blieben. Das Haus wurde 1958 abgebrochen und 1959 als erstes der Baugruppe wiederaufgebaut.
Vom Hausrat stammen Klapptisch und Topfbank im Herdraum und der Wandschrank in der Stube aus dem Haus und befinden sich wieder am ursprünglichen Platz; der Milchschrank im Herdraum ist aus Palmersheim, der Kesselhaken aus Eiserfey, die Feuerböcke aus der Gegend von Münstereifel und aus Hillesheim, der Tisch in der Stube aus dem Kreis Altenkirchen, die Stühle aus Lamersdorf (Kr. Aachen), das Bett aus Blankenheim, der Takenschrank aus Dollendorf, Truhe und Sessel sind aus Kommern. Aus dem Stall ist ein 1733 datierter steinerner Futtertrog aus Kessenich (Stadt Bonn) zu erwähnen.
Die queraufgeschlossene, dreizonige Scheune zeigt ein sehr einfaches Fachwerk mit Joch- und Fußstreben und zweisäuligem stehendem Stuhl im Dachraum. Zu seiten der Tenne befindet sich links die Banse für das Getreide, rechts der Schafstall mit dem Heuboden darüber. Bemerkenswert ist die Deckenbildung des Schafstalls: querverlegte Deckbalken liegen außer auf den traufseitigen Wandriegeln auf einem mittleren Längsunterzug, der durch den Mittelständer des Giebels durchgezapft ist. Vor der Scheune liegt eine steinerne Ackerwalze aus Kärlich (Kr. Koblenz). Die Bienenkästen im Bienenhaus stammen aus Kommern.

Hof aus Scheuerheck

P f l a n z e n : Als Ruderalpflanzen wachsen vor dem Haus Gänsemalve, Wegerauke und Kleine Brennessel. Im Hof steht ein Nußbaum, ein zweiter hinter dem Bienenhaus. Der Baumgarten hinter der Scheune ist mit alten Obstsorten bepflanzt; je zweimal vertreten sind die Bühler Hauszwetschge und eine alte Apfelsorte, dreimal Gellerts Butterbirne und einmal die Birnensorte Köstliche von Charneux. Den Baumgarten umschließt eine Schneebeerenhecke. Hinter dem Haus ist ein kleiner Gemüse- und Kräutergarten angelegt. An Ziersträuchern stehen hier Flieder, Buchsbaum, Wacholder und Schneeball. Im anschließenden Baumgarten stehen Pflaumen- und Birnbäume und eine Vogelkirsche.

Scheune und Stall aus Breidscheid

(Stadt Adenau, Kreis Ahrweiler)

Fachwerkbauten mit Firstsäulen, erbaut um 1594. Scheunen-Untergeschoß mit Schafstall. **17**

Breidscheid liegt dicht südöstlich Adenau im Tal des Adenauer Bachs in der Hocheifel. Bis 1794 gehörte der Ort zum Amt Nürburg (mit Sitz in Adenau) im Kurfürstentum Köln. Ein Haupterwerbszweig des Dorfs war die Schafhaltung, die der im 17. und 18. Jahrhundert bedeutenden Tuchmacherei in Adenau die Wolle lieferte. Auffälligerweise sind in der Umgebung von Adenau eine Reihe von Gebäuden mit dem besonders altertümlich wirkenden Firstsäulenbau bis in die jüngste Vergangenheit erhalten geblieben. In Breidscheid steht heute noch ein nicht mehr bewohntes und stark verfallenes Fachwerkhaus mit Firstsäulen. Scheune und Stall aus Breidscheid stammen von einem Hof, der bis kurz vor dem Abbruch nur aus Firstsäulenbauten bestand. Das Haus konnte zwar noch aufgemessen werden, war aber zum Zeitpunkt der Übernahme der anderen beiden Gebäude bereits vollständig erneuert. Anhand des Aufmaßes besteht aber die Möglichkeit, den Hof im Freilichtmuseum durch eine Kopie des Hauses, eines kleinen eingeschossigen und dreizonigen Gebäudes, zu vervollständigen. Es würde dann wie am ursprünglichen Standort hangparallel auf der Bergseite rechtwinklig zu Stall und Scheune stehen und mit diesen einen Zweiseithof bilden. Scheune und Stall wurden 1958 in Breidscheid abgebrochen und 1960 im Museum wiederaufgebaut.
Die S c h e u n e ist queraufgeschlossen und dreizonig; das Fachwerk bildet große Gefache und wird von Schwertstreben versteift, die mit Riegeln und Rähm bzw. Bundbalken verblattet und mit Fugennägeln verkeilt sind und in den Giebeln bis zum Dach reichen. Das Dach wird von den beiden

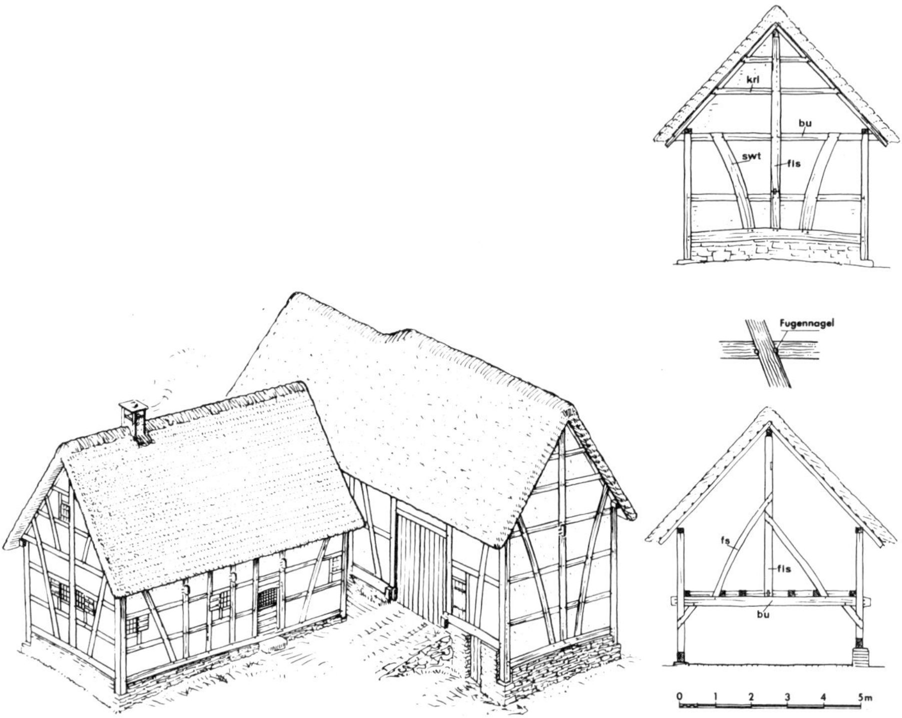

mächtigen Firstsäulen der Giebelwände und der diesen aufliegenden Firstpfette getragen. Alle Riegel und die Giebelbundbalken sind beidseits in die Firstsäulen gezapft; nur in den beiden inneren Gebinden, zu seiten der Tenne, reichen die Bundbalken von Traufe zu Traufe in einem Holz durch. In den Traufenwänden sind die Bundbalken mit den Ständerköpfen verhälst. Darüber schafft ein Längsdurchzug, der den Bundbalken aufliegt und durch beide Firstsäulen gezapft ist, einen zusätzlichen Längsverband des Gefüges. Er trägt in Gebäudemitte eine dritte Säule zur Unterstützung des Firststiels. Die Dachhölzer sind als Rofen paarweise über Firstpfette und Wandrähme gelegt, nur die Giebelsparren sind an ihrem Fuß mit den Bundbalkenköpfen verblattet, und die Kehlriegel des Giebelfachwerks sind den Giebelsparren aufgeblattet. Die schmalen Bansen sind nicht unterteilt; der Schafstall ist in einem kellerartigen Raum unter der rechten, talseitigen Banse untergebracht. Der Bau ist durch Dendrochronologie auf etwa 1594 datiert.

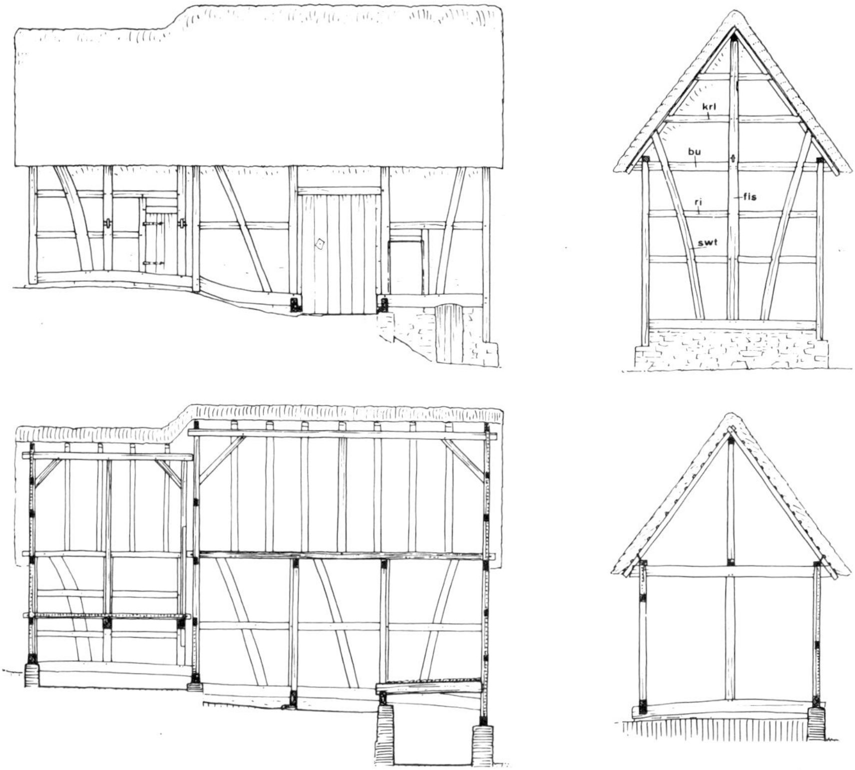

Scheune und Stall aus Breidscheid: Stallgiebelansicht, Ansicht vordere Traufenwand, Scheunengiebelansicht, Querschnitt Stall, Längsschnitt, Querschnitt Scheune

Der in die gleiche Zeit gehörige Stall ist einräumig und entspricht in seinem Gefüge weitgehend dem der Scheune. Zur Scheune schließt er ohne eigene Giebelwand an. Auf bis halbe Wandhöhe abgesenkten und den Wandständern durchgezapften Bundbalken ruht die Längsbalkendecke des Futterbodens, in deren Höhe ein den Firstsäulen durchgezapfter Längsdurchzug liegt. Die scheunenseitige Firstsäule wird vom abgesenkten Bundbalken getragen und ist mit diesem durch große, der Säule aufgeblattete Fußstreben verstrebt.

Pflanzen: Vor Scheune und Stall Bestände des Guten Heinrich und des Breitblättrigen Ampfer, am linken Stallgiebel eine Schwarznesselflur mit Schierling, Mutterkrautwucherblume, Wilder Malve, Beifuß und Kleiner Klette. Auf dem gegenüberliegenden Feld werden drei alte bäuerliche Nutzpflanzen angebaut: Buchweizen, Hirse und Mohn.

Hof aus Binzenbach

(Gemeinde Kirchsahr, Kreis Ahrweiler)

18 *Zweikanthof in Fachwerkbau mit Haus von 1686 und Scheune von 1673 und jüngerem Zwischentrakt; im Haus Holzschuhmacherwerkstatt.*

Binzenbach liegt im Tal des Sahrbachs, einem bei Kreuzberg mündenden Seitental der Ahr. Der Weiler hatte 1843 12 Häuser mit 53 Einwohnern. Bis 1793 gehörte Binzenbach zur Herrschaft Kirchsahr, einem der kleinsten Territorien des Kurfürstentums Köln. Nach der kurkölnischen Deskription von 1661 bestanden damals in der ganzen Herrschaft nur 10 Anwesen, davon 2 in Binzenbach. Beide werden wie folgt beschrieben: „Merten in der Binzenbach, hat an schlechten Ländereien ... 5 Morgen 2½ Viertel, an Benden samt der Hausstätte 3 Morgen 3 Viertel, und sind gelegen neben Junker Blanckhardt ... Peter in der Binzenbach, ebenmäßig an schlechtem Eifelschem Land 5 Morgen 3½ Viertel, an Benden samt der Hofstätte 5 Morgen 1 Viertel, schießen auf Junker Blanckhardt." Die Blanckhardts waren die Besitzer des talab benachbarten Burghauses Burgsahr, das eine eigene kurkölnische Unterherrschaft bildete. Die beiden Hauptgebäude unseres Hofs sind inschriftlich datiert: das Haus 1686, die Scheune 1673. Daß die Scheune älter ist als das Haus, läßt den Schluß zu, daß der Hof keine Neugründung dieser Zeit ist, sondern die Gebäude damals anstelle älterer Vorgängerbauten errichtet wurden. Der Hof bestand also sicher bereits zur Zeit der zitierten Deskription, und einer der beiden 1661 Genannten, Merten oder Peter, muß demnach der Eigentümer unseres Hofs gewesen sein. Familiennamen gab es in den kleinen Dörfern damals noch nicht, es genügte, die Personen nach ihrem Wohnsitz zu benennen, der dann oft zum Familiennamen wurde, vor allem, wenn sie wegzogen und weiter nach ihrem Herkunftsort benannt wurden.

Die Deskription, die zur Steuerveranlagung der kurkölnischen Untertanen aufgestellt wurde, entwirft von der Situation der Bewohner der Herrschaft ein recht bedrückendes Bild. Zunächst werden die Zehnten und anderen Naturalabgaben aufgeführt, die von den Bauern an das Stift Münstereifel und an den Pfarrer bzw. die Kirche in Kirchsahr zu leisten waren. Nur das Ackerland und die Wiesen werden überhaupt für besteuerbar erklärt, wobei Stiftshof und Pfarrhof in Kirchsahr die besten Ländereien im ganzen Tal haben. „Das geringe Rott- oder Wildland oder Steinklippen" seien gar nicht erwägenswert, da „in 50 und 100 Jahren" der größte Teil davon „nicht einmal gerodet" würde. Wenn man dann noch bedenke, „daß verschiedene Capitalia bei einem und anderen zu verpensionieren darauf stehen", d. h. Schulden, für die von den Bauern Zinsen zu zahlen waren, so sei es „schier unmöglich, von solchen Gütern die Lebensmittel und große Ausla-

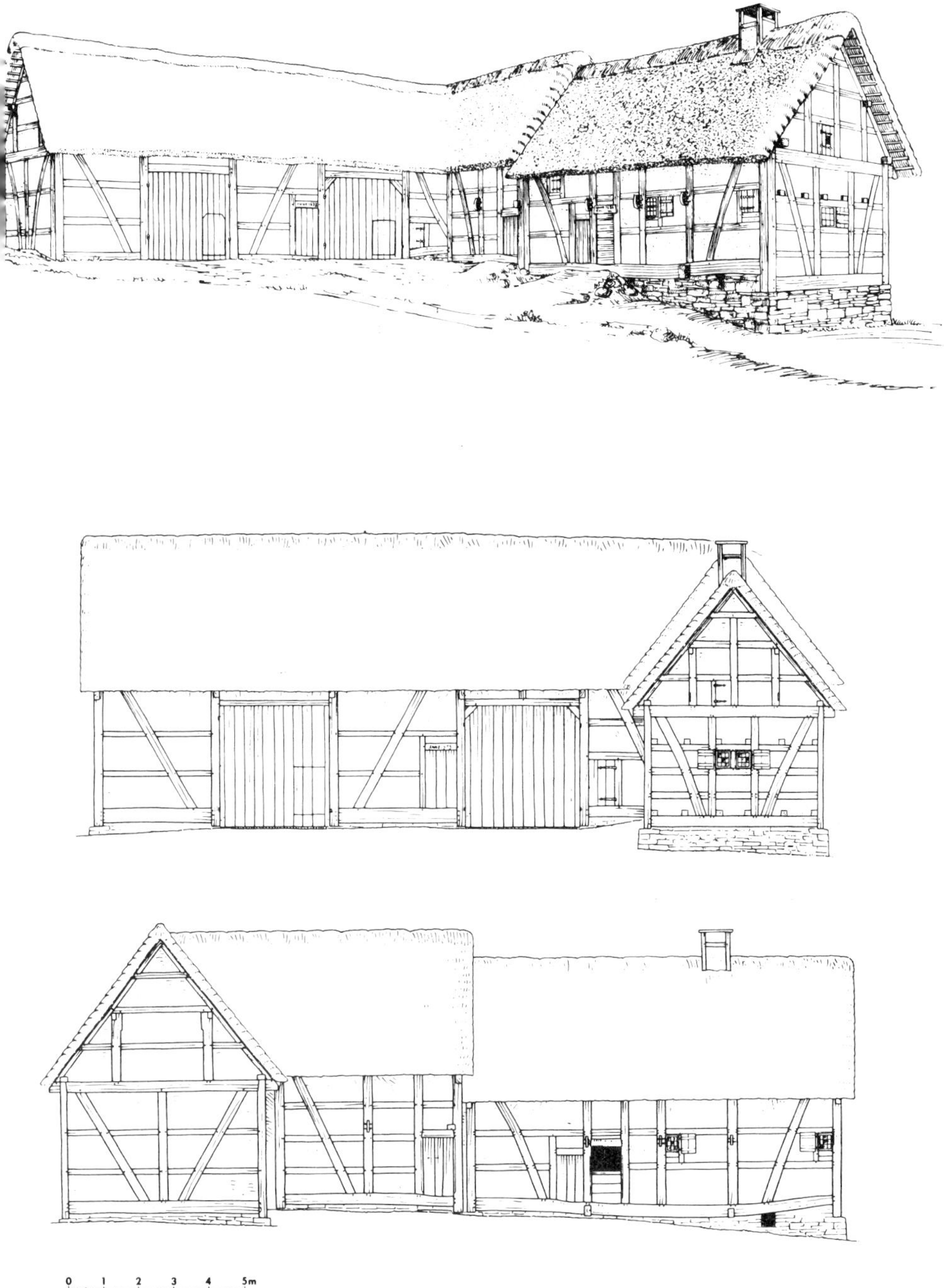

Hof aus Binzenbach: Ansichten

gen zu erwerben". Auch die Äcker und Wiesen, die auf den Höhen liegen, seien sehr gering zu veranschlagen, sie seien „trocken und zwischen Busch und Hecken gelegen", daher „schlecht und weniges zu genießen". Daher wurde der Morgen Ackerland, weil er „so schlechtes, eiflisches, steiniges Land" ist, nicht über zehn Thaler angesetzt, der Morgen Benden (Wiesen), weil viele darunter steinig seien und gar nicht gewässert werden könnten, nicht über achtzehn Thaler, und die Büsche (Holzungen) gehörten sämtlich dem Stift Münstereifel.

Die Hofanlage bildet einen Zweikanthof, d. h. die Gebäude sind in einem annähernd rechten Winkel mit übereck durchlaufender Firstlinie aneinandergebaut. Wie am ursprünglichen Standort steht das Haus giebelseitig zur Talseite, die Scheune auf der Bergseite hangparallel, dazwischen in der Ecke der Stall. Aus der Art, wie die einzelnen Gebäudeteile aneinandergefügt sind, läßt sich die Baugeschichte der Hofanlage ablesen. Die beiden ältesten Gebäude sind die Scheune von 1673 und das Haus von 1686. Sie standen ursprünglich frei. Zur Scheune von 1673 gehört nur ein Teil des ganzen Scheunentrakts: die linke Tenne und die beiderseits von ihr angeordneten Bansen, die rechte mit dem Schafstall, in dessen Türsturz die Bauinschrift steht. Die Scheune wurde später erweitert: es wurde die zweite (rechte) Tenne und eine weitere Banse angebaut. Schließlich wurde der zwischen Scheune und Haus verbleibende Raum durch den Stalleinbau geschlossen und das Stalldach mit dem der Scheune einheitlich eingedeckt. Ob bis zum Bau dieses Stalls schon ein eigenes Stallgebäude zum Hof gehört hatte, wissen wir nicht. Es ist auch denkbar, daß die linke Kammer des Hauses, die ja auffälligerweise eine Außentür hat, wie im Haus aus Scheuerheck ursprünglich Stallraum war.

Das Fachwerk aller Gebäude ist sehr einfach: die Eckständer, bei der Scheune auch die Bundständer, stehen auf den Sockelmauern, dazwischen sind Schwellriegel gezapft, die Wände sind von einfachen Jochstreben in den Eckjochen verstrebt, die Bundbalken sind bei der Scheune an allen Bundständern, bei Haus und Stall an den Giebeln am Ständerkopf verhälst, sonst auf Drempelhöhe abgesenkt und durch die Ständer gezapft, im Dachgeschoß haben alle Gebäude einfache zweisäulig-stehende Stühle. Alle Holzverbindungen sind gezapft, nur die Kehlriegel von Haus und Scheune sind mit Fugennagelung auf die Sparren geblattet.

Das Haus ist queraufgeschlossen und dreizonig. Der mittlere Raum ist wie üblich der Herdraum, die zum talseitigen Giebel hin gelegene Stube ist unterkellert. Auffällig ist die sehr geringe Raumhöhe, besonders in der Stube. Einzige Feuerstätte ist die ebenerdige Herdstelle, deren Rauch durch den hölzernen Schlot über Dach abgeleitet wird. In der gemauerten Herdwand ist die Takenplatte eingelassen, mit der die dahinter liegende Stube erwärmt wird. In der Rückwand des Herdraums war der Backofen ausgebaut (vgl. Scheuerheck). Er war allerdings beim Abbruch des Hau-

Hof aus Binzenbach: Rückseite

ses nicht mehr vorhanden. Von der jetzigen Einrichtung der Wohnräume stammt der Tisch im Herdraum aus Nimshuscheid BIT, die Topfbank aus Nöthen EU, das Bett in der Stube aus Oberwennerscheid SU, die Truhe aus Arzdorf BN, die Wanduhr aus Iversheim EU, der Herkunftsort des Tischs ist nicht bekannt. In der Kammer links des Herdraums wurde eine Holzschuhmacherwerkstatt eingerichtet, deren Inventar hauptsächlich aus Heinsberg, Neersen VIE und Heimbach übernommen wurde.
Die Besitzgeschichte des Hofs ist von etwa 1850 an bekannt. Damals entstand links von den alten Gebäuden, dem alten Haus gegenüber, aber etwas abgerückt, ein neues, ebenfalls in Fachwerk aufgeführtes, aber zweigeschossiges Haus. Das alte Haus stand seitdem leer, nur sein Backofen wurde noch längere Zeit benutzt. Eigentümer des Hofs war um 1850 Martin Winnen. In den nächsten drei Generationen erbten jeweils Töchter und Schwiegersöhne den Hof, der dadurch nacheinander an Anna Maria u. Anton Schäfer, Anna Christina u. Josef Hubert Zimmermann und Maria u. Felix Olzem kam. Ihr Sohn bewirtschaftet heute den Hof nur noch im Nebenerwerb. Um 1900 wurde zwischen neuem Haus und Scheune ein Stall in Bruchsteinbau errichtet. 1959—60 wurden die alten Gebäude abgebrochen und in das Freilichtmuseum überführt (Wiederaufbau 1960—61). Anstelle der alten wurde 1960 auf dem Hof eine neue Scheune mit Stallungen errichtet, und schließlich 1973—74 auch der um 1900 gebaute Stall abgebrochen und an seiner Stelle ein neues Wohnhaus errichtet. In den dreißiger Jahren hatte der Hof im Durchschnitt 9 Rinder sowie 2 Ochsen als Zugtiere. Nach dem Zweiten Weltkrieg war kurze Zeit ein Pferd auf dem Hof, dann wurde ein Traktor gekauft. Heute ist in

Blick zum Hof aus Binzenbach

ganz Binzenbach und den anderen Talorten die Landwirtschaft weitgehend aufgegeben. Auf dem Hof Olzem, zu dem heute noch etwa 5 ha Land gehören, werden noch ein paar Stück Vieh gehalten, Kartoffeln für den Eigenbedarf und etwas Getreide als Hühnerfutter angebaut. Für einen modernen landwirtschaftlichen Betrieb ist das Land nicht geeignet.

Pflanzen: Am linken Scheunengiebel ist die Pflanzengesellschaft des Guten Heinrich mit Schierling, Breitblättrigem Ampfer, Beifuß, Mutterkrautwucherblume und Schwarznessel angesiedelt. In der Baumwiese hinter der Scheune stehen Apfel- und Birnbäume, darunter in der oberen Reihe links der Apfel Roter Boskop, in der unteren Reihe in der Mitte die Birne Köstliche von Charneux.

Oberhalb der Baumwiese folgt das Getreidefeld der Baugruppe Eifel. Nach umfangreichen Geländearbeiten, die im Laufe der Jahre hier noch erfolgen sollen, wird es möglich sein, auf drei in kleine Langstreifenparzellen aufgeteilten Äckern die Eifeler Dreifelderwirtschaft mit Winterfruchtacker, Sommerfruchtacker und Brachacker zu zeigen, d. h. in jährlichem Wechsel wird auf jeweils einem der Äcker Roggen als Winterfrucht, auf einem zweiten Hafer als Sommerfrucht gebaut, während der dritte brachliegt. Vorerst steht für den Getreidebau nur der eine Acker zur Verfügung, auf dem je zur Hälfte Winterfrucht und Sommerfrucht (1983 Roggen und Hafer) angebaut werden. Durch tiefgründiges Auftragen von kalkhaltigem Mutterboden wurden die Voraussetzungen dafür geschaffen, hier die artenreiche Getreideackerflora der Kalkböden anzusiedeln. Am Weg unmittelbar oberhalb der Baumwiese sind in drei Reihen kleiner beschilderter Beete alle Arten zusammengefaßt. Hier kann sich der Besucher über die im Getreideacker vorkommenden Wildkräuter informieren und die Pflanzen aus der Nähe betrachten; zugleich dienen diese Bestände dem Museum als Samenbank für den eigenen Bedarf. Die Beete enthalten die folgenden Arten:

Behaarte Platterbse (Lathyrus hirsutus) 6—8	Acker-Günsel (Ajuga chamaepitys) 6—8	Ranken-Platterbse (Lathyrus aphaca) 6—7
Echter Knollenkümmel (Bunium bulbocastanum) 6—7	Unechtes Tännelkraut (Kickxia spuria) 7—9	Acker-Wachtelweizen (Melampyrum arvense) 5—7
Gefurchtes Rapünzchen (Valerianella rimosa) 7—8	Echtes Tännelkraut (Kickxia elatine) 7—9	Spelz-Trespe (Bromus grossus) 6—7
Weinbergs-Lauch (Allium vineale) 6—8	Dreihörniges Labkraut (Galium tricornutum) 7—10	Glanzloser Ehrenpreis (Veronica opaca) 4—9
Doldiger Milchstern (Ornithogalum umbellatum) 4—5	Früher Ehrenpreis (Veronica praecox) 4—6	Kleinblütiger Erdrauch (Fumaria parviflora) 6—9
Wilde Tulpe (Tulipa silvestris) 4—5	Acker-Steinsame (Buglossoides arvensis) 4—7	Erdnuß-Platterbse (Lathyrus tuberosus) 6—8
Acker-Goldstern (Gagea villosa) 3—5	Acker-Hahnenfuß (Ranunculus arvensis) 5—7	Gemeine Ackerröte (Sherardia arvensis) 6—10
Echter Venuskamm (Scandix pecten-veneris) 5—6	Acker-Rittersporn (Consolida regalis) 5—8	Acker-Wendich (Calepina irregularis) 5—6
Sommer-Ziest (Stachys annua) 6—10	Unechtes Labkraut (Galium spurium) 5—10	Weißer Ackerkohl (Conringia orientalis) 5—7
Echte Lichtnelke (Melandrium noctiflorum) 6—9	Kleinfrüchtiger Leindotter (Camelina microcarpa) 5—7	Rundblättriges Hasenohr (Bupleurum rotundifolium) 6—8
Echter Frauenspiegel (Legousia speculum-veneris) 6—8	Kletten-Haftdolde (Caucalis platycarpos) 6—7	Flammen-Adonisröschen (Adonis flammea) 6—8
Kleiner Frauenspiegel (Legousia hybrida) 6—7	Kornrade (Agrostemma githago) 6—7	
Sommer-Adonisröschen (Adonis aestivalis) 5—7	Rauher Eibisch (Althaea hirsuta) 7—8	

Dahinter sind (ab 1983) in acht Beeten vier alte, heute nicht mehr angebaute Getreidearten, Einkorn, Emmer, Spelz (Dinkel) und Kolbenhirse, und die vier bis heute gebauten Hauptgetreide Roggen, Weizen, Gerste und Hafer zu sehen.
Über ihre Verteilung im einzelnen (und mögliche Änderungen) unterrichten Täfelchen in den Beeten.
Der Platz unterhalb des Hofs aus Binzenbach ist für den Wiederaufbau
19 eines Hauses aus Sarmersbach bei Daun vorgesehen, das 1972 abgebrochen wurde. Hinter dem Binzenbacher Hof, nahe der Wegekreu-
20 zung bei der Kapelle, soll ein 1965 abgebrochenes Haus aus Niederholzweiler (Kreis Ahrweiler) seinen neuen Standort erhalten und den baulichen Rahmen für die Darstellung der Hausweberei und der Geräte bäuerlicher Textilverarbeitung bieten.
82 An der Wegkreuzung steht ein steinernes Kreuz aus Eifeler Basaltlava, das laut Inschrift von den Junggesellen von Niederlützingen bei Brohl (Kreis Ahrweiler) aufgestellt wurde, deren Monogramme, zum Teil mit Hausmarken, im Schaft des Kreuzes eingetragen sind. Das Kreuz dürfte um 1700 entstanden sein; die Jahreszahl, die in der ersten Schriftzeile des Schafts stand, ist zerstört.

Haus aus Straßfeld

(Gemeinde Swisttal, Rhein-Sieg-Kreis)

21 *Haus des Dorfschultheißen einer Klosterherrschaft, 1511 erbauter Fachwerkbau.*

Straßfeld, nordöstlich von Euskirchen in der Ebene zwischen Erft und Swist gelegen, war ein typisches Bördedorf. 1826 bestand seine Gemarkung nur aus dem Dorf mit einem geschlossenen Areal von Baumgärten (Obstgärten) um die Höfe und aus Ackerland — es gab weder Wald noch Wiesen. Das Ackerland diente dem Getreidebau; um 1830 nahmen Roggen und Hafer die größten Anteile ein, erst in der zweiten Jahrhunderthälfte wurde der Weizenanbau wichtiger. Aus der Dreifelderwirtschaft hatten sich in der Börde schon seit der zweiten Hälfte des 18. Jahrhunderts erweiterte Fruchtfolgesysteme entwickelt, die die Brache einschränkten und an ihrer Stelle zusätzlich den Hackfruchtanbau (Kartoffeln und Rüben), später auch den Anbau von Klee als Futterpflanze zwischen die Getreidefolgen einschoben.
Straßfeld hatte 1826 38 Häuser, 1843 46 Häuser mit 275 Einwohnern. Das Dorf bildete im Kurfürstentum Köln eine eigene Herrlichkeit, die von 1409

Haus aus Straßfeld

bis 1792 im Besitz des Kölner Antoniterklosters war. Das ins Freilichtmuseum übernommene Haus war das Wohngebäude des Haupthofs der Klosterherrschaft und Sitz des Dorfschultheißen, der Hof und Ländereien vom Kloster zur Pacht erhielt. Zum Hof gehörte die Zehntscheune, in die alle Bauern des Dorfs ihre Abgaben zu liefern hatten. Den Namen „Antoniterhof" trägt das Anwesen bis heute.
Einmal im Jahr fand zur Zeit der Klosterherrschaft im Antoniterhof die oft

mehrtägige Sitzung des Straßfelder Herrengedings, das Dorfgericht, unter dem Vorsitz eines Vertreters des Kölner Klostervorstehers, des Schultheißen und der Schöffen statt, zu dem die Dorfbewohner durch ein Glockenzeichen zusammengerufen wurden. Das Protokollbuch über die Sitzungen dieses Dorfgerichts ist für die Zeit von 1560 bis 1727 erhalten. Neben der Schilderung des Sitzungsablaufs, der Nennung von Schultheiß, Schöffen und jeweils anwesenden Dorfbewohnern und der Benennung der verhandelten Rechtsfälle gibt es auch Auskunft über das Dorfleben dieser Zeit. Es enthält Angaben zur Feldarbeit, zum Fischen in den „Mahren", d. h. den damals zahlreichen, inzwischen völlig verschwundenen Teichen und Wasserläufen der Dorfflur, vom Krämer, „der jährlich am Kirchweg zu verkaufen pflegt", vom Kuhhirten des Dorfs, Gemeindeköttern und Gesinde usw. Die Sitzungen dieses Herrengedings fanden im Gerichtssaal im Oberstock des Torhauses des Antoniterhofs statt, einem Fachwerkbau des 18. Jahrhunderts, der nach Kriegsschäden von 1945 abgebrochen wurde.

Das Haus ist ein zweigeschossiger, queraufgeschlossener, zweizoniger Fachwerk-Ständerbau. Der Herdraum ist etwa doppelt so groß wie die Stube. Zwei Fache bilden den Herdraum, das dritte, linke Fach die Stube. An der hinteren Traufenwand ist das Dach auf ganzer Hauslänge über einem Anbau bis zum Untergeschoß herabgeschleppt. Das Fachwerk ist auffallend weitmaschig. Die Traufenwände kommen ganz ohne Zwischenständer aus. Alle Seiten sind von langen Schwertungen verstrebt, die nur an den Giebeln paarig, traufseitig aber ganz unregelmäßig angeordnet sind. Sie sind den Riegeln überblattet und die Blätter mit je einem Blattnagel befestigt, enden aber stumpf an den Ständern, an denen sie mit Eisennägeln angeschlagen wurden. Die alten, beim Wiederaufbau rekonstruierten Fenster mit Schlagläden und einzelnen verglasten Oberlichten ließen sich aus Arbeitsspuren (Falze und Zapfensassen an Ständern und Riegeln) ermitteln. Auch hier fällt die geringe Größe und Zahl der Lichtöffnungen auf. Das alte Dachgefüge war nicht erhalten, da das gesamte Dachgeschoß bei einer Erweiterung des Hauses um ein Kammerfach im 18. Jahrhundert erneuert worden war. Beim Abbruch fand sich jedoch ein wichtiges Indiz für die ursprüngliche Zimmerung: der Rest eines Sparrens mit Sparrenschuh, aus dem sich diese frühe Form des Sparrendachs (vgl. Brenig) auch für das Straßfelder Haus rekonstruieren ließ. Die Ständerstellung der Giebeldreiecke konnte anhand der Zapfensassen in den Bundbalken ermittelt werden, das übrige Fachwerk im Dachbereich ist freie Rekonstruktion. Das Alter des Hauses konnte dendrochronologisch erschlossen werden: es wurde 1511 erbaut und ist damit das älteste Haus in der Baugruppe Eifel. Die besondere Funktion des Hauses als Schultheißensitz erklärt seine stattliche Größe (31 qm allein der Herdraum). Auffällig aber bleibt der völlige Verzicht auf Zierformen oder eine repräsentati-

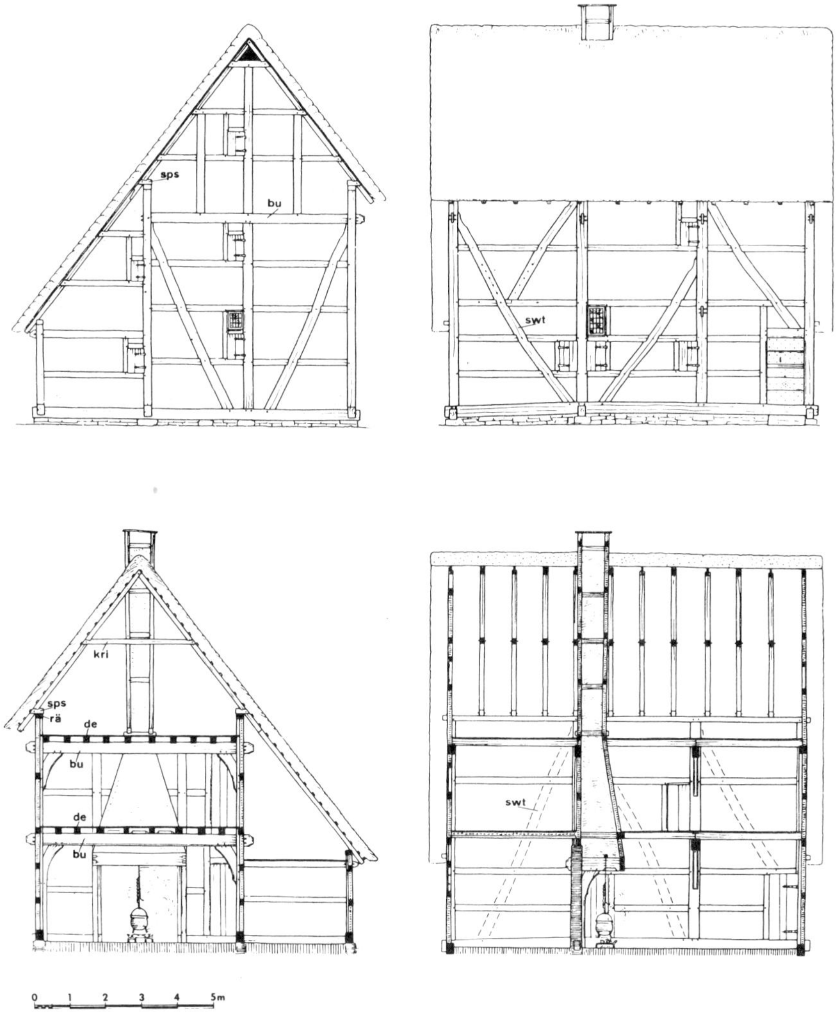

Haus aus Straßfeld: Ansichten, Quer- und Längsschnitt

vere Fachwerkgestaltung. Obwohl es durch seine rechtliche Stellung im Mittelpunkt des dörflichen Lebens stand, hat es keine Schauseite.
Im Mauerblock der Herdwand ließ sich keine Takenöffnung nachweisen, statt dessen fand sich beim Abbruch eine Platte eines Eisenofens aus der Bauzeit des Hauses, das also vermutlich von Anfang an Ofenheizung in der Stube besaß. Auch daß das Haus bereits beim Bau mit einem hölzernen Schlot versehen war, ließ sich aus erhaltenen Resten des Rauchfangs

über der Feuerstelle erschließen. Vom alten Inventar des Hauses konnte ein Milchschrank erworben werden, der heute wieder an seinem alten Platz im Herdraum steht.

Von der Besitzgeschichte des Hauses sind aus der Klosterzeit die Namen mehrerer Schultheißen bekannt: jeweils ab 1545 Peter Hilliger, 1557 Lambert von Bliesheim, 1567 Peter Weiß, 1577 Heinrich Halbmad, 1578 Heinrich Ottenheim, 1639 Hilger Krautwig, 1651 sein gleichnamiger Sohn. Von 1651 ist ein ausführlicher Bericht über eines der wichtigsten Rechtszeremonielle im Leben des Dorfs überliefert: der Huldigung der Dorfbewohner gegenüber ihrem klösterlichen Herrn, die sich nach einem genau festgelegten Ritual vollzog. Da wird berichtet, wie der Praeceptor des Antoniterklosters in Begleitung von Kanonikern und einem Notar von Köln nach Straßfeld zog und „mitten in der Ville" zwischen Trippelsdorf und Metternich bereits von allen Untertanen der Herrlichkeit Straßfeld empfangen, durch Abfeuern ihrer Gewehre begrüßt und dann nach Straßfeld begleitet wurde. Beim Kreuz am Brunnen im Dorf, um den sich alle Bewohner im Kreis versammelt hatten, wurde ihm von den Jungfrauen ein Kränzlein von weißen Rosen und Rosmarin überreicht. Danach wurde er von allen Jungmännern des Dorfs mit einer roten Schnur „gefangen", woraus er sich durch Zahlen von zwei Gulden lösen mußte. Es folgte die Verlesung des Weistums. Dann wurde dem Klosterherrn gehuldigt und der vom Notar vorgelesene Eid aller Dorfbewohner abgelegt. Während der Huldigung und des Eids wurde mit zwei Glocken gebeiert, d. h. die Glokken wurden im Wechsel mit dem Klöppel angeschlagen. Anschließend wurde der Schultheiß in seinem Amt bestätigt. Auch er legte den ihm vom Notar vorgesprochenen Eid auf seinen Herrn ab. Danach wurde zu Mittag gegessen. Die Dorfbewohner aßen zu Hause, die Kölner Delegation mit Praeceptor und Schultheiß im Garten hinter dem Haus des Antoniterhofs. Dort versammelte sich nach dem Essen wieder das ganze Dorf, erhielt „einen Trunk Bier" und begab sich dann auf die Grenzbegehung der Herrlichkeit.

In der französischen Zeit wurde der Antoniterhof als geistliches Eigentum eingezogen und 1808 für 28 000 Francs an die (Kölner?) Bürger Beving und v. Solemacher verkauft. Damals gehörten zu ihm etwa 220 Morgen Ackerland und 4 Morgen Garten. Im Straßfelder Urkataster von 1826 ist Josef Rauendorf Besitzer der Gebäude des Antoniterhofs und eines Teils der Ländereien, weitere Anteile des alten Antoniterbesitzes haben Heinrich und Theodor Korfgen. Der Rauendorfsche Besitz machte 1826 insgesamt etwa 16,6 ha aus, davon waren etwa 0,1 ha Gebäude und Hofraum, 0,6 ha Gartenland, alles übrige war Ackerland. Um 1850 kam der Hof an die Familie Joist, bei der er über fünf Besitzfolgen — Wilhelm, Kaspar, Johann, Fritz und Peter Joist — bis heute verblieb. In der Hofchronik wird der Landbesitz des Hofs für 1937 mit 12,05 ha angegeben, davon waren

11,25 ha Ackerland, 0,25 ha Weide, 0,15 ha Gartenland, 0,40 ha Wege und Hofraum. Angebaut wurden in diesem Jahr 3 ha Winterweizen, 1,25 ha Winterroggen, 2 ha Hafer, 1,25 ha Zuckerrüben, 0,60 ha Futterrüben, 1,10 ha Kartoffeln und 1,20 ha Klee. 1860 war ein neues Wohnhaus gebaut worden, außerdem waren an Gebäuden vorhanden: Stall von 1923, Scheune von 1929, Schuppen von 1936, ferner Jauchegrube und Düngerstätte von 1910 und Gärfutterbehälter von 1935. An Geräten und Maschinen waren 1937 auf dem Hof: 1 Dreschmaschine, 1 Drillmaschine, 1 Hackmaschine, 1 Düngerstreuer, 1 Kartoffelrodemaschine, 1 Getreideselbstbinder, 1 Grasmähmaschine, 1 Futterdämpfer, 1 Waage, 1 Zentrifuge, 1 Kreissäge, 2 Ackerwagen, 2 Karren, 1 Jauchekarren, 1 Jauchefaß, 1 Jauchepumpe, 3 Einscharpflüge, 2 Kultivatoren, 1 Ackerwalze, 2 Eggen, 1 Ackerschleife, 15 Heureiter und Heuhütten. Der Viehbestand belief sich auf 1 Zuchthengst, 1 Fohlen, 4 Milchkühe, 3 Zugochsen, 2 Rinder, 2 Kälber, 3 Mastschweine, 30 Hühner und 10 Enten. Auf dem Hof tätig waren der Bauer mit seiner Frau, zwei Söhnen und zwei Töchtern. Nach Kriegsschäden mußte nach 1945 ein Teil der Gebäude erneuert werden. 1968 wurde das alte Haus abgebrochen und 1973 im Freilichtmuseum wiederaufgebaut.

Das Haus war beim Abbruch der einzige noch erhaltene Altbau des Hofs. Jedoch sind in der neuen Scheune mehrere Holzteile verbaut, die nach den erkennbaren alten Arbeitsspuren von einem Bau ähnlichen Alters wie das Haus stammen dürften — vielleicht von der Zehntscheune, die während der Klosterzeit zum Antoniterhof gehörte. Auch im Freilichtmuseum wird dem Straßfelder Haus wieder eine Zehntscheune zugeordnet.
Sie stammt aus Sechtem, wo sie im Herbst 1973 abgebrochen wurde. **22**
Mit ihrem Wiederaufbau wurde 1983 begonnen. Das Fachwerkgerüst des 38 m langen und 13 m breiten Baus, dessen mächtiges Dach die übrigen Bauten der Baugruppe Eifel überragen wird, soll 1984 aufgerichtet werden. Im übrigen fanden sich auch in dieser 1734 errichteten Zehntscheune eine größere Zahl von Ständern, Balken und Sparren in Zweitverwendung verbaut, die durch ihre Blattsassen sich als Bauteile eines Vorgängerbaus des 15. oder 16. Jahrhunderts zu erkennen gaben. Die Scheune wird die Museumsbestände an landwirtschaftlichem Gerät, unter anderem die umfangreiche Sammlung alter Pflüge aus dem Rheinland, zeigen.

Vorläufig sind anstelle des künftigen Hofplatzes vor dem Haus auf einem Beet Pflanzen des dörflichen Textilhandwerks zu sehen: der Flachs als wichtigste Gespinstpflanze, die Weberkarde, deren stachlige Fruchtstände zum Aufrauhen des Tuchs gebraucht wurden, und die Färbepflanzen Färberginster, Färberwaid und Färberresede.

Unterhalb des Straßfelder Hauses, zwischen dem Weg und dem Dorfteich, soll ein aus Haus und Scheune (mit Stall) bestehender Zweiseithof
aus Hausen (Stadt Heimbach, Kreis Düren) wiederaufgebaut werden. **23**
(Die Scheune wurde 1973, das Haus 1975 abgebrochen.)

Haus aus Kessenich

(Stadtkreis Bonn)

24 *Fachwerkbau, erbaut 1616, mit Besonderheiten der Zimmerung; im Haus Webstuhl; Gemüsegarten.*

Kessenich, seit 1904 nach Bonn eingemeindet, gehörte bis 1794 zum Amt Bonn im Kurfürstentum Köln. Mit 79 Anwesen war es bereits 1449 das größte Dorf des Amts und eines der größten im Kölner Oberstift. Die Zahl der Häuser stieg bis 1664 auf 114 (mit 106 Haushalten), 1717 140, 1805 175 und 1843 212. 1817 hatte Kessenich 907 Einwohner. Der Ort liegt am Hangfuß des Vorgebirges zwischen Bonn und Godesberg; seine Gemarkung erstreckte sich vom Rheinufer bis zur Hochfläche. Getreidebau und Weinbau waren bis zum 19. Jahrhundert die Haupterwerbszweige. Die Weingärten lagen sowohl in der Ebene als auch an den Hängen; auf den Höhen stand Wald an, der im 18. Jahrhundert stark mit Heide durchsetzt war. Bis zur frühen Neuzeit war die Rheinebene von verlandenden Rheinaltarmen und sumpfigen Niederungen durchsetzt — ein Altwasser teilte bis zum 15. Jahrhundert das Dorf in zwei Siedlungszeilen. Bis zum 17. Jahrhundert wurde dieses Gebiet vollständig kultiviert und in Ackerland umgewandelt. Nur im Überschwemmungsbereich des Rheins blieb noch ein Streifen Wiesen- und Weideland. Dementsprechend war die Viehhaltung seit jeher von geringer Bedeutung. Nur wenige Kühe wurden gehalten. Kleinbauern und Taglöhner mit Landbesitz hatten auch als Zugvieh nur eine Kuh oder zwei Kühe, die mittleren Höfe besaßen Ochsen, einige wohlhabendere hatten Pferde als Zugtiere. Der Weinbau ging in der Neuzeit ständig zurück; an seiner Stelle nahm der Obstbau zu. Im 19. Jahrhundert schließlich wandelte sich der Ort zum marktorientierten Obst- und Gemüsebaudorf, das zunächst vorwiegend die Stadt Bonn versorgte, seit dem Bau der Eisenbahn aber wie die anderen Vorgebirgsdörfer auch mit den Märkten von Köln und den rasch wachsenden Städten des Industriegebiets verbunden war. Die Stadtnähe machte das Dorf im 19. Jahrhundert zum beliebten Bonner Wohnvorort, der zunächst von Landhäusern Bonner Bürger, dann aber immer stärker von städtischen Mietshäusern überbaut wurde. Die Häuserzahl stieg in der zweiten Jahrhunderthälfte von 252 im Jahr 1860 auf 749 im Jahre 1900, und die Einwohnerzahl wuchs in dieser Zeit auf 6105. Ab 1894 war der Ort durch die Pferdebahn, den Vorläufer der heutigen Straßenbahn, mit Bonn verbunden, und seit den fünfziger Jahren unseres Jahrhunderts schließlich ist der alte Dorfkern ganz im Stadtgebiet von Bonn aufgegangen.

Das Haus stand bis zu seinem Abbruch 1958 auf dem Grundstück Burgstraße 25 (jetzt Burbacher Straße 152) als letztes Gebäude eines ehemaligen Vierseithofs. Auffälligerweise stand das Haus nicht an der Straße,

Haus aus Kessenich

sondern an der Hofrückseite. Rechts war im rechten Winkel ein Stall angebaut, davor in gleicher Flucht und mit dem Giebel zur Straße die Scheune, an die sich in der Straßenfront ein Torhaus mit Stall oder Remise anschloß. An der linken Hofseite stand ein weiterer, nicht mit den übrigen Gebäuden verbundener Stall. Hinter dem Haus lag ein großer Gemüsegarten. 1887 und 1909 wurden die Wirtschaftsgebäude abgebrochen, 1909 an der Straßenfront ein neues Wohnhaus erbaut. In seinem letzten halben Jahrhundert führte das Haus ein verstecktes Hinterhofdasein, bis es schließlich einer geplanten Neubebauung des Grundstücks mit Wohnhäusern weichen mußte.

Das Haus ist ein eingeschossiger, queraufgeschlossener, dreizoniger Fachwerkbau. Links vom Herdraum liegt die Stube, die rechte Zone ist in zwei Kammern unterteilt. Die Stube war unterkellert (ein zweiter Keller unter den Kammern war nachträglich eingebaut worden). Das Baujahr ist in den Türsturz eingeschnitten: ANNO 1616. Das Fachwerk zeigt einige Besonderheiten, die dem Haus eine ganz besondere baugeschichtliche Stellung geben. Das bereits mehrfach als Repräsentationsform beschriebene, engmaschig-strebenlose Fachwerk ist hier nicht auf eine Schauseite beschränkt — die das Haus bei seiner rückseitigen Lage gar nicht hatte —, sondern an drei Seiten angewandt. Nur der rechte Giebel, mit dem das Haus — offenbar seit jeher — auf der Grundstücksgrenze stand, hat Streben erhalten. Nicht ohne weiteres ist eine zweite Besonderheit des Fachwerks zu erkennen. Denn nicht alle der dichtgereihten senkrechten Hölzer sind Ständer von voller Wandstärke; vielmehr wechseln hier Ständer mit nur bohlenstarken Stielen, die von außen wie Schwertungen auf die Riegel aufgeblattet sind. Hinter diesen Schwertstielen reichen Riegel und Ausstakung von Ständer zu Ständer durch. Erst im Innern wird diese Eigenart des Gefüges erkennbar, denn dort sind nur die „echten" Ständer zu sehen, während die Stellung der Stiele sich nur anhand der Blattnägel in den Riegeln erkennen läßt. Die Stiele sind gewissermaßen senkrechte Schwertungen, also „Schwertstiele", und sie übernehmen anstelle der fehlenden (Schwert-)Streben die winkelfeste Versteifung des Fachwerks. Ganz ungewöhnlich ist aber, daß sich diese Zimmerung mit einer dritten Besonderheit verbindet: Im Gegensatz zu allen anderen Gebäuden der Baugruppe Eifel liegen hier auch die Bundbalken so dicht, wie die Wand gegliedert ist. Nicht nur alle Ständer, sondern auch die Schwertstiele sind mit durchgezapften Bundbalken versehen, tragen also mit an der Deckenlast. Dadurch liegen die Bundbalken in so geringem Abstand, daß eine zusätzliche Deckbalkenlage überflüssig wird. Die Bundbalken sind daher zugleich Deckbalken, die unmittelbar die Bretter des Drempelfußbodens tragen, so daß das Haus keine Längs-, sondern eine Querbalkenlage hat. Alle diese Besonderheiten für sich genommen kommen im Bonner Raum zur Entstehungszeit unseres Hauses öfter vor: das

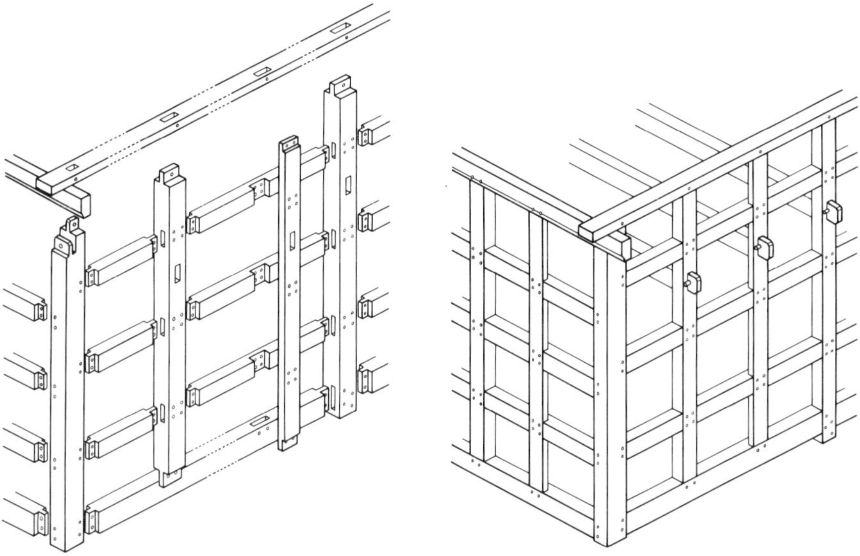

Haus aus Kessenich: Wandgefüge mit Schwertstiel

engmaschige, allseitig strebenlose Fachwerk findet sich gelegentlich, die dichte Bundbalkenfolge zugleich als Querdeckbalkenlage kommt an Häusern bis zum Ende des 17. Jahrhunderts vor (sie ist eine östlich des Rheins im älteren Fachwerk-Ständerbau übliche Konstruktion, die hier mit einzelnen Beispielen nach Westen ausgreift), und die Schwertstiele gibt es an einigen erhaltenen Fachwerken des 16. und frühen 17. Jahrhunderts in der Umgebung von Bonn und Rheinbach. An einem Haus zusammen aber sind alle diese Baumerkmale bisher nur aus Kessenich bekannt. Außer an unserem Haus kommen sie noch an einem zweiten, nur in Resten erhaltenen Kessenicher Haus vor, das 1619 datiert ist und wahrscheinlich vom gleichen Zimmermann errichtet wurde.

Das Innere zeigt mit ebenerdiger Feuerstelle, hölzernem Rauchschlot und Takenplatte das gewohnte Bild. Die 1621 datierte Takenplatte stellt Christi Himmelfahrt dar und stammt aus der Hütte Eisenschmitt in der Eifel. Der Tisch im Herdraum stammt aus Zülpich, der Milchschrank aus Oberdrees, die Tellerbank aus Schönecken. In der Stube steht ein Tisch aus Arzdorf, eine Truhe aus Türnich, ein Bett aus Eicks, eine Wiege aus Bonn und eine Uhr aus Ersdorf bei Rheinbach. Die vordere Kammer ist zur Zeit als Webraum eingerichtet mit einem Webstuhl aus Niederingelbach bei Altenkirchen.

Hausgeschichte: 1608 starb Caspar Backhaus, Ackerer (Bauer) und Schöffe am Dingstuhl Dottendorf, dem für Kessenich zuständigen Ortsgericht. 1611 verließ seine Witwe den Hof und begab sich zu Verwandten ins Altenteil. Beide waren kinderlos; den Besitz erbten die nächsten Verwandten — Geschwister beider Eheleute bzw. deren Kinder — sowie andere Personen und Institutionen, die Caspar in seinem Testament bedacht hatte — Nachbarn, Freunde, Mitschöffen, die Kirche, eine Armenstiftung usw. Zählt man die im Zusammenhang dieser Erbteilung namentlich genannten Personen zusammen, so sind es insgesamt 64, die durch Erbansprüche, Testament, Kauf oder Schenkung Anteile am ehemaligen Backhaus-Besitz erwarben. Der Hof kam in den Besitz einer Erbengemeinschaft. Ein Mitglied dieser Gemeinschaft verkaufte seinen Erbanteil einem Peter Wissem, der bei der Auflösung des Gemeinschaftsbesitzes 1615 auch den Hofplatz erwarb. Er war es, der dann ein Jahr später das neue Haus baute. Wissem war offenbar nicht lange zuvor nach Kessenich zugezogen, hatte aber wohl bald genügend Landbesitz erworben, um hier eine eigene bäuerliche Haushaltung aufzubauen. Aus dem Backhaus-Erbe kann allenfalls ein Vierzigstel in seinen Besitz gekommen sein — nur dieser geringe Teil blieb an ehemals zu unserem Hof gehörigen Ländereien über diesen Erbgang hinweg dabei, alles andere brachte der neue Besitzer ein. Das Beispiel dieser Erbfolge, die zum Bau unseres Hauses führte, wird hier so ausführlich beschrieben, weil sich an ihm zeigen läßt, welchen vielfachen Veränderungen der Grundbesitz eines Hofes hier im Realteilungsgebiet mit jedem Besitzwechsel unterworfen sein kann. Peter Wissem war sicher nicht unvermögend; schon wenige Jahre nach Erwerb und Neubau des Hofes war er wie früher Backhaus Schöffe am Dingstuhl, ein Amt, das im allgemeinen nur größeren Grundbesitzern vorbehalten blieb. Und auch die meisten Besitznachfolger auf unserem Hof waren Schöffen: auf den Erbauer folgten noch drei Generationen Wissem, dann durch Einheirat Windeck und dreimal Kemp, der letzte — Johann Josef Kemp — war Gemeindevorsteher, Bürgermeister und Schulinspektor, eine in Kessenich offenkundig sehr angesehene Persönlichkeit. Ihm wurde das für die Verhältnisse des 19. Jahrhunderts sehr bescheidene Haus dann doch zu klein, und 1864 baute er auf einem Gartengrundstück am damaligen Ortsausgang einen neuen, stattlichen Hof in Backsteinbau von recht städtischem Zuschnitt. Unser Haus erwarb Caspar Ippendorf, Eisenbahnwärter und Nebenerwerbslandwirt mit nur noch kleinbäuerlichem Landbesitz. Er starb 1898, seine Witwe zog 1902 aus, und 1909 verkaufte sie das Anwesen an den Kessenich-Dottendorfer Spar- und Darlehnskassen-Verein, Vorgänger der Bonner Vereinsbank, der heutigen Besitzerin des Grundstücks. Seit 1902 war das Haus von Mietern, meist zwei Mietparteien, mitunter sogar noch einem dritten Untermieter, bewohnt. Während es im Äußeren fast unverändert blieb, wurde das Innere den veränderten Verhältnissen entsprechend um- und ausgebaut — allein im Dachgeschoß befanden sich drei Schlafkammern. Als 1958 die Neubebauung des Grundstücks anstand, wurde das Haus abgebrochen und 1961 im Freilichtmuseum wieder aufgebaut.

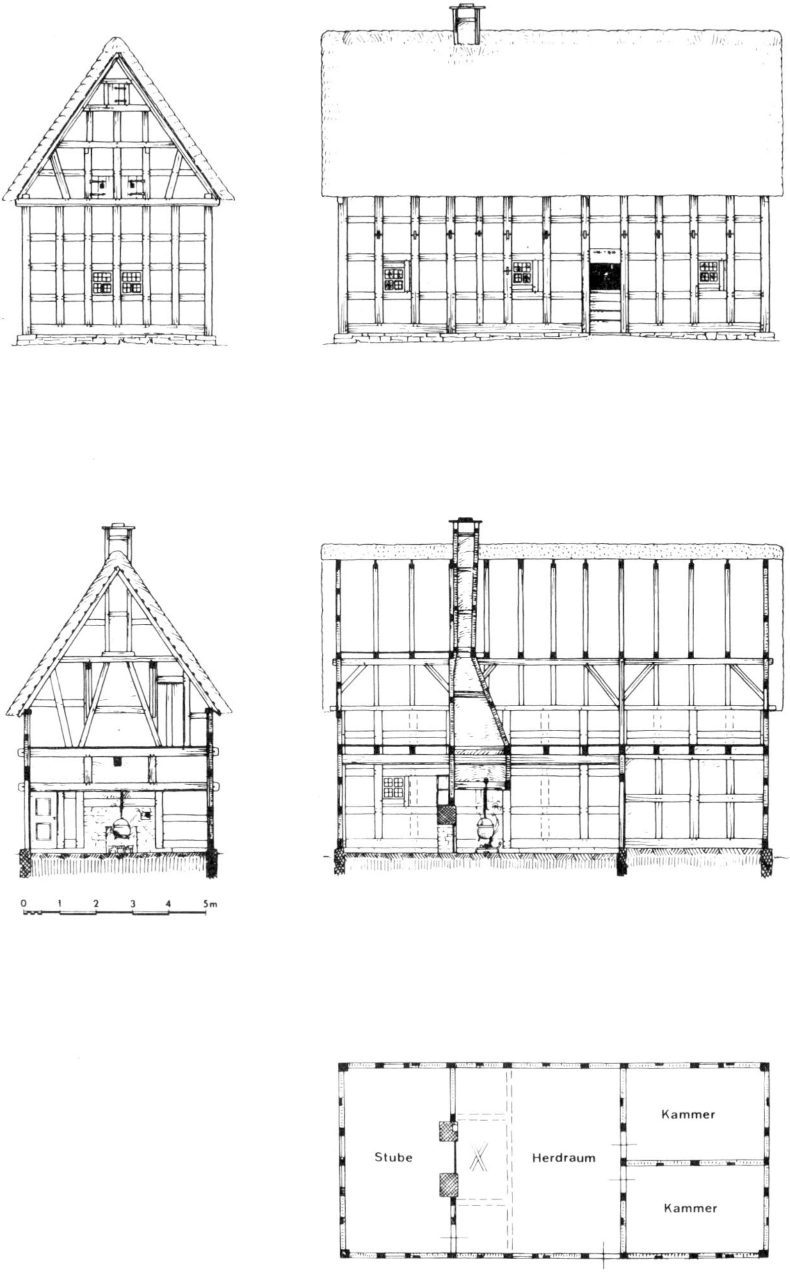

Haus aus Kessenich: Ansichten, Quer- und Längsschnitt, Grundriß

Hinter dem Haus wurde im Museum wie am ursprünglichen Standort ein Gemüsegarten angelegt, der allerdings wesentlich kleiner ist als der am alten Ort. Im Zuge der weiteren Ausbauarbeiten soll der Garten wieder seine alte Größe von 12,55 ar erhalten. Dann werden auch wieder alle jene Gewächse darin Platz finden, die nach einer Beschreibung von 1850 zu den Kessenicher Bauerngärten gehörten, und von denen zur Zeit nur ein Teil gezeigt werden kann, nämlich: für den eigenen Bedarf Wintersalat, Sommersalat, Endivien, Dicke Bohnen (Ackerbohnen), Stangenbohnen, Buschbohnen, Erbsen, Weißkohl, Rotkohl, Wirsing, Kartoffeln, Möhren, Sellerie, Gurken, Zwiebeln, Porree, Petersilie und Spinat; für den Markt zusätzlich Schwarzwurzel, Spargel, Meerrettich, Gurkenkraut, Gartenkerbel, Gartenkresse, Thymian, Majoran, Kohlrabi, Blumenkohl und Rosenkohl.

25 Rechts vom Haus aus Kessenich soll ein Hof aus Rheder (Stadt und Kreis Euskirchen) wieder aufgebaut werden. Das 1606 datierte Haus wurde 1969, die aus dem 19. Jahrhundert stammende Scheune 1980 abgebrochen.

Aus dem frühen 17. Jahrhundert stammt auch ein Haus, das 1969 in
26 Villip (Gemeinde Wachtberg, Rhein-Sieg-Kreis) abgebrochen wurde.

Am Weg zwischen den Baugruppen Eifel und Niederrhein befindet sich zur Zeit noch eines der Materiallager des Freilichtmuseums. Hier liegen die verschiedensten Steinmaterialien, Eichen- und Fichtenholz sowie unter den Schutzdächern die Holzstapel von derzeit 22 für den Wiederaufbau vorgesehenen Gebäuden. Hinter dem Lagerplatz befindet sich die
27 Zimmerei mit einem alten Sägegatter aus Blankenheim (Kreis Euskirchen). Dazu konnte aus einem Sägewerk in Mürlenbach bei Gerolstein (Kreis Daun) 1980 eine Dampfmaschine erworben werden, die später einmal das Sägewerk des Museums antreiben soll, das dann auch für die
28 Besucher zugänglich sein wird. Eine ältere Form des Sägebetriebs, eine wassergetriebene Sägemühle aus Niederweis (Kreis Bitburg-Prüm), ist am Hang unterhalb der Baugruppe Eifel wiedererrichtet. Sie wurde 1964 abgebrochen und 1969 wieder aufgebaut. Ihr Sägegatter wird durch ein unterschlächtiges Wasserrad angetrieben. Durch die Wasserradwelle wird die Bewegung auf ein großes Kammrad im Innern übertragen, von diesem durch ein Zahnrad auf eine Transmissionsscheibe, über deren Riemen auf eine zweite Scheibe an einer Welle unterhalb des Sägegatters. Pleuelstangen übersetzen die Drehbewegung in die vertikale Bewegung des Sägegatters. Die zu sägenden Stämme werden auf einem Schlitten befestigt, der auf Zahnstangen läuft und nach jeder Aufwärtsbewegung des Gatters durch ein an das Getriebe angeschlossenes „Schiebezeug" ein kleines Stück vorgeschoben wird.

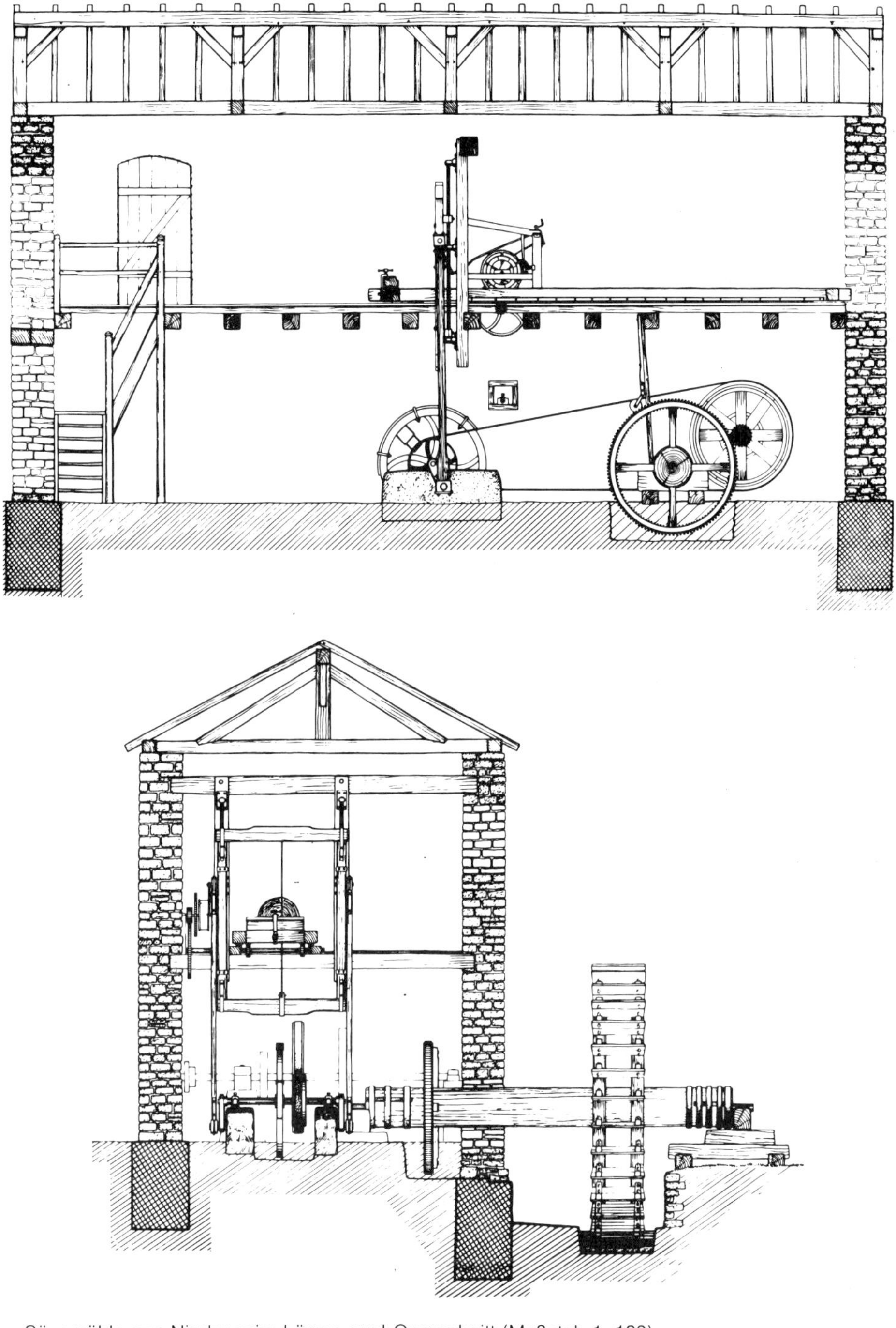

Sägemühle aus Niederweis: Längs- und Querschnitt (Maßstab 1:100)

Schul- und Backhaus aus Löhndorf

Baugruppe Westerwald

Ab 1964 entstand als zweite Baugruppe des Freilichtmuseums die „Baugruppe Westerwald-Mittelrhein". Hier sind Gebäude aus zwei Landschaften zusammengefaßt: westlich des Wegs stehen die Bauten aus dem Westerwald, östlich des Wegs aus der Umgebung des Rheintals zwischen Bonn und Koblenz, wobei sich hier der Bogen von Löhndorf am Eifelrand bis Hanf im südlichsten Bergischen Land spannt.
Der Westerwald, das Bergland zwischen der Sieg im Norden und der Lahn im Süden, gehört heute teils zu Rheinland-Pfalz, teils zu Hessen. Nur der westliche, rheinland-pfälzische Teil wird vom Rheinischen Freilichtmuseum erfaßt. Wie die Eifel ist der Westerwald Teil des Rheinischen Schiefergebirges. Schiefer und Grauwacken des Devon, von Basaltkuppen durchsetzt, bilden den größten Teil dieser Landschaft. Ihr Ostteil hingegen, im weiten Umkreis um Westerburg, wird von einer geschlossenen Basaltdecke geformt. Die Niederschläge nehmen von Südwesten nach Nordosten von weniger als 800 auf über 1100 mm im Jahr zu. Aber nur in einigen wetterexponierten Lagen ist das Klima so rauh, wie es zu Unrecht dem ganzen Westerwald nachgesagt wird. Die größten Landesherrschaften waren bis zum Ende des 18. Jahrhunderts Kurtrier im Süden und Nassau im Osten. Der Nordosten gehörte zu Sayn-Altenkirchen und Sayn-Hachenburg, der Nordwesten zu Kurköln, der westliche und mittlere Teil zur Grafschaft Wied. Kleinere Territorien bildeten die Grafschaft Leiningen um Westerburg und die Grafschaft Holzappel um den gleichnamigen Ort. 1802 bzw. 1806 wurde das ganze Gebiet im Herzogtum Nassau vereinigt, 1815 aber noch einmal geteilt: der nordwestliche Teil mit den Kreisen Neuwied und Altenkirchen kam zur preußischen Rheinprovinz, der südöstliche Teil blieb beim Herzogtum Nassau, das 1866 in der Provinz Hessen-Nassau aufging.
Der Westerwald ist Dorfsiedlungsgebiet. Die Höfe bestehen aus Haus, Stall und Scheune; ihre Anordnung folgt keinem festen Schema, die Bebauung ist locker, der Hofplatz meist zur Straße hin offen. Für die Höhendörfer charakteristisch sind die wetterseitig abgeschleppten Dächer als Wetterschutz (so auch in der Baugruppe des Museums). Die Häuser sind queraufgeschlossen, in der Regel zweigeschossig und meist zwei-, seltener dreizonig. Durch die Haustür betritt man bei den älteren Gebäuden unmittelbar den Herdraum. Der Herd ist aufgemauert, hat aber keinen Rauchabzug, sondern nur eine Rauchkammer in Obergeschoßhöhe. Bis ins 19. Jahrhundert waren die Westerwaldhäuser Rauchhäuser ohne

Schornstein. Die neben dem Herdraum gelegene Stube wird durch einen — meist eisernen — Ofen beheizt, der als Halsofen vom Herdplatz aus beschickt wird und auch seinen Rauch in den Herdraum abgibt. Größenverhältnisse und Ausstattung der Räume zeigen, daß im Westerwald die rauchfreie Stube der eigentliche Wohnraum ist, während der Herdraum nur als Koch- und Arbeitsraum dient. Schlafraum ist in der Regel die Kammer über der Stube. Der Stall ist im allgemeinen vom Haus getrennt; auch er hat ein Ober- oder zumindest Drempelgeschoß, das als Futterboden dient. Die Scheune ist queraufgeschlossen und meist dreizonig: in der Mitte die Tenne, zu beiden Seiten die Bansen für Heu und Getreide. Die Gebäude sind also hier nach ihren Nutzungsarten klar getrennt, Zusammenbau von Wohnung und Stall oder von Scheune und Stallungen sind in älterer Zeit die Ausnahme. Mehrfunktionale Gebäude kommen jedoch bei kleinsten Anwesen vor, insbesondere, wenn sie durch Hofteilungen entstanden sind. Ein typisches Produkt der Realteilung im Westerwald ist z. B. die zum Einhaus ausgebaute Scheune, die ihr mittleres Scheunentor behält, während die eine Banse zum zweigeschossigen Wohnteil ausgebaut wird und die andere im Untergeschoß den Stall aufnimmt. Der Obergeschoßraum über dem Stall und das Dachgeschoß im Wirtschaftsteil verbleiben dann für die Scheunennutzung.

Solche einfachste Hofbauten entstanden seit dem 18. Jahrhundert, als es mit dem Wohlstand im Westerwald zu Ende ging. Solange das Land noch ausbaufähig war, hatten Waldreichtum und Viehbesitz der Westerwälder Bauern für eine Wirtschaftsblüte gesorgt, deren Ausdruck auch die reichen Fachwerkbauten des 17. und der ersten Hälfte des 18. Jahrhunderts sind. Im Hochwesterwald wurde im 16. Jahrhundert eine bedeutende Pferdezucht betrieben, ausgedehnte Schafhaltung war bis zum 18. Jahrhundert Grundlage der Wollweberei in Hachenburg, Westerburg und Montabaur. Bei der bis zum 17. Jahrhundert geringen Bevölkerungsdichte standen für die Viehzucht neben der Brachweide ausreichende Wiesen und Weideländereien in den Tälern und zwischen dem Wald auf den Hochflächen zur Verfügung. Bevölkerungszunahme und Abbau der Wälder als Holzlieferant für die Siegener und Dillenburger Eisenindustrie führten zur Verarmung. Im 19. Jahrhundert war der Westerwald Notstandsgebiet, in dem viele Bewohner als Wochenpendler in die Industriegebiete des Umlands, als Wanderarbeiter und Hausierer Arbeit suchen mußten und viele Westerwälder nach Nordamerika auswanderten. Vor diesem Hintergrund ist auch die Begründung des landwirtschaftlichen Genossenschaftswesens durch den Westerwälder F. W. Raiffeisen (geb. 1818 in Hamm an der Sieg) zu sehen.

Im Ackerbau hatte sich in großen Teilen des Westerwaldes bis zum Beginn der Neuzeit die Dreifelderwirtschaft gegenüber der älteren Feldgraswirtschaft durchgesetzt, doch hielten sich gebietsweise ältere

Garten am Haus aus Bilkheim

Betriebsformen noch sehr lange. Im ganzen Nordosten war die Haubergwirtschaft verbreitet, ein geregelter Wald-Feld-Wechsel, bei dem in etwa 15—20jährigen Turnus der zum Teil zugleich als Lohhecke genutzte Niederwald abgetrieben, Reisig und Bodenbewuchs abgebrannt, die Asche untergepflügt und auf dem so vorbereiteten Boden Roggen, dann Buchweizen, mitunter auch Flachs und Hanf gebaut wurden. In der Herrschaft Schönstein an der oberen Sieg gab es 1660 als Dauerackerland nur Haferfelder; Roggen wurde allein in den Haubergen gebaut. Die Haubergswirtschaft hielt sich bis in unser Jahrhundert. Bis um 1850 wurde im Amt Selters mit der sogenannten Röderwirtschaft ein ähnliches Wechselsystem betrieben: Buschholz wurde abgeholzt und abgebrannt, das Land mit Hafer oder Buchweizen besät und nach wenigen Jahren wieder dem Buschaufwuchs überlassen. Die alte Feldgraswirtschaft hielt sich im Altenkirchener Raum, zumindest für die Außenfelder auch im Amt Marienberg,

Dorfplatz der Baugruppe Westerwald im Winter

gleichfalls bis ins 19. Jahrhundert: auf 7—8jährige Grünlandnutzung folgte einjähriger Roggenbau, dann 4—5jährige Hafereinsaat, bevor das Land brach liegenblieb und wieder zu Grünland wurde. Bereits um 1730 wurde der Kartoffelanbau eingeführt. Ihm folgte der Kleebau und der Übergang zur Stallfütterung des Viehs, um mehr Mist als Dünger für die Äcker zu gewinnen. Schon seit dem Spätmittelalter sind Baumgärten bei den Höfen genannt, und der an der Lahn teilweise bis heute betriebene Weinbau reichte bis zum 17. Jahrhundert weit in den unteren Westerwald hinauf. Seit dem 15. Jahrhundert entwickelte sich um Höhr und Grenzhausen ein Zentrum der Töpferei und Tonpfeifenherstellung.
Der Westerwald ist konfessionell gemischt, auch innerhalb der gleichen Territorien. Es gibt auch konfessionell gemischte Dörfer. Vorwiegend katholisch sind die ehemals kurtrierischen und kurkölnischen Gebiete, vorwiegend evangelisch Wied und die altnassauischen Landesteile.

Haus aus Ruppenrod

(Rhein-Lahn-Kreis)

und

Stall aus Eppenrod

(Rhein-Lahn-Kreis)

Fachwerkbau von 1744, im Haus Drechslerwerkstatt; Gemüse- und Kräutergarten. **31**

Ruppenrod und Eppenrod liegen südöstlich Montabaur, ersteres in einem westlichen Seitentälchen des Gelbachtals, letzteres am Oberlauf eines von Osten zum Gelbach fließenden Bachs. Beide gehörten bis 1794 zur Grafschaft Holzappel, die über wechselnde nassauische und hessische Besitzer 1643 an einen Feldmarschall des Dreißigjährigen Kriegs verliehen wurde, der damit in den Reichsgrafenstand aufstieg. Ab 1707 gehörte die Reichsgrafschaft den Fürsten v. Anhalt-Schaumburg, 1806 kam sie mit dem ganzen Umland an das Herzogtum Nassau. Seit dem 16. Jahrhundert war die Grafschaft reformiert (evangelisch). Ruppenrod hatte 1843 9 Häuser mit 53 Einwohnern.

Das Haus ist ein zweigeschossiger, dreizoniger Fachwerk-Stockbau. Das im Unterstock einfache, mit Jochstreben versehene Fachwerk ist im Stuben- und Kammerteil mit Ausnahme der Eckständer verputzt. In einem Medaillon im Türsturz ist das Baujahr 1744 zu lesen. Der Oberstock zeigt an den Schauseiten ein reicheres Fachwerk mit K-Verstrebungen (die beiden gegeneinander gerichteten Streben bilden zusammen mit dem Ständer, an den sie angeschlossen sind, ein „K“), Kopfbändern und geschweiften und genasten Gefachstreben unter den Fenstern. Der Oberstock kragt über den gefasten Köpfen der querverlegten Deckbalken und der mit Karniesprofil versehenen Stockschwelle vor. Ein ähnliches Zierfachwerk hat auch das Giebeldreieck. Der am heutigen Platz sonderbar anmutende schräge Rücksprung im hinteren Teil des linken Giebels war am ursprünglichen Standort des Hauses durch eine enge Straßenkurve bedingt. Das Dachwerk des Hauses hat Dachbalkenzimmerung und liegenden Stuhl. Die Haustür führt in den Herdraum mit dem aufgemauerten Herd. Neben ihm befindet sich in der Wand die Feueröffnung für den eisernen Halsofen der Stube, über dem ein Trockengestänge für nasse Kleidung angebracht ist. Das Haus hat einen aus Ziegeln aufgemauerten Schornstein, wie er nach 1800 üblich wurde. Ursprünglich besaß es wie alle älteren Westerwaldhäuser nur die Rauchkammer über dem Rauchfang im Oberstock, über der hier jedoch ein Rauchschlot aus Fachwerk den Rauch in den Dachraum weiterleitete. Auf ihm wurde dann der gemauerte Schornstein aufgesetzt. Abweichend vom Üblichen ist hier nicht nur die Stube unterkellert. Ein zweiter Keller liegt unter der Kammer im rechten Teil des Hauses. Er ist vom rechten Giebel aus zugänglich, wo im heutigen Zustand eine Außentreppe zur Kellertür hinabführt, während am ursprünglichen Standort das Gelände so stark abfiel, daß die Tür dort ebenerdig lag. Der Niederlaß an der Rückseite des Hauses ist in drei Kammern aufgeteilt, die vom Herdraum und von der Stube aus aufgeschlossen sind.

Das Haus war bis zum Abbruch fast unverändert erhalten; nur die Unterstockwand des rechten Giebels war in Backstein erneuert worden. Von den übrigen Hofgebäuden aber stand nur noch ein kleiner Stall in Bruchsteinbau. Das Haus wurde 1967 abgebrochen und bereits 1968 im Freilichtmuseum wiederaufgebaut. Am 14. Juni 1969 schlug der Blitz in das Haus ein und setzte das Dach in Brand. Glücklicherweise konnte das Feuer gelöscht werden, bevor es auf den Wandbereich übergriff. Dieser Brand war der Anlaß, die Museumsbauten mit Blitzableitern zu versehen.

Hausrat: Im Herdraum ein Schrank aus Hilkhausen und eine Tellerbank aus Hasselbach, beides bei Altenkirchen, sowei eine Truhe aus Kroppach bei Hachenburg; in der Stube ein Eckschrank aus dem Kreis Cochem, zwei Schränke aus Niederprüm und aus Horhausen im Westerwald und ein Tisch aus Rettersen bei Altenkirchen. In der Kammer ist eine Drechslerwerkstatt eingerichtet mit Geräten aus Morbach im Hunsrück, Flerzheim bei Rheinbach und Tondorf bei Blankenheim (in der Saison zeitweise Schreinerarbeiten; Hinweistafel am Museumseingang).

Der Stall aus Eppenrod ist ein Fachwerk-Drempelbau; der niedrige

Am Haus aus Ruppenrod

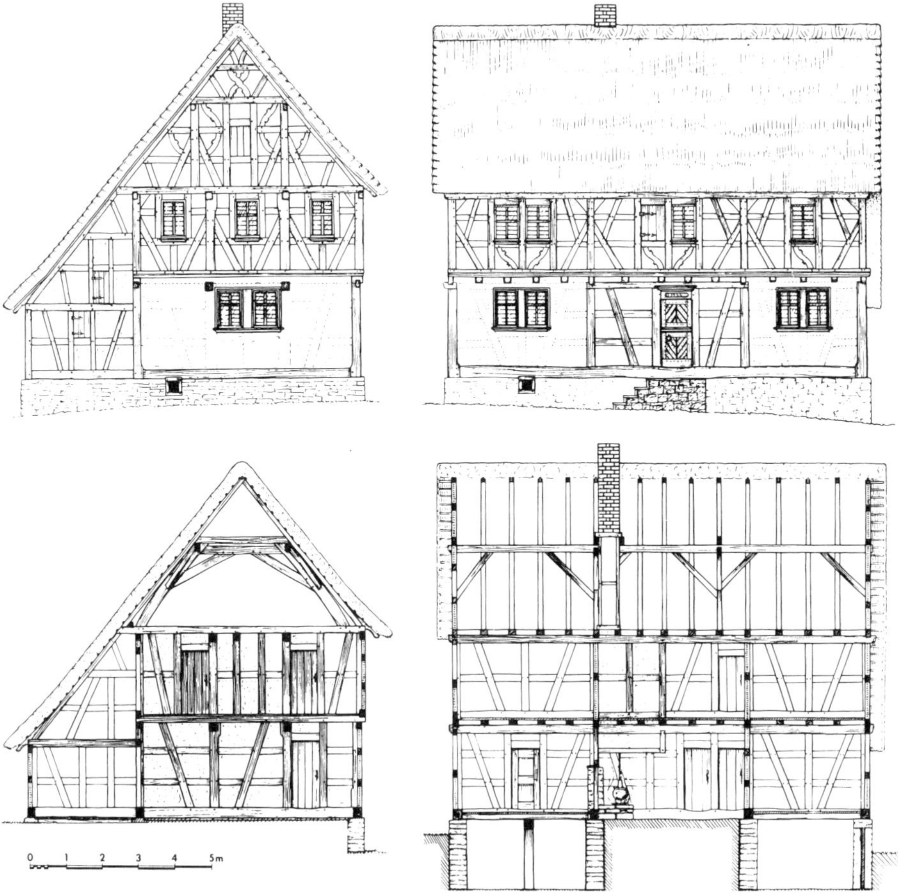

Haus aus Ruppenrod: Ansichten, Quer- und Längsschnitt

Drempel ist an der vorderen Traufseite als Kniestock vorgekragt. Das Fachwerk ist einfach mit Jochstreben, das Dachgefüge hat Firststiel und Firstpfette. Das Gebäude ist in drei sehr kleine Stallräume unterteilt, der durch eine Tür am linken Giebel nur mittels Leiter von außen zugängliche Drempel- und Dachraum diente als Futterboden; durch die kleine Öffnung über der rechten Stalltür konnte das Futter abgeworfen werden. Auch der Stall aus Eppenrod wurde 1967 abgebrochen und 1968 wieder aufgebaut. Haus und Stall werden im Zuge des weiteren Ausbaus der Baugruppe durch die Errichtung einer Scheune zur vollständigen Hofanlage ergänzt werden. Die dafür vorgesehene Scheune wurde 1977 in Untershausen bei Montabaur abgebrochen.

Pflanzen: Um Haus und Stall sind Ruderalgesellschaften angesiedelt. Am linken Giebel eine Schwarznesselflur mit Schwarznessel, Kleiner Klette, Weißer Taubnessel, Geflecktem Schierling, Gemeinem Beifuß, Wilder Malve, Großem Schöllkraut, Gemeinem Andorn, Echtem Herzgespann,

Schwarznesselflur am Haus aus Ruppenrod

Großer und Kleiner Brennessel. Vor dem rechten Keller des Hauses und am Stall eine Gute-Heinrichs-Flur mit Gutem Heinrich, Weißer Taubnessel, Breitblättrigem Ampfer, Gemeinem Beifuß, Wiesenkerbel; an der Hausecke Gänsemalve und Kleine Brennessel.

Der Garten hinter dem Haus ist als Schaugarten angelegt, um an einer Stelle die große Zahl der Pflanzenarten zeigen zu können, die um und vor 1900 in bäuerlichen Küchen- und Kräutergärten des Rheinlands angebaut wurden. Der Garten ist fünfgeteilt. Das lange Beet an der Hausrückwand enthält Heilkräuter, am Zaun im hinteren Teil stehen Ziersträucher, auf dem Beet längs des linken Zauns Zierpflanzen (Blumen), auf dem Mittelbeet im hinteren Gartenteil Gewürzkräuter und auf dem großen vorderen Mittelbeet Salat- und Gemüsepflanzen. Die einzelnen Arten sind auf Täfelchen bei den Pflanzen im Garten benannt. Über die Blütezeit informiert die Pflanzenliste am Schluß dieses Führers.

Haus aus Bilkheim

(Westerwaldkreis)
und

Scheune und Stall aus Ellar

(Kreis Limburg)

Typischer Westerwaldhof mit Haus, Scheune und Stall; das Haus mit besonders reichem Fachwerk, erbaut 1687, im Niederlaß Sümmermacherwerkstatt; die Scheune Fachwerkbau von 1661. **32**

Bilkheim liegt zwischen Montabaur und Westerburg. Der Ort gehörte bis 1803 zum Amt Montabaur im Kurfürstentum Trier, dann zum Herzogtum Nassau. Ellar liegt 10 km weiter östlich und gehört heute zu Hessen. Der Ort war alter Bestandteil der Grafschaft Nassau-Hadamar seit 1337, kam über die Grafschaft Katzenelnbogen 1557 an Nassau-Dillenburg, gehörte 1607—1711 zur wiedererrichteten Grafschaft Nassau-Hadamar, danach zu Nassau-Oranien. Nach kurzer Zugehörigkeit zum von Napoleon geschaffenen Großherzogtum Berg von 1806 bis 1815 kam auch Ellar an Nassau. Der Ort war im übrigen im Spätmittelalter Amtssitz und hatte 1372 Stadtrecht erhalten. 1843 hatte Bilkheim 34 Häuser mit 213, Ellar 96 Häuser mit 552 Einwohnern.

Das Haus aus Bilkheim ist das in seinem Fachwerk reichste Gebäude des Museums. Auffällig sind vor allem die mächtigen Hölzer, die hier verbaut wurden, so daß die vom Holz eingenommenen Wandflächen größer sind als die dazwischen verbleibenden Gefache. Ein Blick ins Innere zeigt aber, daß die vermeintliche Holzverschwendung nur vorgetäuscht wird. Nur die von außen sichtbaren Flächen der verarbeiteten Hölzer sind so üppig bemessen; die Wandstärke ist nicht größer als an anderen Häusern, so daß die Ständer, Streben und Riegel, vor allem die von außen so mächtig erscheinenden Bundständer, im Querschnitt wie starke Bohlen wirken. Nur die beiden Unterzüge, die Herdraum und Stube überspannen, mußten tatsächlich so kräftig bemessen werden, wie sie sich von außen darstellen. Bei den Eckständern nahm man, um sie von außen beidseitig, zum Giebel wie zur Traufenwand, im vollen Holz zu belassen, die Mühe auf sich, sie innen bis zur wirklichen Wandstärke auszuklinken, damit ihre Innenkanten nicht in den Raum vorspringen. Also ein ganz auf Außenwirkung, auf Repräsentation und Prestige des Bauherrn bestimmter Bau. Stolz nennt sich der Bauherr Matthias (Theis) Kloft in einer längeren und ungewöhnlichen Inschrift über der Tür: IHM.AHNVANG. WAR. DAS. WORT. VND. DAS. WO/RT. WAR. BEI. GOTT. VND. GOTT. WAR. DAS. W/ORT. DIS. HAVS. HAT. THEIS. KLOFT. ERBA/VT. DIS. HAVS. STED. IHN. GOTTES. HANT. GO/T. BEHVET. ES. VOR. FEVER. VND. BRAND.

AMEN / 1687 D 19 I(V)NI. Das Ungewöhnliche an dieser Inschrift ist, daß sie, in einem immer katholisch gebliebenen Ort und in der Zeit der Gegenreformation, mit einem programmatisch reformatorischen Spruch, dem ersten Vers des Johannes-Evangeliums, beginnt. Das scheint auf einen protestantischen Bauherrn in katholischer Umgebung zu weisen. Näheren Aufschluß dazu könnte aber erst die Ermittlung der Hausgeschichte erbringen.

Das Haus ist ein zweigeschossiger und zweizoniger Fachwerk-Stockbau. Die Zwischendecke ruht auf längsverlegten Deckbalken über Querunterzü-

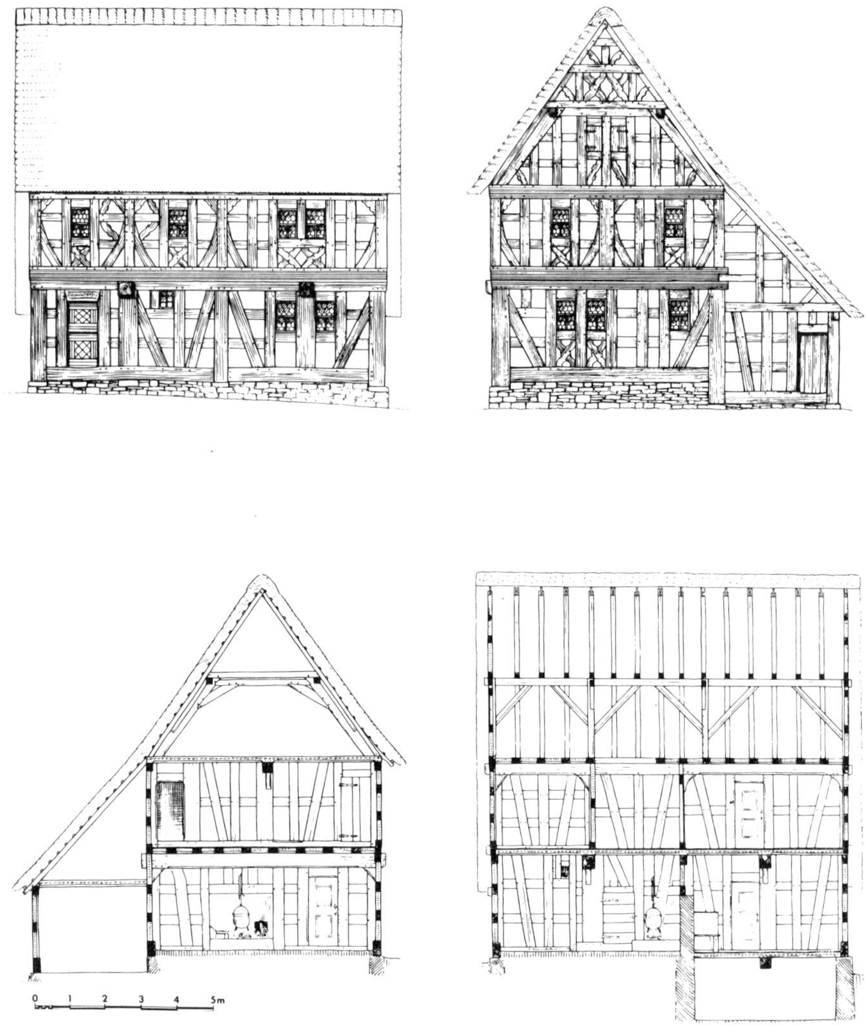

Haus aus Bilkheim: Ansichten, Quer- und Längsschnitt

Hof aus Bilkheim und Ellar

gen. Diese Balkenlage ist außen durch zartprofilierte Hölzer verkleidet: durch Füllholz und Stockschwelle, die beide an den Ecken auf Gehrung gearbeitet sind, d. h. an der Ecke spitz zusammenlaufen, um kein Hirnholz zu zeigen und die Profile ohne Unterbrechung um alle Seiten herumführen zu können. Der Unterstock hat die in ihren Proportionen schwersten Hölzer, aber außer den Ständern und Riegeln nur einfache Streben — Joch-, Fuß- und Gefachstreben; im Oberstock, noch deutlicher im Giebeldreieck, werden die Hölzer leichter — im Giebeldreieck sind sie nicht stärker bemessen als an anderen Gebäuden der Baugruppe; dafür wird aber hier das Fachwerk mit vielerlei Zierformen bereichert: profilierte Kopfknaggen, gebogene Fußstreben, geschweifte und genaste Gefachstreben zwischen und geschweifte und genaste Andreaskreuze unter den Fenstern. Diese Abfolge von schweren zu leichteren, aber belebteren Baugliedern ist Absicht, die wesentlich zu der gewünschten Wirkung des Baukörpers beiträgt. Das Dach wird auch hier von Gespärren in Dachbalkenzimmerung mit liegendem Stuhl getragen. Der geräumige Herdraum hat vor der Wand zur Stube wieder den aufgemauerten Herd, über dem der Rauchfang in die Rauchkammer im Oberstock überleitet. Ein Rauchabzug über Dach ist nicht vorhanden. Vom Herd aus wird auch der Stubenofen als Halsofen beschickt. Links hinten ist vom Herdraum eine kleine Waschkammer abgetrennt. Groß und hell ist die Stube, um deren beide Außenwände sich eine Wandbank zieht. Der Ofen ist ein eiserner Kastenofen mit drei Reliefplatten mit Darstellungen zum Gleichnis vom Verlorenen Sohn nach Lucas 15. Er stammt aus Niederirsen bei Altenkirchen. Rückseitig ist von der Stube eine schmale Kammer abgeteilt. In den sonst ganz vom übrigen Hausinnern abgetrennten Niederlaß führen Türen vom Herdraum und vom rechten Giebel aus. Im Niederlaß liegt auch der Zugang zum Keller unter der Stube.

Das Haus war bis zum Abbruch fast unverändert erhalten. Bis in die fünfziger Jahre hatte es noch ein Strohdach. Dann wurde die Landwirtschaft aufgegeben, 1958 die zugehörige Scheune abgebrochen. Zuletzt war das Haus im Besitz einer neunköpfigen Erbengemeinschaft. Es wurde 1962 abgebrochen und 1965 im Museum wieder aufgebaut.

Hausrat: Tisch und Stühle im Herdraum aus Wallmerod, einem Nachbarort von Bilkheim, der Milchschrank aus Himburg bei Westerburg, ein zweiter Schrank aus Neitersen bei Altenkirchen. Der 1741 datierte Kesselhaken wurde im Kunsthandel erworben. In der Stube ein Tisch aus Hussen bei Altenkirchen, ein Schrank aus der Marburger Gegend und eine Standuhr aus Oberwennerscheid im Siegkreis, in der Kammer dahinter ein Bett aus Kölschhausen (Kreis Wetzlar) und eine Kommode aus dem Kreis Altenkirchen.

Im Niederlaß ist eine Sümmermacherwerkstatt eingerichtet. Sie stammt aus Buch im Hunsrück und besteht aus 232 Teilen. Der Sümmer ist ein seit 1197 belegtes rheinisches Fruchtmaß, ein Hohlmaß für Getreide, das zwischen 17 und 33 Liter faßte. Die regionalen und örtlichen Unterschiede waren beträchtlich; nur die innere Aufteilung war überwiegend gleich: ein Sümmer umfaßte vier Sester, und acht Sümmer ergaben einen Malter. Ein Blick auf die verschiedenen Sümmermaße selbst auf kleinstem Raum gibt einen Eindruck von der Vielzahl nebeneinander bestehender Maßeinheiten, die erst durch die preußischen Reformen im 19. Jahrhundert vereinheitlicht wurden. So faßte ein Sümmer in Ulmen in der Eifel 16,6 l, in Kreuznach 17,2, Stromberg 17,5, Kastellaun 17,7, Rheinbach 18,4, Rädelhausen im Hunsrück 18,6, Sobernheim 19,5, Oberwesel 19,8, Simmern 19,9, Andernach 20,9, Kirchberg im Hunsrück 22,0, Brohl 22,2, Bacharach 22,4, Münstermaifeld 23,1, Cochem 23,4, Koblenz 24,0, Mayen 24,4, Adenau 25,9, Boppard 27,0, Zell an der Mosel 27,5, Wassenberg 29,2, Jülich 30,4, Plaidt und Nickenich bei Mayen 31,3 und in Düren 32,9 l. Andernorts war

Winter am Hof aus Bilkheim und Ellar

der Sümmer als Maß nicht üblich, statt dessen gab es die Metze, den Scheffel, den Wispel usw.

Die Scheune aus Ellar ist, wie im Westerwald üblich, ein Gebäude, das nur der Erntebergung dient und keinen Stallraum enthält. Ebenso charakteristisch für die Westerwaldscheunen ist, daß die Tennentore ihr tragendes Holzgerüst an der Außenseite, die Brettschalung innen haben. Sie stellen also ganz im Sinne der dekorativen Fachwerkgestaltung auch das Torgerüst zur Schau und gestalten es deshalb über das konstruktiv Notwendige hinaus schmuckhaft aus: durch Profile an den Torsäulen, besonders reiche Verstrebung, die durch Knaggen rundbogig geschlossene, in das Tor eingesetzte Pforte und die Fasen an den Vorderkanten aller Hölzer. Die Scheune ist in der üblichen Weise dreizonig; zu seiten der Tenne liegen die beiden Bansen für Getreide und Heu. Obwohl im Innern in der Vertikalen nicht unterteilt, wird durch die Fachwerkgestaltung eine Art

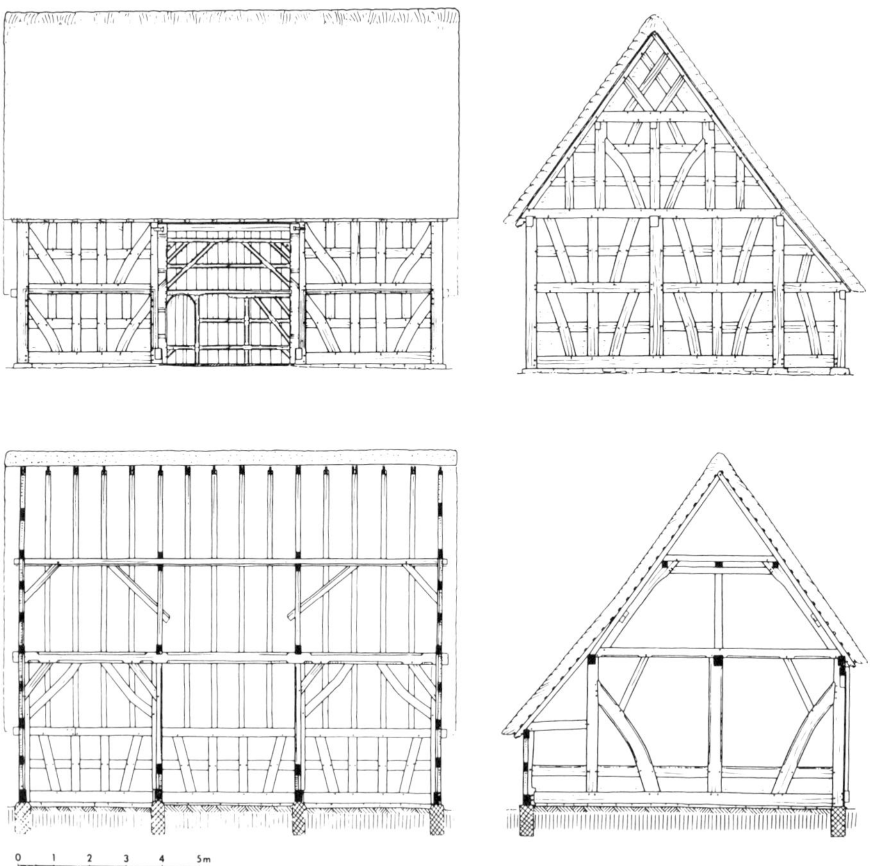

Scheune aus Ellar: Ansichten, Längs- und Querschnitt

Scheune und Stall aus Ellar

zweigeschossiger Wandgliederung geschaffen. Damit entspricht die Aufteilung der Scheunenwände derjenigen der Hauswände, ein Verfahren, das im Westerwald vom 17. Jahrhundert an üblich wird. Hier an der Ellarer Scheune ist noch zusätzlich etwas zur Bereicherung getan — an der Vorderseite wird das Fachwerk des „Untergeschosses" durch ein über Bundständer und Stockschwellen umlaufendes Profil aus Stab und Kehle verziert. Im Innern stützen kräftige Fußstreben die Ständer beidseits der Tenne; das Dachgefüge mit Dachbalkenzimmerung und liegendem Stuhl wird zusätzlich durch einen kräftigen mittleren Längsunterzug getragen. Das Baujahr der Scheune ist dendrochronologisch erschlossen: 1661 (±2).

Der Stall ist etwas größer, aber auch einfacher als der beim Haus aus Ruppenrod. Er ist zweiräumig und hat einen Drempel (hier ohne Kniestockbildung) für den Futterboden, der vom rechten Giebel her zugänglich

ist. Scheune und Stall wurden 1960 abgebrochen und 1966 wieder aufgebaut. Der Stall dient im Museum als Hühner- und Gänsestall.
Pflanzen: Am rechten Giebel des Hauses eine Gute-Heinrich-Flur mit Gutem Heinrich, Breitblättrigem Ampfer, Wiesenkerbel, Weißer Taubnessel und Gemeinem Beifuß; an der Vorderseite eine Schwarznesselflur mit Schwarznessel, Beifuß, Mutterkrautwucherblume, Geflecktem Schierling, Wilder Malve, Kleiner Klette, Großem Schöllkraut, Herzgespann und Katzenminze. An der linken Hausecke ein Rosenstock und ein Heckenkälberkropfsaum. An der Vorderseite von Scheune und Stall eine Gänsemalvenflur mit Gänsemalve, Kleiner Brennessel, Wegerauke, Weißem Gänsefuß, Mauergänsefuß und Bastardgänsefuß; Gänsemalve und Kleine Brennessel auch am linken Scheunengiebel und an der Stall-Rückseite. Hinter Haus und Scheune ein Gemüsegarten mit drei Bäumen: Birnenquitte, Roßkastanie und Ahorn. Rückseitig wird der Garten von einer Weißdornhecke eingefaßt; in der dahinter folgenden Baumwiese ist entlang dieser Hecke eine Brennessel-Giersch-Gesellschaft angesiedelt. Im Winkel zwischen Garten und Weg an einer Rübenmiete eine Rainfarn-Beifuß-Flur mit den beiden namengebenden Pflanzen, davor eine Gänsemalvenflur mit Bilsenkraut und Stechapfel. Die Obstwiese am Weg zur Baugruppe Eifel ist mit Apfelbäumen bepflanzt, die mit alten regionalen Sorten aus den Dörfern Floisdorf und Berg veredelt wurden.

Haus aus Großholbach

(Westerwaldkreis) mit

Scheune aus Langenscheid

(Rhein-Lahn-Kreis) und

Schuppen aus Eppenrod

(Rhein-Lahn-Kreis)

Haus mit Stallanbau, Fachwerkbau des frühen 18. Jahrhunderts, im Haus Informationsraum der Baugruppe Westerwald; Scheune mit
33 *besonders altertümlichem Fachwerk, erbaut 1586, mit angebautem Schuppen von 1739.*

Großholbach liegt 5 km östlich Montabaur, Eppenrod und Langenscheid liegen jeweils etwa 6 km weiter im Süden in Richtung Lahntal. Großholbach gehörte zum Amt Montabaur des Kurfürstentums Trier (s. Bilkheim), Eppenrod und Langenscheid zur Grafschaft Holzappel (s. Ruppenrod), alle Orte kamen 1803 bzw. 1806 zum Herzogtum Nassau. Großholbach hatte 1843 59 Häuser mit 360, Langenscheid 74 Häuser mit 423 Einwohnern.

Blick aus dem Hof aus Bilkheim und Ellar zum Hof aus Großholbach und Langenscheid

Das Haus ist ein zweigeschossiger und zweizoniger Fachwerk-Stockbau mit einer Fachwerkgliederung, die vereinfacht das gleiche System wie Bilkheim zeigt: im Unterstock stärkere Hölzer, aber einfache Gestaltung ohne zusätzlichen Zierat, der Oberstock leichter, aber reich ausgeziert mit Eckständern mit eingelegten Taustäben, geschweiften und genasten Gefachstreben und profilierten Rauten bzw. geschweiften und genasten Andreaskreuzen unter den Fenstern. Zwischen die querverlegten, vorkragenden Deckbalken sind an der vorderen Traufenwand Füllhölzer eingelegt und zusammen mit den Balkenköpfen viertelkreisförmig gefast, wodurch die Stockbegrenzung ähnlich stark betont wird wie am Bilkheimer Haus, und wenigstens die Stockschwellen sind wie dort leicht profiliert und stoßen an der Ecke mit Gehrung aneinander. Das Dachwerk hat

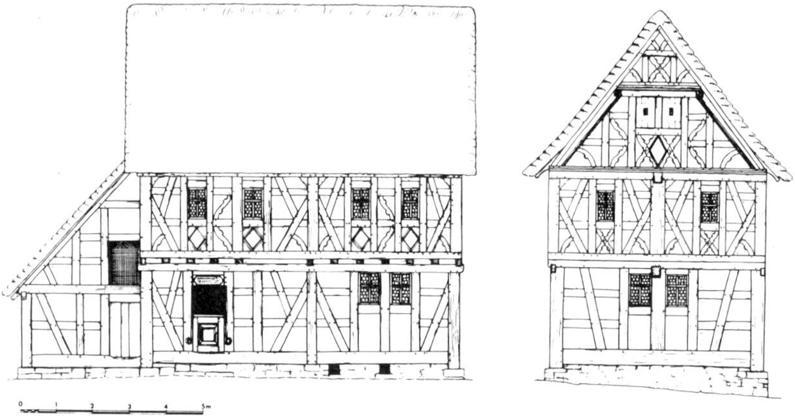

Haus aus Großholbach: Ansichten

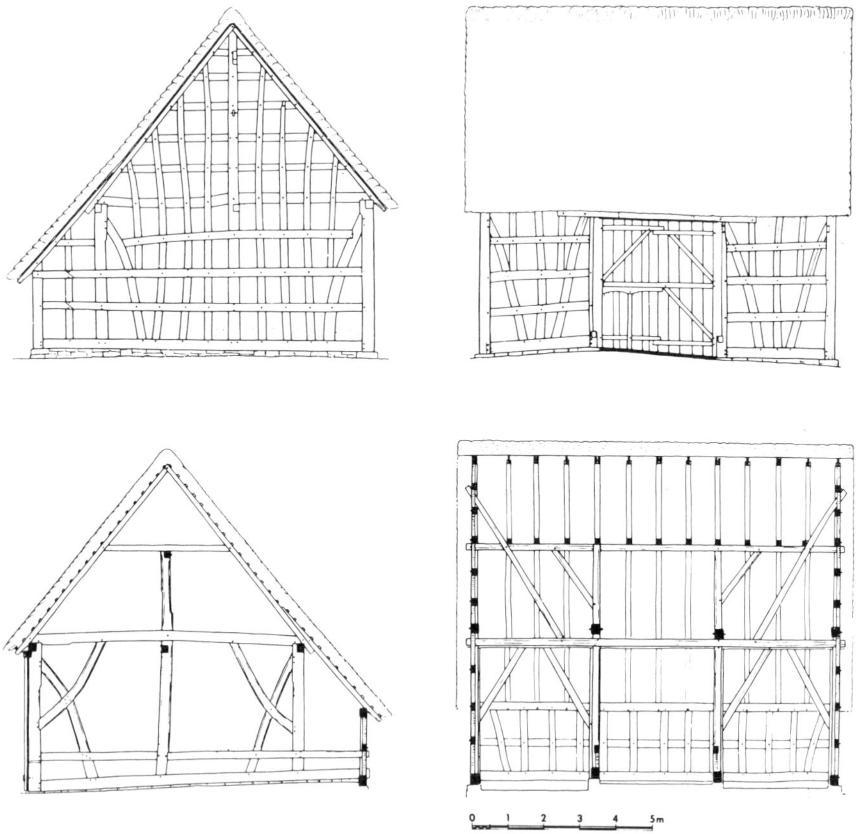

Scheune aus Langenscheid: Ansichten, Quer- und Längsschnitt

Haus aus Großholbach

Dachbalkenzimmerung und liegenden Stuhl. Die Bauinschrift im Medaillon des Türsturzes ist leider nur zur Hälfte erhalten; auch das Baujahr fehlt. Der Herdraum hat wie gewohnt den aufgemauerten Herd, seitlich die Feuerung für den Halsofen der Stube, der hier ein eiserner Säulenofen ist. Über der Herdstelle auch hier die Rauchkammer im Obergeschoß und keine Rauchableitung über Dach. Besonders hinzuweisen ist auf die schöne, kräftig profilierte gewundene Spindel der Treppe zum Oberstock, unter der die Kellertreppe liegt (der Keller wie üblich unter der Stube). Das Haus ist als Informationsraum für die Baugruppe Westerwald eingerichtet.
Auch an seinem ursprünglichen Standort stand das Haus mit dem Giebel zur Wetterseite. So finden wir hier nicht die Rückseite, sondern den linken, wetterseitigen Giebel mit einem Anbau unter weit herabgeschlepptem Dach, dessen Strohdeckung auch das darüberliegende Giebeldreieck des Hauses verkleidet. Der Anbau diente als Stall, der Raum unter der Dachschräge darüber als Futterboden.

Scheune aus Langenscheid und Schuppen aus Eppenrod

Ein besonders altertümliches Fachwerk zeigt die Scheune aus Langenscheid, die dendrochronologisch 1586 datiert ist. Die Raumgliederung ist die übliche: die Tenne in der Mitte zwischen den beiden Bansen. Die Besonderheit der Zimmerung wird vor allem am Giebel deutlich: die Hölzer sind nicht miteinander verzapft, sondern verblattet. Dabei reichen nicht nur die Ständer vom Schwellriegel an so hoch, wie es nur geht, das heißt am Giebel bis ins Dach, der mittlere Ständer als sogenannte Spitzsäule sogar bis zum First, sondern auch die Riegel über die gesamte Wandbreite. Dabei sind im unteren Teil die Riegel über die Ständer geblattet, im oberen Teil dagegen die Ständer über die Riegel. Die Verbindungen sind überwiegend durch je einen Blattnagel, zum Teil aber auch durch Fugennägel gesichert. So entsteht ein regelrechtes „Geflecht" von Hölzern als Wand. Daß das Fachwerk dabei ganz symmetrisch aufgebaut ist und den beiden Fußstreben an den Eckständern nach innen Ständer folgen, die nicht genau senkrecht stehen, sondern leicht nach außen geneigt oder gebogen sind, ist Absicht und kehrt an anderen Gefügen dieser Zeit und Landschaft wieder. Damit erfüllen diese Ständer zugleich die Funktion von Streben. Der Bau hat keine Firstpfette, aber — gewissermaßen in ihrer Nachfolge — eine Hochpfette: ihr durch die Spitzsäule gezapfter Kopf ist

Blick zum Hof aus Großholbach und Langenscheid

am Giebel unter dem dritten Kehlriegel zu erkennen. Diese Hochpfette trägt im Innern die Kehlbalken der Gespärre.
Am rechten Giebel angebaut ist ein jüngerer Schuppen aus Eppenrod, eine Wagen- und Geräteremise mit einfachem Jochstreben-Fachwerk, die am vorderen Rähm mit „ANNO 1739" datiert ist. Darin abgestellt sind ein Ackerwagen, zwei Handkarren, Pflüge und ein Schleifstein.
Das Haus wurde 1968 in Großholbach abgebrochen und 1971 wieder aufgebaut. Die Langenscheider Scheune wurde 1965 abgebrochen und 1966 wieder aufgebaut. Sie war bis zum Abbruch in allen wesentlichen Gefügeteilen wohlerhalten, obwohl die Dachschleppe an der Rückseite zur vollen Wandhöhe angehoben, die Rückwand entsprechend aufgestockt und dabei zur Verstärkung des Dachwerks ein zweireihiger stehender Stuhl eingebaut worden war.
Pflanzen: Am linken Giebel des Hauses (am Stall) eine Schwarznesselflur mit Schwarznessel, Weißer Taubnessel, Kleiner Klette, Herzgespann, Geflecktem Schierling, Großer Brennessel, Mutterkrautwucherblume, Wilder Malve und Hundszunge. Hinter dem Haus ein Beerenobstgarten mit Johannisbeersträuchern, vor der Gartenmauer am Graben eine Brennessel-Giersch-Gesellschaft.

Haus aus Altenburg

Haus aus Altenburg

(Kreis Neuwied)

Fachwerkbau um 1700, mit Ausstellung zur Bienenzucht; hinter dem Haus älterer Bienenstand und neues Bienenhaus mit neun Bienenvölkern (Lehrbienenstand des Kreisimkerverbands Euskirchen). **34**

Altenburg liegt im nördlichen Westerwald bei Neustadt an der Wied. Das Dorf gehörte bis 1803 zum Amt Altenwied im Kurfürstentum Köln, kam dann zum Herzogtum Nassau und 1815 zur preußischen Rheinprovinz. 1817 hatte Altenburg 253 Einwohner.

Das Haus ist ein zweigeschossiger und zweizoniger Fachwerk-Ständerbau. Das Fachwerk ist einfach und nur durch Fußstreben an den Bundständern belebt, die aber geschoßweise angeordnet sind. Die Geschoßeinteilung wird auch durch die besonders kräftig bemessenen, von Bundständer zu Bundständer reichenden Geschoßriegel betont, die zudem ein über die Bundständer übergreifendes, dreiseitig umlaufendes Unterkantenprofil besitzen, mit dem das Obergeschoß leicht vorkragt. Dazu mußten die Bundständer im Untergeschoß entsprechend geschwächt werden, bis ihre Füße durch ein umgekehrtes Profil wieder die volle Holzstärke erhalten. Von diesem Profil an ist als zusätzlicher Schmuck eine Fase um Ständerfüße und Schwellriegel gezogen. Das Profil des Geschoßriegels wiederholt sich am Giebeldachbalken. Mit dieser Gestaltung erhält das Äußere ein stockbauartiges Aussehen. Hier im nördlichen Westerwald blieb der Stockbau ungewohnter als im Süden, so daß diese „moderne“ und repräsentativere Bauweise in ihrem äußeren Bild mit den Mitteln des traditionellen (und besser beherrschten) Ständerbaus nachgeahmt wurde, auch wenn damit eine mühevollere Holzbearbeitung verbunden war. Die Deckbalken zwischen den Geschossen sind querverlegt und von einem mittleren Längsunterzug unterstützt, aber an der Vorderseite von außen unsichtbar mit den Geschoßriegeln verkämmt.

Das Fachwerk des Hauses zeigt im übrigen noch ein altertümliches Merkmal, das nicht auf den ersten Blick auffällt: An mehreren Stellen sind Streben und Riegel nicht miteinander verzapft, sondern die Riegel den Streben überblattet und die Blätter durch Fugennägel gesichert. Auch die Gestaltung der Feuerstätte verweist nach Norden: Das Haus hat einen ebenerdigen Herdplatz, Takenheizung, trichterförmigen Rauchfang im Obergeschoß und hölzernen Rauchschlot bis übers Dach. Das Dachwerk hat Dachbalkenzimmerung und stehenden Stuhl. Das Haus ist nicht datiert, dürfte aber um 1700 entstanden sein. Die Stube ist unterkellert; die beiden Kammern im Niederlaß sind vom Herdraum und von der Stube aus zugänglich.

Das Haus war bis zum Abbruch weitgehend im Altzustand erhalten; nur der rechte Giebel war durch den Anbau eines jüngeren Stalls mit Backsteinunter- und Fachwerkoberstock in Mitleidenschaft gezogen und sein Fachwerk nur noch im oberen Teil vorhanden. Das Haus war am alten Platz zum „Streckhof" ausgebaut worden, d. h. dem Haus und Stall wurde in gleicher Flucht auch noch die Scheune angefügt. Beim Abbruch 1966 wurde nur das Haus übernommen und 1967 im Museum wiederaufgebaut. Heute enthält das Haus aus Altenburg eine kleine Ausstellung zur Bienenzucht mit Bienenkörben aus allen Teilen des Rheinlands, Fangkörben, Honigschleudern, Honigpressen und anderem Imkerei-Zubehör. Als Takenplatte wurde eine Platte aus Quint mit Darstellung der Madonna auf

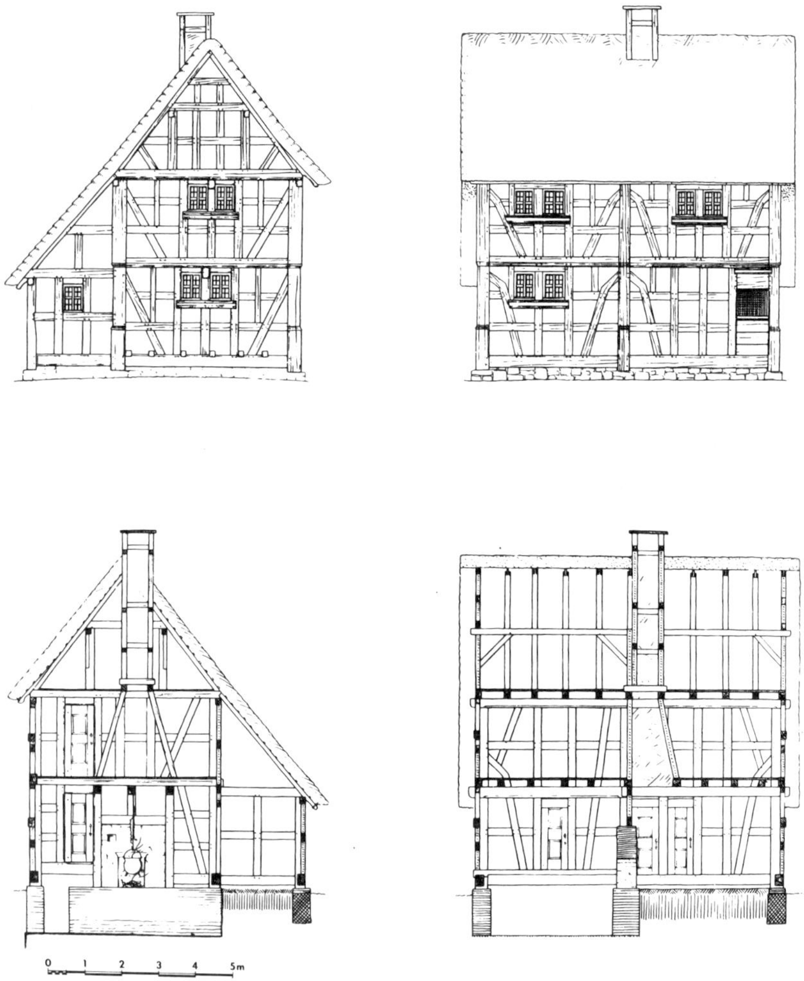

Haus aus Altenburg: Ansichten, Quer- und Längsschnitt

Blick zum Haus aus Altenburg und Bienenstand aus Birkenbeul

der Mondsichel vom Anfang des 17. Jahrhunderts eingebaut. Die Stube dient heute dem Kreisimkerverband Euskirchen als Lehrgangsraum.
Das Thema Bienenzucht wird auch in der Umgebung des Hauses aus Altenburg fortgeführt. Der am rechten Hausgiebel beginnende Weg führt zunächst zu einem alten Bienenstand aus Birkenbeul (Kreis Altenkirchen) und dann an einer Hecke entlang zu dem in der Waldecke gelegenen neugebauten Bienenhaus des Museums. Es wird mit 9 Bienenvölkern vom Kreisimkerverband als Lehrbienenstand betrieben. Die verglaste Rückwand des Gebäudes bietet dem Besucher die Möglichkeit, den Imkern bei ihrer Arbeit im Bienenhaus zuzusehen.
Die Lehrgänge, zur Zeit einziges derartiges Angebot im Rheinland und daher sehr gefragt, finden vorwiegend an Wochenenden statt, wobei sich die einzelnen Veranstaltungen je nach den jahreszeitlich anfallenden Arbeiten im Bienenstand über das ganze Jahr verteilen.

P f l a n z e n : An Ruderalgesellschaften sind vor dem Haus eine Schwarznesselflur (linker Teil) und eine Gänsemalvenflur (rechts) angesiedelt, die außer den namengebenden Pflanzen Kleine Brennessel, Beifuß, Gefleckten Schierling, Wilde Malve und Schöllkraut enthalten. Die Baumwiese hinter dem Haus ist mit alten Apfel- und Birnensorten bepflanzt, darunter der Paradiesapfel, der Apfel Framboise rouge, die Birne Alexander Lucas, die Birne Köstliche von Charneux sowie zwei alte Eifeler Apfelsorten aus Floisdorf und vom Hof Weimert bei Heimbach. Die Hecke, die die Baumwiese vom hangab anschließenden Acker trennt, besteht aus Schneebeeren.

Der Acker unterhalb des Hauses Altenburg ist als Getreidefeld das Gegenstück zu dem in der Baugruppe Eifel. Während dort aber die Getreideackerflora der Kalkböden gezeigt wird, ist hier der saure Buntsandsteinboden belassen. Das Feld zeigt also die Flora bodensaurer Äcker des Rheinlands. Sie ist im ganzen artenärmer als die der Kalkäcker; trotzdem kann es vorkommen, daß in manchen Jahren die Wildkräuter („Unkräuter" des Landwirts) das angebaute Getreide fast überwuchern. Das ist kein Zeichen für schlecht geführte Landwirtschaft, sondern ein Vorgang, mit dem der Bauer immer wieder rechnen mußte, bevor ihm die moderne Chemie mit Kunstdünger, Herbiziden und Pestiziden die Möglichkeit gab, alle unerwünschten Pflanzen- und Tierarten des Biotops Ackerland zu vernichten. Wie in der Baugruppe Eifel sind am Rand des Ackers in kleinen beschilderten Beeten die hierher gehörigen Wildkräuter zu sehen; beigefügte Täfelchen informieren über den Bestand.

Von links nach rechts: Roggen-Trespe, Acker-Löwenmaul, Begranntes Ruchgras, Acker-Leinkraut, Acker-Kleinling, Saat-Wucherblume, Saat-Hohlzahn, Dreiteiliger Ehrenpreis, Acker-Quellkraut, Zwerg-Mäuseschwanz, Kleiner Lämmersalat.

Am Wegrand stehen längs des Ackers elf Birnbäume verschiedener alter Sorten.

Hof aus Hanf

(Gemeinde Hennef, Rhein-Sieg-Kreis)

35 *Fachwerkbau, Haus von 1688 und Scheune und Stall von 1722 in gleicher Flucht aneinandergebaut („Streckhof")*

Hanf ist ein kleines Dorf am oberen Hanfbachtal südlich Hennef. Es gehörte bis 1803 zum Amt Blankenberg im Herzogtum Berg.

Der Hof aus Hanf zeigt die schon beim Haus aus Altenburg kurz erwähnte Form des „Streckhofs", bei dem alle Gebäude in gleicher Flucht und mit gleicher Firstlinie aneinandergebaut sind, hier aber in einem alten, schon im frühen 18. Jahrhundert entstandenen Beispiel. Sowohl das Fachwerk als auch die beiden Bauinschriften lassen aber erkennen, daß die Bauteile

Hof aus Hanf

nicht gleichzeitig erbaut wurden. Ältester Teil ist das Haus, ein zweigeschossiger und zweizoniger Fachwerk-Ständerbau. Das Fachwerk ist einfach und mit wenigen Streben versehen, die nur am linken Giebel eine regelmäßige Anordnung erhalten haben. Zierformen beschränken sich ebenfalls auf den linken Giebel, dessen Bundbalken und Kehlbalken einen gelochten Bogenfries und ein Wellenband zeigen. In der Giebelspitze ist aus einem breiten Spitzstiel und seitlichen Kehlriegeln ein Kreuz gestaltet. Die Deckbalken sind querverlegt und zugleich als Bundbalken durch alle traufseitigen Ständer gezapft; ihre „Zapfohren" sind von außen zu sehen. Die Bundbalken über dem Obergeschoß sind mit den Ständerköpfen verhälst. Das Dach hat einen stehenden Stuhl. Ebenerdige Feuerstelle, Stubenheizung durch Takenplatte, trichterförmiger Rauchfang im Obergeschoß und hölzerner Rauchschlot bis über Dach sind Baumerk-

male dieser Landschaft, die schon beim Haus aus Altenburg benannt wurden. Wie dort auch noch einige alte Verbandsformen im Fachwerk: die Obergeschoß-Streben am Giebel und über der Tür sind den Riegeln überblattet, der Kehlbalken den Sparren aufgeblattet, und alle Blattungen sind mit Fugennägeln versehen. Das Baujahr des Hauses wird in der Inschrift über der Haustür genannt: ANNO 1688 DEN 22 DAG IVNEJ DAS HAVS STED IN GOTTES HAND GOTT BEHVT ES VOR FEWR VND BRAND.
Stall und Scheune wurden der Bauinschrift über der Stalltür zufolge 1722 angebaut. Das Fachwerk mit wenigen Fußstreben an Bund- und Eckständern ähnelt dem des Hauses, ist aber weitmaschiger als dort — größere Ständerabstände, weniger Riegel —, auch sind jetzt alle Holzverbindungen gezapft. Der Wirtschaftstrakt entspricht im Grundriß einer dreizonigen Scheune, bei der die linke Zone zweigeschossig unterteilt ist und im Untergeschoß den Stall enthält. Das Dach hat im Stall- und Scheunenteil einen Krummsäulenstuhl.
Das Anwesen hatte in Hanf den Namen „Sollbachs Haus", der an frühere Besitzer erinnerte. Der letzte Sollbach starb kurz vor 1900 als Junggeselle. Danach wurde im Haus keine Landwirtschaft mehr betrieben, es wurde von Häuslern, zeitweilig von zwei Familien, bewohnt (Mertens, Flüs, Jöttner, Meth). Das Haus war zu dieser Zeit durch einen rückseitigen Schleppdachanbau in Mauerbau erweitert, der zwei zusätzliche Wohnräume enthielt. Im alten Bestand waren nur relativ wenige Veränderungen erfolgt — die Stalltür war versetzt, das alte Scheunentor zugesetzt und ein neues an der Rückseite eingebrochen worden. Die letzten Bewohner verließen 1953 das Haus, zehn Jahre später wurde es abgebrochen und 1964 im Freilichtmuseum wieder aufgebaut.
Hausrat: Am Herd ein Kesselhaken aus Korb bei Hachenburg und Feuerböcke aus Mehren (Kreis Altenkirchen). Die Takenplatte zeigt das Gleichnis vom Armen Lazarus in einer Darstellung nach Philipp Soldan und entstand um 1550 vermutlich in der Hütte Eisenschmitt. Außerdem im Herdraum ein Tisch aus Rott bei Flammersfeld, ein Milchschrank aus Heisterbacherrott und eine Tellerbank aus dem Kreis Altenkirchen, in der Stube ein Tisch aus Niederwennerscheid bei Neunkirchen-Seelscheid, eine Wiege aus Mehren und ein Sessel aus Eppenrod. Zur vorderen Traufenwand hin ist ein Teil der Stube durch eine Schrankwand abgetrennt, die rechts das Wandbett enthält, während sich hinter dem Wandschrank des linken Teils die vom Herdraum aus zugängliche Kellertreppe befindet.
Pflanzen: Am Scheunengiebel eine Gute-Heinrichs-Flur mit Gutem Heinrich, Weißer Taubnessel, Breitblättrigem Ampfer, Großem Schöllkraut, Wiesenkerbel, Gemeinem Beifuß und Kleiner Klette. In der Baumwiese hinter dem Haus stehen sechs Apfel- und drei Birnbäume mit alten Sorten, z. T. aus dem Dorf Berg bei Floisdorf, darunter Wasserbirne und Erbachhofer Mostapfel.

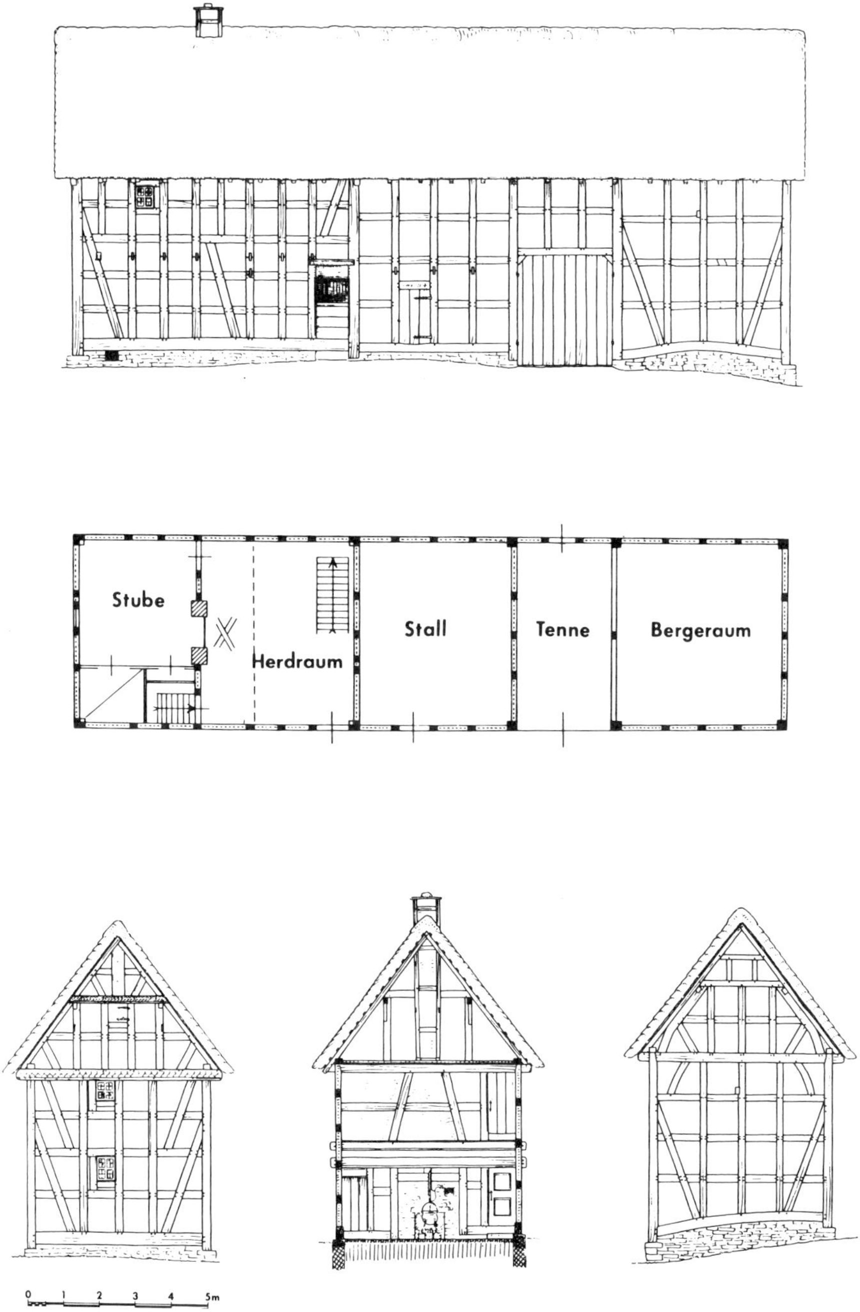

Hof aus Hanf: Traufenseitenansicht, Grundriß, Ansicht Stubengiebel, Querschnitt, Ansicht Scheunengiebel

Kelterhaus aus Oberdollendorf

(Stadt Königswinter, Rhein-Sieg-Kreis)

36 *Fachwerkbau von 1641 mit Spindelkelter von 1825 und Arbeitsgeräten des Weinbaus.*

Oberdollendorf liegt im Rheintal am Fuß des Siebengebirges. Hier ist der Weinbau seit dem Hochmittelalter urkundlich belegt. Am Besitz der Dollendorfer Weinlagen waren zahlreiche Klöster und Adelsfamilien beteiligt, die im Dorf Höfe unterhielten. Bis 1803 gehörte Oberdollendorf zum Amt Löwenburg (Sitz in Honnef) im Herzogtum Berg.

Das Kelterhaus ist ein eingeschossiger Fachwerkbau mit Drempel. Das regelmäßige, engständerige und nur an den Eckständern mit Fußstreben versehene Fachwerk hat an allen Ständern durchgezapfte Bundbalken, die als Deckbalken zugleich die Bretter der Zwischendecke tragen; jedes dritte Ständerpaar trägt außerdem am Kopf verhälste Bundbalken, die von den Ständern aus durch den Deckenbalken (mit Fugennagelung) überblattete Kopfstreben gestützt werden und die mit Fußstreben versehenen Stuhlsäulen des Krummsäulenstuhls des Dachgefüges tragen. Im Türbalken steht das Baujahr: ANNO 1641. Am linken Giebel ist ein kleiner Schuppen angebaut. Das Kelterhaus wurde 1961 abgebrochen und 1965 wieder aufgebaut.

Im Innern fällt der Blick zuerst auf die mächtige Spindelkelter, deren schweres Gebälk von zwei balusterförmig profilierten Säulen getragen wird. Im Gebälk ist die Kelter 1825 datiert. Sie stammt aus Oberhilbersheim in Rheinhessen, zwischen Bingen und Wörrstadt. Auch die übrige Ausstattung des Kelterhauses zeigt Arbeitsgerät des Weinbaus: Trauben-

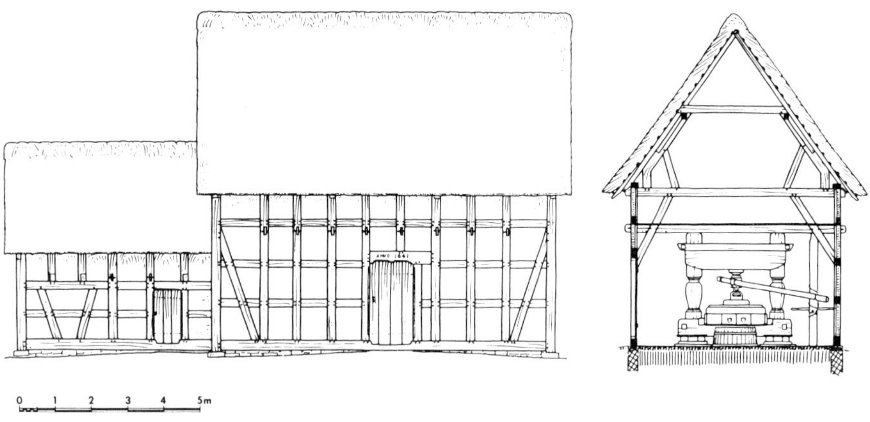

Kelterhaus aus Oberdollendorf: Ansicht und Querschnitt

Kelterhaus aus Oberdollendorf

stampfen, Mostschöpfer, Holzbütten, Trestermesser, Faßböden, Weinheber, Weinrührer, Weinbergshacken, Kiepenstützen, Misttragen, Lesekörbe, Leseeimer, Traubenkiepen und anderes mehr.

Das Oberdollendorfer Kelterhaus ist der erste Bau einer geplanten Gebäudegruppe zum rheinischen Weinbau. Auf der Hangseite des Hofplatzes soll ein Wohnhaus als Ausstellungs- und Informationsgebäude errichtet werden. Die Rückseite des Hofs soll ein zweites Kelterhaus schließen, das in Ockenfels bei Linz am Rhein 1975 abgebrochen **37**
wurde (und als Holzstapel bereits unmittelbar hinter seinem künftigen Standort liegt). In ihm wird unter anderem eine andere Form der Weinpresse Platz finden, die vor allem am Oberrhein verbreitete Baunkelter.

Pflanzen: Unter dem Holunder links ein Heckenkälberkropf-Saum; an

der hinteren Ecke des Kelterhauses eine Eselsdistelflur mit mehreren seltenen Arten: Eselsdistel, Gemeiner Pastinak, Weißer und Echter Steinklee, Schwarzes Bilsenkraut, Königskerze, Echte Hundszunge, Gemeine Ochsenzunge, Große und Kleine Klette, Gelbe Resede, Färberresede und Blaue Kugeldistel. An der Hofrückseite steht ein Speierling. Hinter dem Kelterhaus stehen zwei Apfelbäume, ein Süßkirsch- und ein Wasserbirnbaum.
Oberhalb des Kelterhauses steht an der „Dorfstraße" ein gußeiserner Brunnentrog mit neugotischem Dekor aus Mörschbach bei Simmern. Er wurde laut Inschrift 1867 in der Stromberger Neuhütte im Hunsrück gegossen. Ganz ähnliche Brunnen stehen noch heute in mehreren Hunsrücker Dörfern.

Schmiede aus Bornich

(Rhein-Lahn-Kreis)

38 Bornich liegt im Taunus auf der Hochfläche östlich des Rheins bei Sankt Goarshausen. Der Ort gehörte bis 1806 zur hessischen Niedergrafschaft Katzenelnbogen und kam 1816 zum Herzogtum Nassau.
Die Schmiede ist ein kleines Fachwerkgebäude mit schiefergedecktem Zeltdach, das von einem Kreuz mit vergoldetem Hufeisen als Zeichen des Schmiedehandwerks bekrönt wird. Das Gebäude ist aber sicher nicht seit jeher Schmiede gewesen, sondern vermutlich als Garten- oder Weinbergshäuschen gegen Ende des 18. Jahrhunderts gebaut und dann versetzt und zur Schmiede umgebaut worden. Das Fachwerk zeigt noch die Spuren dieses Umbaus: Wo heute die Tür sitzt, befand sich ursprünglich eine Verstrebung wie im gegenüberliegenden Joch, die beim Türeinbruch zerschnitten wurde; die ursprüngliche Tür befand sich im Mitteljoch der Vorderseite unter dem ovalen Oberlicht. Die Schmiede ist mit allem Zubehör eingerichtet und zeitweilig auch in Betrieb. Links neben der Schmiede steht ein sogenannter Notstall, ein Stand für den Hufbeschlag der Pferde. Die Schmiede wurde 1966 abgebrochen und 1977 wieder aufgebaut.
39 Weiter zurück steht am Teich ein Spritzenhaus aus Oberwennerscheid (Gemeinde Neunkirchen-Seelscheid, Rhein-Sieg-Kreis), ein einfaches, brettverschaltes und pfannengedecktes Gebäude, das 1960 abgebrochen, 1975 wieder aufgebaut wurde und im Museum seine alte Funktion behalten hat.

Schmiede aus Bornich

Schul- und Backhaus aus Löhndorf

(Stadt Sinzig, Kreis Ahrweiler)

40 *Erbaut 1763, im gemauerten Untergeschoß Gemeindebackhaus, im Fachwerk-Oberstock Schule und Lehrerwohnung.*

Löhndorf liegt 3 km westlich Sinzig in einem südlichen Seitental der Ahr. Der Ort gehörte bis 1794 zum Amt Sinzig im Herzogtum Jülich.
Das Gebäude diente in seinem gemauerten Untergeschoß als Gemeindebackhaus, in dem von den einzelnen Haushalten des Dorfes reihum zu festgelegten Tagen und Stunden Brot gebacken wurde. Während in der Nordeifel, am Niederrhein und im Bergischen Land jeder Hof seinen eigenen Backofen oder sein Backhaus besaß, waren am Mittelrhein, in der Südeifel, in Hunsrück und Westerwald vorwiegend die Dorfbackhäuser üblich.
Der Oberstock in einfachem Fachwerkbau (mit K-Verstrebungen in den Eckjochen) war die Schule. Die Kombination von Backhaus und Schule war vor allem in der südlichen Eifel häufig. Das schiefergedeckte Dach, das an beiden Giebeln zur Hälfte abgewalmt ist und an der Eingangsseite einen Dreiecksgiebel in Fachwerk und zwei Dachfenster zeigt, wird von Gespärren in Dachbalkenzimmerung mit liegendem Stuhl getragen. Das Gebäude wurde der Inschrift im Türsturz zufolge 1763 errichtet. (Abb. S. 90)
Über die Schulgeschichte von Löhndorf berichtet die bald nach 1870 vom Lehrer Radermacher begonnene Schulchronik. Danach wurde 1696 eine Vikarie in Löhndorf gestiftet mit der Verpflichtung für den Vikar, im Dorf Schulunterricht zu halten. Erst für 1808 ist die Berufung eines Lehrers bekannt. „Die Schule", schreibt Radermacher, „war auf dem Backhaus in dem heutigen Gemeindezimmer. Das einzige jetzt noch vorhandene Zimmer war die Wohnung für den Lehrer. Viele Kinder gingen nur im Winter in die Schule. Versäumnisstrafen kannte man nicht. Die Kinder saßen an langen Tischen auf Bänken ohne Lehne. Im Winter brachten die Kinder das nötige Holz von Haus mit; jeder trug seine Scheite auf der Schulter zur Schule, so daß es an Brand nie fehlte. Die Frau Lehrer saß meistens im Schulsaale bei den Kindern, wenn sie Kartoffeln schälte oder Gemüse fegte; und nicht selten ist es vorgekommen, daß die Frau dem Lehrer behilflich war, wenn er einen widerspenstigen Jungen züchtigen wollte (nach Aussage einiger Männer, welche zu der Zeit die Schule besuchten). Ein alter Mann erzählte mir auch, daß zu damaliger Zeit ein krüppelhafter Schneider Schule gehalten habe. Wem es in der Hauptschule nicht gefiel, der ging zu dem Schneider, welcher weiter nichts konnte als gut lesen und schreiben." Bis 1844 waren die beiden Räume im Oberstock Schule und Lehrerwohnung in einem. Dann wurde eine neue Schule im Dorf

In der Schule aus Löhndorf

gebaut. Der Schulraum im Backhaus diente fortan nur noch als „Gemeindezimmer“ für Ratssitzungen und andere Zusammenkünfte. Das Backhaus hingegen wurde auch weiterhin bis zum Abbruch des Gebäudes im Jahre 1971 benutzt. Ein Jahr später wurde es im Freilichtmuseum wieder aufgebaut. Auch hier wird an bestimmten Wochentagen (Hinweistafel am Museumseingang) nach alter Art Brot gebacken.

Das Klassenzimmer der Schule ist mit Schulbänken, Lehrerpult, Harmonium, Karten und Tafeln aus den Dorfschulen in Mahlberg bei Münstereifel und Holzheim bei Mechernich eingerichtet. Im ehemaligen Wohnzimmer informieren Schautafeln über die Geschichte des dörflichen Schulwesens und der Löhndorfer Schule.

Pflanzen: Vor dem Zaun mit der Rosenhecke gegenüber dem Eingang ein Heckenkälberkropf-Saum mit Heckenkälberkropf, Knoblauchsrauke, Echter Nelkenwurz, Großer Brennessel, Breitblättrigem Ampfer, Großem Schöllkraut und Gemeinem Beifuß.

Rechts vom Löhndorfer Schul- und Backhaus soll ein Hof aus der Nachbarschaft dieses Ortes wieder aufgebaut werden: ein 1771 erbautes, 1974
abgebrochenes Anwesen aus Oberbreisig (5 km südlich Sinzig). **41**
Außerdem sind aus dem Westerwald noch Häuser aus Neitersen **42**
(abgebrochen 1960), Hasselbach (abgebrochen 1961) und Hussen **43**
(abgebrochen 1966, sämtlich Kreis Altenkirchen) zum Wiederaufbau vor- **44**
gesehen.

In der Baugruppe Niederrhein

Baugruppe Niederrhein

Für diese Baugruppe wurde als Standort die einzige — fast — ebene Fläche des Museumsgeländes ausgewählt. Sie erfaßt die rheinische Tiefebene unterhalb Köln auf der linksrheinischen und unterhalb Duisburg auf der rechtsrheinischen Seite bis zur niederländischen Grenze. Mit dem Aufbau wurde 1972 begonnen, nachdem zuvor bereits die Windmühlen errichtet worden waren.
Die Landschaft des rheinischen Tieflands hat ihre geologische Formung seit dem Tertiär erfahren. Damals entstanden jene Ablagerungen, die heute als wichtige Rohstoffe abgebaut werden: Braunkohle, Ton und Formsande. Die Flußlandschaft mit Nieder- und Mittelterrasse wurde in der Eiszeit ausgeprägt. In den Niederungen hat der Rhein bis in die Neuzeit wiederholt seinen Lauf geändert und das Landschaftsbild damit immer wieder umgeformt. Erst die Deichbauten des vorigen Jahrhunderts haben das Flußbett endgültig festgelegt und das Uferland für eine ständige landwirtschaftliche Nutzung erschlossen. Das von vielen, zum Teil verlandeten Altwasserarmen durchzogene Grünland der Niederung wird von Sanderterrassen und Moränenwällen im Norden und lößlehmbedeckten Mittelterrassen im mittleren Teil (Aldekerker und Kempen-Krefelder Platte) begrenzt. Lößdecken bilden auch die fruchtbaren Börden im Süden.
Wie das ganze Rheinland gehörte auch das Gebiet des Niederrheins in der Zeit des Alten Reichs verschiedensten staatlichen Territorien an. Kurköln besaß am Niederrhein die Ämter Rheinberg, Kempen, Linn, Uerdingen, Neuss, Liedberg, Hülchrath und Zons; die größten weltlichen Landesherrschaften waren die Herzogtümer Kleve, Geldern und Jülich und die Grafschaft Moers. Zu Kleve gehörte der ganze Norden bis zu einer Linie Weeze-Sonsbeck-Büderich links und Duisburg-Oberhausen rechts des Rheins. Zwischen diesen Gebieten lagen linksrheinisch die kleinen Herrschaften Wickrath, Myllendonk, Bedbur(-Dyck), Hörstchen (zwischen Moers und Rheinberg) und Elsen (vom Amt Hülchrath umschlossen), rechtsrheinisch die geistlichen Stifte Elten, Essen und Werden. Nach dem Zwischenspiel der französischen Besetzung des linken Rheinufers kam das gesamte Gebiet 1815 zur preußischen Rheinprovinz.
Im Gegensatz zu den südlich angrenzenden Landschaften ist am nördlichen Niederrhein keine spätmittelalterliche „Verdorfung" erfolgt. Außer den Städten bildeten sich nur wenige zentrale Orte; die Landschaft blieb dort von der Einzelhofsiedlung geprägt. Die Grenze zwischen Hofsiedlung und Dorfsiedlung fällt annähernd mit zwei weiteren, für die ländliche Kulturgeschichte wichtigen Grenzen zusammen, die den nördlichen Teil mit

Niederdeutschland verbinden: der Grenze zwischen Anerbenrecht im Norden und Realteilung im Süden und der Südgrenze des niederdeutschen Hallenhauses. Es scheint, daß zwischen Erbrecht und Hausform ein direkter Zusammenhang besteht. Im Gebiet des Anerbenrechts wird der Hof als geschlossener Besitz an einen Erben, meist den ältesten Sohn, vergeben. Dadurch bleiben Besitzgröße und Wirtschaftskraft des Hofes über Generationen konstant.
Auch das Haupthaus des Bauernhofs ist mehr auf Dauer gebaut als in den Realteilungsgebieten. Die niederrheinischen Hallenhäuser sind stattlicher und geräumiger als die Hausformen etwa von Eifel und Westerwald, sie sind in ihrer Nutzung aber auch weit weniger anpassungsfähig als jene. Die wichtigsten Nutzungen sind unter einem Dach zusammengefaßt. Das Haus enthält außer den Wohnräumen die Stallungen für das Großvieh und im Dachraum auch den Bergeraum zumindest für einen Teil des Ernteguts. Das tragende Gerüst des niederrheinischen Hallenhauses ist wie in der Eifel ein Querbindergefüge aus zwei Ständerreihen und diesen (abgesenkt) durchgezapften Bundbalken. Jedoch bilden diese Ständerreihen nicht zugleich die Außenwände des Hauses; ihnen sind beiderseits Nebenräume (Kübbungen) angeschlossen, über die das Dach an beiden Traufseiten abgeschleppt wird. Mit einem aus dem Kirchenbau übernommenen Begriff wird dieses Raumgefüge aus — im Querschnitt — hohem Mittelraum und niedrigeren Seitenräumen als „dreischiffig" bezeichnet. Das Mittelschiff ist giebelseitig durch ein Tor erschlossen, durch das der Erntewagen in den Stallteil des Hauses einfahren kann, um dort auf der „Deele" in den Dachraum entladen zu werden. Zu beiden Seiten der Deele befinden sich in den Seitenschiffen (Kübbungen) die Ställe für Pferde und Rinder, darüber Futterkammern. Der Wohnteil liegt am — vom Einfahrtstor her gesehen — hinteren Ende des Hauses und ist in der Regel sehr viel kleiner als der Stallteil. In seiner einfachsten Form besteht er aus dem Platz an der Herdstelle im Mittelschiff und Wohn- und Schlafplätzen in den Seitenschiffen. Jedoch werden am Niederrhein früher und ausschließlicher als in den übrigen Verbreitungsgebieten des Hallenhauses Stall- und Wohnteil durch eine Querwand (Scherwand) getrennt. Die weitere Differenzierung des Wohnteils kann in verschiedener Richtung erfolgen: durch Anfügen eines Kammerfachs hinter der Herdwand, das zusätzliche Wohnräume aufnimmt (so vor allem in Westfalen und Niedersachsen; am Niederrhein beschränkt auf das südliche Hallenhausgebiet), oder durch räumliche Unterteilung in der Querachse, wobei entweder der mittlere Herdraum zugunsten der seitlichen Wohnräume verengt oder der Wohnteil traufseitig durch Querflügel erweitert wird, so daß das Haus einen T-förmigen Grundriß erhält (Entwicklung am nördlichen Niederrhein). Um den Dachraum für die Erntebergung zu erweitern, werden die Bundbalken so weit es geht abgesenkt; damit vergrößert sich der Bergeraum auf Kosten

Am Haus aus Mönchengladbach

der Deelenhöhe. Allerdings ist eine zu starke Balkenabsenkung mit statischen Problemen verbunden; man löste sie dadurch, daß man an den Ständerköpfen eine zweite, obere Bundbalkenlage einzog, so daß das Innengerüst nunmehr wie ein zweigeschossiger Ständerbau gestaltet war. Auch diese „Doppelankerkonstruktion" ist für die Entwicklung des niederrheinischen Hallenhauses charakteristisch.
Auf einen merkwürdigen Umstand stößt man, wenn man die Hallenhausformen nahe der südlichen Verbreitungsgrenze, im Gebiet von Mönchengladbach, betrachtet. Sie zeigen erhebliche Abweichungen vom üblichen Raumschema des Hallenhauses, und diese sind um so stärker, je ältere Bauten wir vor uns haben. In der ältesten Bestandsschicht, die hier bis ins 15. Jahrhundert zurückreicht und auch im Museum mit dem Engelblecker Haus vertreten ist, kommt neben frühen Beispielen des Hallenhauses mit Kammerfach auch eine Hallenhausform vor, die einen urtümlich wirkenden Einraum-Wohnteil mit einem am Stallgiebel quergelagerten Stall verbindet, während die Kübbungen im übrigen durch Wände gegen das Mittelschiff geschlossen sind. Außerdem wird in diesem Gebiet die Erntebergung im Haus nicht üblich; der Dachraum bleibt ungenutzt, und das sonst hohe Deelentor braucht hier nur den Futter- oder Mistkarren für die Stallungen passieren zu lassen und ist dementsprechend kleiner. Diese Merkmale deuten darauf, daß das Hallenhaus in diesem Grenzgebiet seit jeher, und im Mittelalter offenbar noch stärker als in der Neuzeit, unter dem Einfluß der mitteldeutschen Hausformen stand.
Die Scheunen haben das gleiche Zweiständergerüst wie die Häuser; im nördlichen Teil des niederrheinischen Hallenhausgebietes sind sie ebenfalls längsaufgeschlossen und dreischiffig, wobei die Tenne aber meist in einer der Kübbungen liegt; im südlichen Teil überwiegt die queraufgeschlossene dreizonige Scheune mit mittlerer Quertenne, die dann häufig nur noch an der Rückseite eine Kübbung hat. Der Hofbackofen ist in einem selbständigen kleinen Backhaus untergebracht oder mit dem Speicher verbunden. Als Gebäude der Vorratshaltung, insbesondere für Getreide, kommen am Niederrhein Speicher als selbständige, oft zweigeschossige und turmartig wirkende Gebäude vor, die zum Schutz vor Brand oder Diebstahl mitunter von Wasser umgeben waren. Dieser Bautyp des Speichers, am Niederrhein Spieker oder Berfes genannt, wurde nach dem 16. Jahrhundert aber kaum noch gebaut. In jüngerer Zeit entstanden Backspeicher, die Vorrats- und Backraum kombinieren, oder (im Anerbengebiet) mit Altenteilerwohnungen verbundene Speichergebäude, oder aber Kammern im Haupthaus übernahmen die Aufgabe der bäuerlichen Vorratshaltung, nachdem das Haus durch das Aufkommen des Kamins seit dem 16. Jahrhundert rauchfrei geworden war.
Südlich der Hallenhausgrenze entsprechen die Haus- und Hofformen den Verhältnissen im Eifelvorland.

Der Fachwerkbau hat am ganzen Niederrhein kaum Zierformen entwickelt. Das Fachwerk bleibt auch in den Außenwänden schlicht und meist auf die konstruktiv nötigen Teile beschränkt, es wird oft auch farblich nicht hervorgehoben. In der ältesten Bestandsschicht gibt es Hinweise, daß die Außenwände ganz mit Lehmputz verkleidet waren. Seit dem Spätmittelalter trat im Norden Backsteinfüllung an die Stelle der Lehmstakung der Gefache, und mit dem Übergang zum Backsteinbau seit dem 17. Jahrhundert folgten die ländlichen Gebiete des Niederrheins einer in den Städten bereits im Spätmittelalter einsetzenden Entwicklung.

Um 1830 waren im Regierungsbezirk Düsseldorf 50% des Bodens Ackerland, 12% Wiesen und Weiden, 20% Holzungen, 10% Heiden und Ödland und 3% Gärten. Die Wiesen und Weiden konzentrierten sich vor allem in der Rheinniederung und in den Talauen der Nebenflüsse. Hier entwickelte sich auf der Basis der starken Rinderhaltung um 1800 die Käserei. Der Getreideanbau setzte sich nach den Ernteerträgen des Jahres 1832 zusammen aus 43% Roggen, 37% Hafer, 12% Weizen und 8% Gerste. Dabei hatte der Weizenanbau seinen Schwerpunkt in der Jülicher Börde. Im Westteil lagen um die Niers ausgedehnte Heide- und Bruchflächen, die im 19. Jahrhundert aufgeforstet wurden. Von älteren Sonderkulturen sind der Obstbau im Gebiet von Moers, der bedeutende Rapsbau zur Ölgewinnung (viele Ölmühlen!), früh einsetzender Futterbau im Fruchtwechsel und der Flachsanbau im niederrheinischen „Flachsland“ um Mönchengladbach zu nennen. Seit dem 18. Jahrhundert setzte sich, mit frühen Schwerpunkten um Moers und Kleve, der feldmäßige Kartoffelanbau durch. An der unteren Rur und Wurm sind die Weidenkulturen der Korbmacherei seit dem 16. Jahrhundert belegt.

Das 19. Jahrhundert hat die ganze niederrheinische Agrarlandschaft umgeformt. Meliorationen führten zu einer starken Erweiterung des landwirtschaftlichen Nutzlandes und zur Neuanlage von Siedlungen.

Der Südosten wurde durch die Entwicklung des Industriereviers an Rhein und Ruhr völlig verwandelt; östlich des Rheins bestimmten Steinkohlenbergbau, Eisen- und Stahlindustrie das Bild, westlich entstanden Zentren der Textilindustrie in und um Krefeld und Mönchengladbach. In den weiter landwirtschaftlich bestimmten Teilen des Landes setzten Zuckerrübenanbau und großflächiger Gemüsebau neue Akzente. Einen totalen Umbau der Landschaft bewirkt zur Zeit der Braunkohlentagebau zwischen Aachen und Grevenbroich.

Der größte Teil des Niederrheingebiets ist katholisch. Die Reformation setzte sich durch in rechtsrheinischen Teilen des Herzogtums Kleve (Gebiet um Wesel und Dinslaken), in der Grafschaft Moers und der Herrschaft Wickrath. Evangelisch sind auch die im 18. Jahrhundert gegründeten Pfälzersiedlungen in der Gocher Heide.

Bockwindmühle aus Spiel

Bockwindmühle aus Spiel

(Gemeinde Titz, Kreis Düren)

1782 erbaute Mühle. Über dem feststehenden Grundgerüst („Bock") wird das ganze Mühlengebäude mit dem Trieb- und Mahlwerk in den Wind gedreht. Die Flügel werden mit Segeln bespannt. Im unteren Teil des Mühlengebäudes der Mehlboden (Abfüllen der Mehlsäcke), darüber der Steinboden mit den Mahlsteinen. **51**

Spiel liegt in der Jülicher Börde, 7 km nordöstlich Jülich. Der Ort gehörte bis 1794 zum Amt Jülich im Herzogtum Jülich. Spiel hatte 1828 283 Einwohner. Die Spieler Mühle stand nördlich des Dorfes, zwischen diesem und dem Gut Meerhof, nahe bei der heutigen Bundesstraße 1, einer alten Fernstraße von Aachen über Jülich nach Neuss.

„Bock"windmühle wird dieser Mühlentyp nach seinem Grundgerüst benannt, dem Schwellenkreuz mit dem vierseitig von doppelten Streben gestützten mächtigen Hauptständer, dem sog. Hausbaum. Dieser „Bock" ist der einzige unbewegliche Teil der Mühle; das auf ihm aufsitzende Mühlengebäude mit dem gesamten Trieb- und Mahlwerk und den Flügeln wird je nach der Windrichtung gedreht. Die Mühle hat zwei Drehpunkte. Der eine befindet sich am oberen Ende des Hausbaums, der bis in halbe Höhe des Mühlengebäudes hinaufreicht und dort den quer zum First liegenden, 80 cm im Vierkant starken Steinbalken trägt. Der Hausbaum greift mit einem Stirnzapfen in den Steinbalken ein, und dieser Zapfen wirkt als Angel, auf der sich der Steinbalken dreht. Er trägt auf dem ihm aufgefügten Steinboden unmittelbar das Mahlwerk und mit den seinen Enden aufgekämmten sog. Mehlleisten, den starken traufseitigen Geschoßriegeln des Fachwerkgerüsts, zu einem wesentlichen Teil das ganze Gebäude. Der zweite Drehpunkt liegt am Fuß des Gehäuses, wo sich die beiden seitlich dem Hausbaum angeschmiegten Mittelschwellen auf dem den Streben des Bocks aufgefügten Sattelkranz drehen. Durch beide „Lager" wird das Mühlengebäude stabilisiert und gegen Kippen gesichert. Gedreht wird die Mühle mit dem Sterz, dem langen schrägen Holz, das an der Rückseite zwischen den beiden Läufen der Treppe herausragt. Mit einer Winde am unteren Sterz-Ende, deren Kette jeweils um einen der kreisförmig um die Mühle gesetzten Pflöcke geschlungen wird, kann sie von zwei Personen von Pflock zu Pflock gedreht werden, bis die Flügel richtig „gegen den Wind" stehen.

Die Außentreppe führt auf einen Zwischenboden im unteren Teil des Mühlengebäudes, den Mehlboden; von ihm führt eine Innenstiege hinauf zum Steinboden. Auf dem Steinboden befindet sich das Mahlwerk. Die Mühlsteine liegen in der hölzernen „Bütte", in deren Trichter das zu mahlende Getreide eingeschüttet wird. Auf dem Mehlboden wird das Mehl, das aus der Bütte durch die hölzerne Rutsche der sog. Sackpfeife herabfällt, in Säcke abgefüllt. Über dem Steinboden befindet sich das Triebwerk, das die Drehung der Flügel über mehrere Übersetzungen auf das Mahlwerk überträgt.

Bevor die Mühle in Betrieb genommen werden kann, müssen die Flügel mit den Segeln bespannt werden. Dazu muß der Müller auf das Lattengitter jedes Flügels, die sog. Segelscheite, hinaufsteigen und die Segel dort befestigen. Je nach der Windstärke werden die Flügel voll besegelt oder nur teilweise. In letzterem Fall wird nur ein Teil der Segelfläche ausgebreitet, der Rest bleibt zusammengedreht. Eine zusätzliche Regulierung der Drehgeschwindigkeit der Flügel ist durch die an ihren Schmalseiten angesetzten Windbretter möglich. Die Flügel sitzen am Kopf der schrägliegenden und längs durch das Mühlengebäude reichenden Flügelwelle, der das große Kammrad fest aufgefügt ist. Die aus dem besonders widerstandsfähigen Buchenholz hergestellten Zähne des Kammrades greifen in die oberen Zähne des Kronrads, das wiederum der senkrechten Königswelle aufgefügt ist. Die seitlichen Zähne des Kronrads übertragen die Bewegung in das kleine Stockrad am Kopf des Mühlsteingetriebes. Durch die zweifache Übersetzung auf immer kleinere Räder wird die Bewegung von Welle zu Welle schneller und erreicht zuletzt die für den Mahlvorgang erforderliche Geschwindigkeit. Das in den Trichter eingefüllte Getreide fällt durch den Rüttelschuh zu den Mahlsteinen. Diese bestehen aus dem oberen oder Läuferstein, der sich mit dem Stockgetriebe dreht, und dem unteren oder Bodenstein, der dem Steinbalken unbeweglich aufliegt. Unterseite des Läufersteins und Oberseite des Bodensteins sind mit bogenförmig eingestemmten Rillen versehen. Das aus dem Rüttelschuh durch eine Öffnung in der Mitte des Läufersteins, das sog. Steinauge, zwischen die Steine gelangende Getreide wird zwischen diesen Rillen zerrieben und durch die Drehung des Läufersteins zugleich von der Mitte zum äußeren Rand der Steine befördert, von wo das Mahlgut durch die Sackpfeife nach unten fällt. Mit einem Hebel kann der Abstand der beiden Mahlsteine voneinander reguliert werden. Sie dürfen nicht zu dicht aufeinanderliegen, um sich nicht selbst zu zerreiben und Sand in das Mahlgut zu bringen. Je größer aber ihr Abstand, um so gröber wird das Korn gemahlen. Für das grobe Mahlen zu Schrot genügt ein Durchlauf; soll Mehl gewonnen werden, wird zwei- oder auch dreimal gemahlen. Denn bei diesem Mahlvorgang wird das Mahlgut nicht unmittelbar abgefüllt, sondern zunächst in eine sog. Beutelkiste geleitet, die Mehl und Kleie trennt. Während nach dem ersten Mahlen noch ein größerer Teil des Mehls in der Kleie haftet, wird durch die Wiederholung alles Mehl bis auf einen kleinen Kleierest gewonnen. Dazu werden die Mahlsteine mit jedem Durchlauf enger gestellt.

Gestoppt und gelöst wird das ganze Triebwerk durch die Backenbremse aus Pappelholz, die sich um das Kammrad legt und mit Hebelzug und Seil

Die Windmühle aus Spiel im Wiederaufbau

bedient werden kann. In das Kammrad greift auch noch ein weiteres Getriebe ein, das dem Müller die Arbeit erleichtert. Es ist das sogenannte Leurad auf der waagerechten Aufzugswelle, die an der Rückseite unter einem kleinen Vordach aus dem Mühlengebäude herausragt und dort die Kette für den Sackaufzug trägt. Wird — wiederum mit Hebel und Seil — das Leurad an das laufende Kammrad angeschlossen, zieht die Aufzugswelle an der Außenseite der Mühle die Getreidesäcke bis zum Steinboden empor, wo sie durch die Luke in der Brettschalung ins Innere geholt werden können. Auf die gleiche Weise können die Mehlsäcke vom Mehlboden aus hinabgelassen werden. Im Innern des Mühlengebäudes ist der Aufzugswelle ein zweites, größeres Rad, das sog. Klavierrad, aufgefügt. Die über dieses Rad laufende Kette ermöglicht die Bedienung des Sackaufzugs im Handbetrieb.

Durch die ständige Reibung schleifen sich die Mahlsteine nach längerem Laufen ab. Deshalb müssen die Rillen der Steinoberflächen von Zeit zu Zeit nachgeschlagen werden. Dazu ist es nötig, die beiden Steine voneinander zu entfernen und den Läuferstein umzudrehen, um seine Unterseite bearbeiten zu können. Dies geschieht mit Hilfe des seitlich stehenden Steinkrans mit seiner Eisenspindel, in deren Greifarmen der Läuferstein befestigt und hochgewunden werden kann. Mit Spitzhämmern, sog. Billen, die hinter dem Steinkran an der Wand zu sehen sind, werden die Rillen eingeschlagen oder nachgebessert.

Die Windmühle ist die jüngste Erfindung in der Reihe der handwerklich betriebenen Mühlen. In der urgeschichtlichen Zeit kannte der Mensch nur Reibsteine und Handmühlen zum Mahlen des Getreides. Wassermühlen sind eine Erfindung der Antike und zuerst bei den römischen Autoren Plinius und Vitruv genannt. Die ersten Nachrichten über Windmühlen stammen aus dem Frühmittelalter. Arabische Schriftsteller des 9. Jahrhunderts erwähnen sie aus dem Vorderen Orient. Diese Windmühlen waren aber noch sehr einfache Vorrichtungen mit an der senkrechten Mahlsteinachse unterhalb des Mahlwerks angebrachten Segeln, also noch ohne Übersetzung. Mühlen mit senkrecht gestellten Fügeln sind gesichert im Hochmittelalter belegt, zuerst im Mittelmeerraum, im 12. Jahrhundert in Frankreich. Im Süden ist es die (steinerne) Turmwindmühle, die später das Vorbild für die Kappen- oder Holländerwindmühle werden sollte, im Norden die hölzerne Bockwindmühle, die hier jahrhundertelang der einzige bekannte Windmühlentyp blieb. Der erste sichere Bockwindmühlenbeleg aus Deutschland stammt vom Niederrhein: 1253 wird den Zisterziensern des Klosters Kamp(-Lintfort) erlaubt, eine Windmühle zu bauen.

Die gewerblichen Mühlen des Rheinlands waren bis zur französischen Zeit landesherrlicher Besitz. Sie wurden von den Landesherren an Müller verpachtet oder an adelige Unterherrschaften vergeben und von diesen zur Pacht ausgetan. In der Regel waren diesen Mühlen dann bestimmte

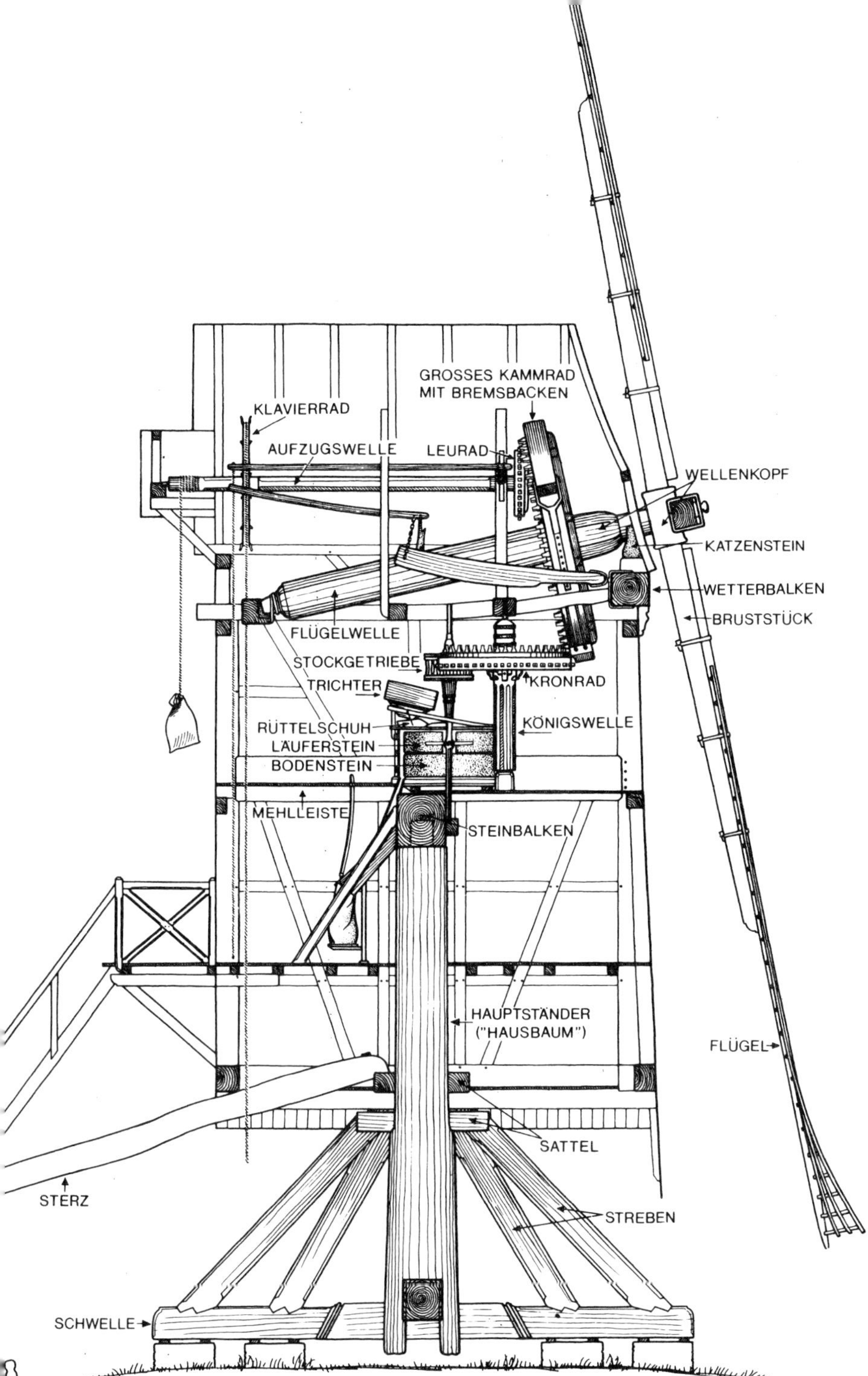

Windmühle aus Spiel: Längsschnitt (Maßstab 1:100)

Bereiche zugewiesen, innerhalb derer alle Anwohner gehalten waren, nur in dieser einen Bannmühle mahlen zu lassen. So gehörte auch die Spieler Mühle dem Herzog von Jülich als Landesherrn und war von diesem in Zeitpacht gegeben worden. 1711 jedoch — dies besagt die älteste über die Mühle erhaltene Urkunde — ließ der Herzog sie dem Meistbietenden gegen einen Jahreszins von 60 Malter Roggen und 11 Malter Gerste in Erbpacht geben. Den Zuschlag erhielt gegen einen Erbschilling (Pachtkaufpreis) von 484 Thaler der Müller Balthasar Dahmen. Im Erbpachtbesitz dieser Familie war die Mühle noch 1782, als sie neu gebaut wurde. In diesem Jahr entstand der bestehende Mühlenbau durch die Witwe J. Dahmen, wie die Inschrift an der Schwelle besagt (die Schwelle mußte beim Wiederaufbau ausgewechselt werden; der Teil der alten Schwelle mit der Inschrift ist jetzt unmittelbar davor aufgestellt): 1 7 8 2 / VIDUA. J. DAMEN / P.L.M.M. Das P.L. der letzten Zeile dürfte das Monogramm des Mühlenbaumeisters sein. Auf diesen Neubau weist auch die Jahreszahl 1783 auf dem Klavierrad des Sackaufzugs. Jüngere Jahreszahlen fanden sich auf dem Bodenstein (1892) und auf dem Läuferstein (1903). Die Wetterfahne ist 1902 datiert.
In der französischen Zeit wurde die Mühle als landesherrliches Eigentum von der Regierung eingezogen und verkauft. Sie wurde von den Gutsbesitzern Mathias von Meer auf Gut Isenkroidt bei Titz und Gottfried Wolff (Ehemann der Sophia von Meer) auf Gut Meerhof zu gleichen Anteilen erworben. Deren Erben verkauften die Mühle 1837 an Heinrich Claeßen, Schwiegersohn des Mathias von Meer und dessen Besitznachfolger auf Isenkroidt, für 4125 Thaler. Die letzten Besitzer waren Wilhelm Lieven, der sie 1928 erwarb, und sein Sohn Heinrich Lieven, von dem sie 1959 durch das Freilichtmuseum übernommen, durch den Mühlenbaumeister Herbert Laasch aus Sudwalde abgebrochen und im gleichen Jahr im Museum wieder aufgebaut wurde.
Am Weg vor der Spieler Mühle können vier Mahlsteine aus Basalt und Granit aus der Nähe besichtigt werden. Auch die gebogenen Rillen sind hier gut zu sehen.
Unterhalb der Mühle steht als erstes Gebäude eines geplanten Hofs aus
52 der Jülich-Dürener Börde eine S c h e u n e aus dem (Spiel benachbarten) Dorf O p h e r t e n (Gemeinde Titz, Kreis Düren). Die Scheune ist queraufgeschlossen und dreizonig. Das Fachwerk zeigt die für diese Landschaft typischen querrechteckigen Gefache: weite Ständerstellung, aber vier Riegelfolgen; Jochstreben, an den Traufenwänden paarig, an den Giebeln verhälste Bundbalken, seitlich der Tenne abgesenkte Bundbalken, die den Ständern durchgezapft sind und einen Krummsäulenstuhl tragen, der nach innen abgestrebt und nach außen durch kurze Stichriegel an die Ständerköpfe angeschlossen ist. Bemerkenswert am Gefüge dieser Scheune ist, daß auch die Schwellriegel in den Quergebinden beiderseits

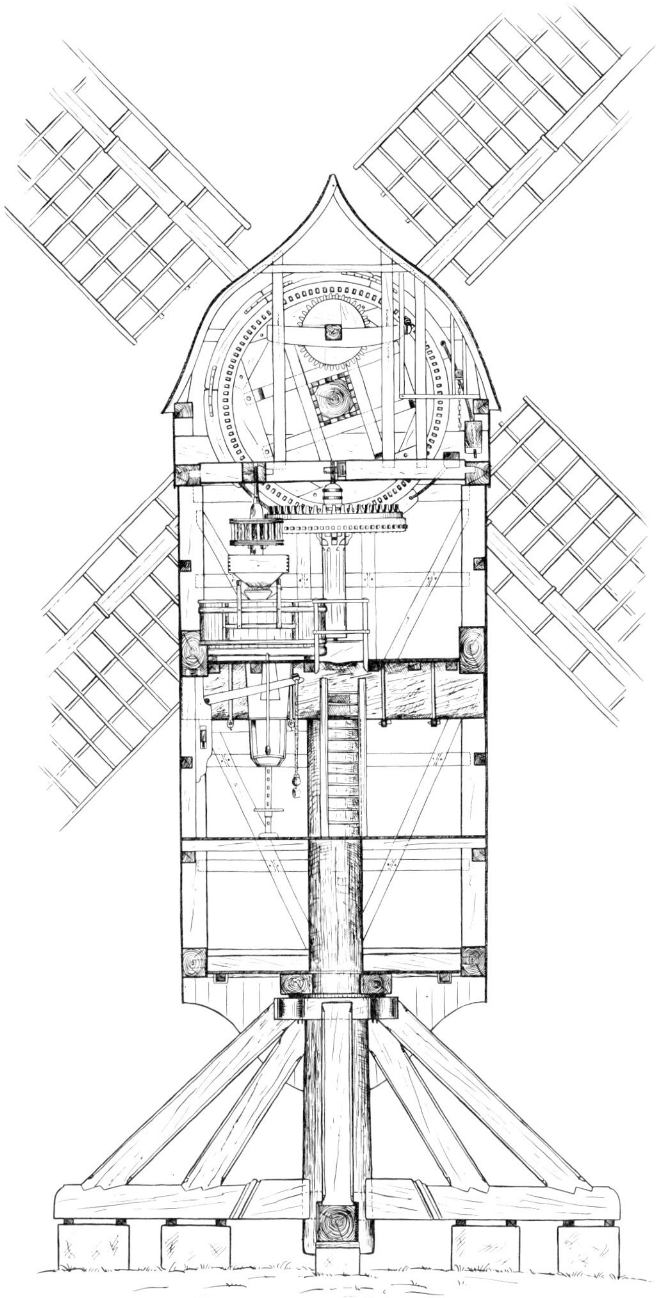

Windmühle aus Spiel: Querschnitt (Maßstab 1:100)

der Tenne wie Bundbalken gestaltet und den Ständerfüßen durchgezapft sind. In der Mitte beider Gebinde führen aus je zwei Ständern hergestellte wandfeste Leitern vom Fußboden bis zum Spannriegel des Krummsäulenstuhls hinauf.
Das Haupthaus des Hofes, von dem diese Scheune stammt, war 1759 datiert. Es ist nicht unwahrscheinlich, daß die Scheune um die gleiche Zeit entstand. Der Hof war von diesem Baujahr bis 1921 im Besitz der Familie Cremer, dann Fischermann. Die Scheune wurde 1961 abgebrochen, 1969 wieder aufgebaut.

Kappenwindmühle aus Cantrup

(Kreis Grafschaft Diepholz)

53 *Vielleicht schon 1712 erbaut. Jüngerer, erst seit um 1700 in Deutschland aufkommender Mühlentyp, bei dem nur die Kappe mit den Flügeln über dem feststehenden Mühlengebäude gedreht wird. Flügel mit vom Boden aus verstellbaren Jalousien. Zwei Mahlgänge.*

Diese Mühle ist der einzige Bau des Freilichtmuseums, der nicht aus dem rheinischen Raum stammt. Cantrup liegt in Niedersachsen zwischen Bassum und Sulingen. In der Zeit des Alten Reichs gehörte der kleine Ort von rund 100 Einwohnern zum Amt Ehrenburg der Grafschaft Hoya.
Die Cantruper Mühle verkörpert gegenüber der Spieler Mühle den jüngeren der beiden wesentlichsten Windmühlentypen Mitteleuropas — die Kappenwindmühle, nach ihrer Herkunft auch Holländerwindmühle genannt. Der entscheidende Fortschritt gegenüber der Bockwindmühle liegt darin, daß nicht mehr das ganze Mühlengebäude in den Wind gedreht werden muß, sondern nur noch das Dach, die Kappe, die die Flügelwelle mit dem Kammrad enthält. Der an der Kappenrückseite befestigte und bis zum Boden reichende Sterz ermöglicht nach dem gleichen Verfahren wie bei der Spieler Mühle das Drehen der Kappe, die mit einem Gleitlager (Rollkranz) auf dem feststehenden Mühlengebäude aufsitzt. Das gesamte übrige Mühlwerk ist im Mühlengebäude unterhalb des beweglichen Teils untergebracht. Daß nicht mehr dieses ganze Werk bewegt werden muß, macht das Drehen leichter, und daß das Mühlengebäude hier fest auf dem Boden aufsteht, ermöglicht größere Abmessungen und Triebwerke als bei der Bockwindmühle. So sehen wir bei der Cantruper Mühle wie bei den meisten Kappenwindmühlen zwei Mahlgänge, die über den in das Kammrad greifenden Bunkler, die Königswelle und das Stirnrad angetrieben werden. In den Zahnkranz des Stirnrads können die Spindelräder der Mahlgänge wahlweise einzeln oder beide ein- und ausgeklinkt werden, so daß bei ausreichendem Wind mit beiden Mahlgängen gemahlen werden kann. Dadurch ist es möglich, Schrot und Feinmehl gleichzeitig in

Kappenwindmühle aus Cantrup

verschiedenen Werken zu mahlen. Eine weitere Neuerung gegenüber der Spieler Mühle ist die Gestaltung der Flügel. Es sind sog. Jalousieflügel, die statt des Gitterwerks der Segelscheite mit leiterförmig angeordneten dünnen Holzplättchen versehen sind, die durch einen Kettenzug im Winkel verstellbar sind und dadurch dem Wind unterschiedliche Angriffsfläche bieten. Es ist nicht mehr nötig, die Flügel vor der Inbetriebnahme zu besteigen, und auch die Regulierung des Laufs und die Anpassung an unterschiedliche Windstärken kann während des Betriebs durch einen Griff zur Kette erfolgen, ohne daß die Mühle jedesmal angehalten werden muß. Der Sackaufzug liegt hier im Innern des Gebäudes. Durch Falltüren in den Böden reicht das Aufzugsseil bis zur Durchfahrt unter der Mühle, von wo die Säcke direkt vom Karren emporgehoben bzw. hinabgelassen werden können. Bemerkenswert ist auch die zimmermannstechnische Konstruktion dieser Mühle. Acht mächtige Eichenständer bilden, leicht nach innen geneigt, einen konischen Achtkant, der durch Riegel und innere, durch Kopfbänder gestützte Balkenkreuze verzimmert ist. Als Außenhaut trägt die Mühle über der Brettschalung des Unterteils eine Reetverkleidung.

Vorbild der mitteleuropäischen Kappenwindmühlen waren die Turmwindmühlen des Mittelmeerraums. Vermutlich im frühen 16. Jahrhundert wurde in den Niederlanden die später unter dem Namen „Holländer" bekannte charakteristische Achteckform der Kappenwindmühle entwickelt. Diese Mühlenform erlebte in der Neuzeit weite Verbreitung über die Niederlande hinaus, doch reichen sichere Belege für Deutschland nicht über die Zeit um 1700 zurück. Vom späten 18. Jahrhundert an wurde sie dann immer mehr von der steinernen Kappenwindmühle verdrängt. Von der Cantruper Mühle ist die Gründungsurkunde erhalten. 1712 wird die kurfürstliche Genehmigung erteilt, „eine neue Windmühle in dem Kirchspiell Schmalvern (= Schmalförden) zwischen dem Dorf Eggenhausen und Cantrup auf der so genannten Landwehr zu erbauen", dabei „ein Platz zum Müllerhause 50 Fuß lang und 30 Fuß breit nebst einem Raum zum Garten dabey von einen halben Morgen". Die Mühle soll in Erbpacht vergeben werden und wie eine im Amt Ehrenburg bereits bestehende Mühle Bannmühle für die Amtseinwohner sein. Aus dieser Gründungsnachricht geht aber nur hervor, daß 1712 die erste Windmühle in Cantrup errichtet wurde, nicht, ob es sich dabei bereits um die bestehende Mühle handelte. Bis zum Ende des vorigen Jahrhunderts wurden offensichtlich wiederholt Erneuerungen am Werk vorgenommen; ob dabei auch ein Neubau des ganzen Gebäudes erfolgte, ist nicht bekannt. Sollte die jetzige Mühle tatsächlich von 1712 stammen, so wäre sie eine der ältesten erhaltenen Kappenwindmühlen. Der Cantruper Mühle ganz ähnliche Kappenwindmühlen entstanden in Norddeutschland aber auch noch bis zur Mitte des 19. Jahrhunderts. Seit den achtziger Jahren des vorigen Jahrhunderts war die Cantruper

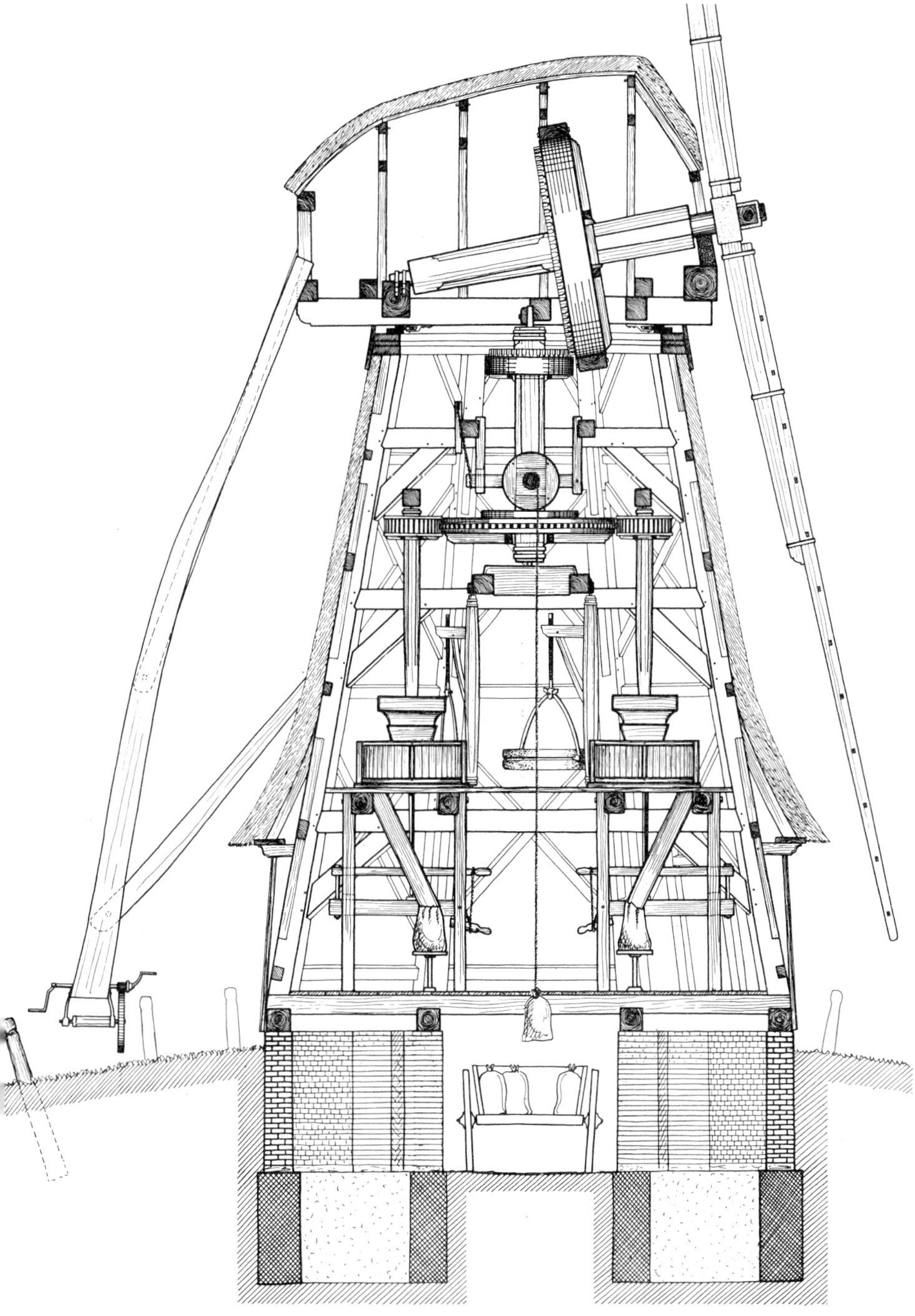

Windmühle aus Cantrup: Längsschnitt (Maßstab 1:100)

Mühle im Besitz der Familie Schröder, die daneben 1910 eine Dampf-, später Motormühle betrieb. Die Windmühle wurde nach 1945 kaum noch betrieben. 1969 wurde sie abgebrochen, 1971—72 im Museum wieder aufgebaut. Dabei wurden einige in Cantrup nicht erhaltene Teile des Triebwerks aus einer in Dimhausen (Gemeinde Hollwedel, Kreis Grafschaft Hoya) abgebrochenen Mühle ergänzt, die Flügel wurden nach dem Vorbild der Cantruper neu angefertigt. Beide Windmühlen sind betriebsbereit und können bei günstigem Wind ihre Flügel drehen. In der Cantruper Mühle wird gelegentlich aus dem im Museumsgelände angebauten Getreide Mehl für den Eigenbedarf gemahlen.

Rechts vom Weg zu den weiteren Gebäuden der Baugruppe Niederrhein
54 ist der Wiederaufbau eines 1959—60 in Viersen abgebrochenen Hofs vorgesehen.

Heyerhof aus Korschenbroich

(Kreis Neuss)

55 *Hofanlage mit Haus, Scheune, Stall und Backhaus. Dreischiffiges Hallenhaus mit Stallteil mit Futterdeele, Herdraum mit Eßplatz (Lucht) und Kammerfach mit Wohn- und Schlafraum, erbaut 1647. Scheune mit Schafstall aus der gleichen Zeit. Stallgebäude und Backhaus von 1845. Der Hof war Zubehör einer adligen Grundherrschaft und an Bauern verpachtet.*

Der Heyerhof war ein Einzelhof in der Bauerschaft Herzbroich nördlich von Korschenbroich. Er gehörte bis 1794 zur reichsunmittelbaren Herrschaft Myllendonk. 1834 hatte der „Kotten Heyerhof" 1 Wohngebäude und 3 Wirtschaftsgebäude mit 5 Einwohnern.

Das Hauptgebäude ist ein dreischiffiges Hallenhaus von vier Fachen. Zwei Fache entfallen auf den Stallteil, je eines auf Herdraum und Kammerfach. Der durch das Tor am Giebel erschlossene Stallteil enthält die Futterdeele im Mittelschiff und die Ställe in den Kübbungen, und zwar links den Pferde-, rechts den Rinderstall. Stallteil und Herdraum sind durch eine Scherwand mit Tür voneinander getrennt. Der Herdraum — mit Feuerstelle und Kamin — ist links in die Kübbung bis zur hier mit mehreren Fenstern versehenen Außenwand erweitert — es entsteht eine sogenannte Lucht, die den Raum dem Tageslicht öffnet. Die Lucht ist der Eßplatz des Hauses. Ihr entspricht auf der rechten Seite eine Kammer. Zwei weitere Kammern liegen zu beiden Seiten dahinter und greifen in das Kammerfach aus. Die linke, hinter der Lucht gelegene war vermutlich der Schlafraum; die rechte weist sich durch unverglaste, nur durch senkrechte hölzerne Verstabung gesicherte Fensteröffnungen, die dem Wind freien Durchzug lassen, und den ehemals davor gelegenen Brunnen als Waschkammer

Haus des Heyerhofs aus Korschenbroich

aus. Der Mittelraum des Kammerfachs ist von gleicher Größe wie der Herdraum und dient wie dieser dem Wohnaufenthalt. Er hat eine eigene Feuerstelle mit Kamin (Doppelkamin über der Herdwand) und ist sowohl vom Herdraum aus wie durch eine Außentür am Giebel zugänglich. Diente der Herdraum dem Aufenthalt und den häuslichen Arbeiten des Alltags, ist dieser zweite Wohnraum gewissermaßen ein „gehobenes", festtägliches Zimmer, eine Art „gute Stube" des Hauses.
Die Gebinde des Hausgerüsts haben je zwei Bundbalken, von denen der untere durch die Ständer gezapft, der obere mit den Ständerköpfen verhälst ist. Beide Bundbalken werden von Kopfbändern gestützt. In der Längsachse sind die Ständer mit den Rähmen durch lange, leicht konvexe Kopfstreben verbunden. Herdraum- und Kammerfach sind durch Zwischenständer mit einem bzw. zwei Bundbalken, aber ohne Kopfstreben, unterteilt. Dies geschah offenbar, um die Zwischendecke — die Deckbalken liegen im ganzen Haus längsverlegt auf den unteren Bundbalken — in diesem Teil des Hauses stärker belastbar zu machen. Denn während dieser Zwischengeschoßraum im Stallteil offenbar kaum benutzt wurde und hier wie im Herdraumfach bis zum First offenblieb, wird im Kammerfach durch Querwand und zweite Decke auf den oberen Bundbalken ein zusätzlicher Obergeschoßraum unter dem Dachboden abgeteilt, der wohl

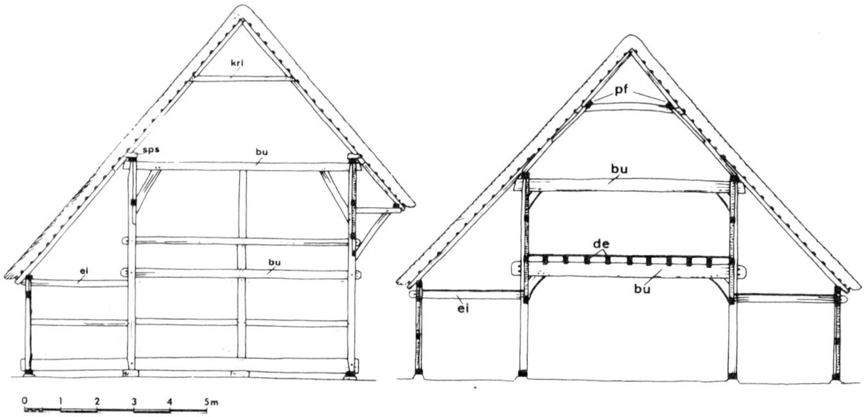

Scheune und Haus des Heyerhofs: Querschnitte

als Speicherkammer diente. Die Kübbungen haben Zwischendecken auf den Einzügen und zwischen diesen verlegten Deckbalken; die darüber gelegenen Räume sind durch die geschlossenen inneren Hochwände vom Mittelschiff getrennt. Die Gespärre sind den Rähmen aufgeklaut. Durch einige Gespärre wird eine Art reduzierter Dachstuhl gebildet: Jedes dritte Sparrenpaar ist nahe dem First mit einem aufgeblatteten Kehlbalken und mit Kopfstreben zu diesen Kehlbalken aufliegenden Pfetten versehen, die die übrigen Gespärre stützen. Das Dach ist am Wohngiebel abgewalmt und an beiden Giebeln über Konsolbändern vorgekragt. Nach einer Torinschrift, die bei einem früheren Umbau verlorengegangen ist, wurde das Haus 1647 erbaut. Dem Stallgiebel des Haupthauses gegenüber liegt die Scheune. Auch sie besteht aus vier Fachen, ist aber queraufgeschlossen und hat nur an der hinteren Traufenwand eine Kübbung. Die Tenne nimmt das zweite Fach ein. Links von ihr befindet sich im ersten Fach die Banse für das Getreide; die beiden Fache rechts der Tenne sind zweigeschossig unterteilt. Das Untergeschoß ist Schafstall, im Obergeschoß dient das dritte Fach als zur Tenne offener Heuboden, das vierte Fach ist durch eine Querwand abgetrennt und nur durch eine Außentür über Leiter zugänglich. Die unteren Bundbalken, die die Zwischendecke tragen, sind den Ständern durchgezapft, die oberen mit den Ständerköpfen verhälst. In der Längsachse haben die Ständer konvexe Kopfstreben zu den Rähmen. Die Strebenblätter auf den Riegeln haben hier Blattnagelung. Abgesehen von der fehlenden Kübbung stimmen also die tragenden Gerüste von Haus und Scheune überein. Anders dagegen die Dachgefüge. Obwohl beide Gebäude gleichzeitig errichtet wurden, weist die an beiden Giebeln abgewalmte Scheune eine altartigere Gestaltung der

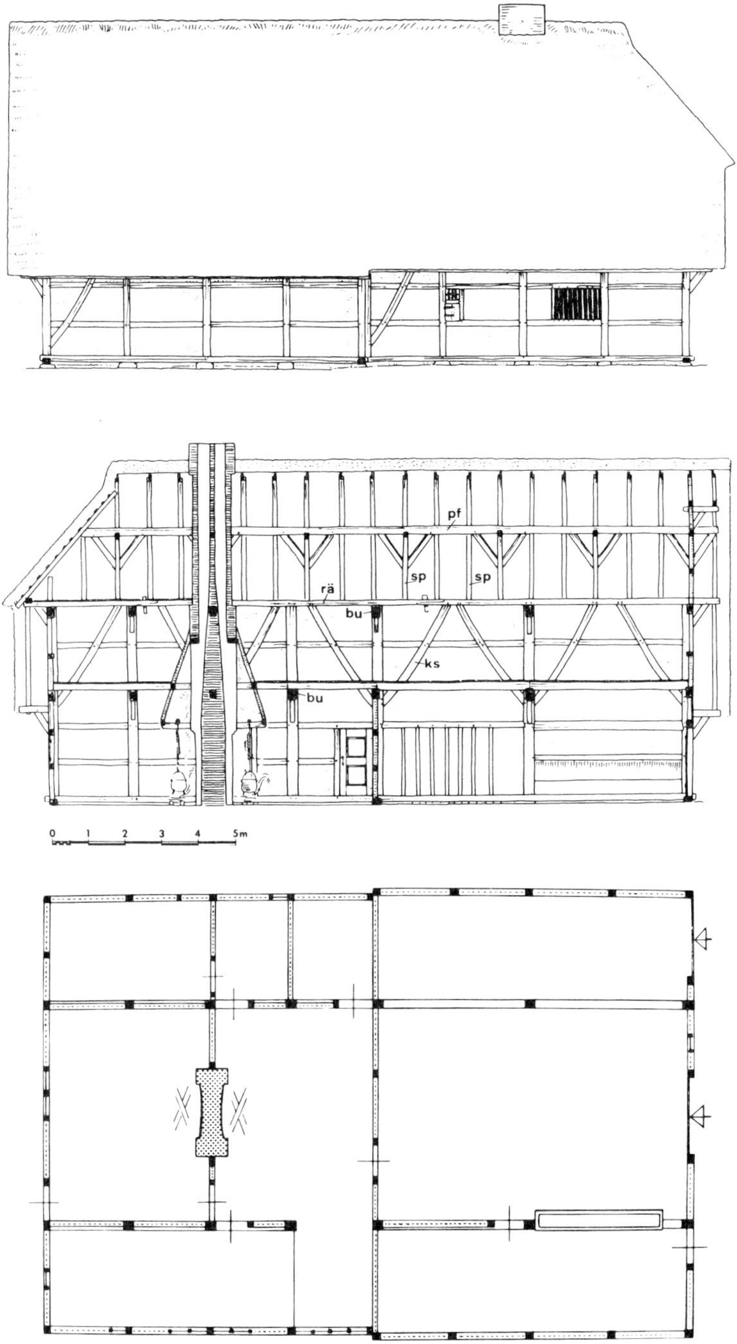

Haus des Heyerhofs: Ansicht, Längsschnitt, Grundriß

Gespärre auf. Sie sind nicht unmittelbar den Rähmen aufgefügt, sondern ruhen auf diesen mit angeblatteten Sparrenschuhen. Diese Zimmerung wurde bereits bei der Baugruppe Eifel beschrieben. Während sich dort aber Dachgefüge mit Sparrenschuhen nach dem 16. Jahrhundert nicht mehr nachweisen lassen, bleiben sie im Gebiet um Mönchengladbach noch im ganzen 17. Jahrhundert geläufig. Die Scheune ist, wie schon gesagt, sehr wahrscheinlich zusammen mit dem Haupthaus 1647 errichtet worden, denn in einem Pachtvertrag von 1650 wird der ganze Hof als neu erbaut bezeichnet.

Zum Hof gehören außerdem ein Stallgebäude an der Hofrückseite, ein eingeschossiger Fachwerkbau mit vier Stallräumen und einer Remise, mit als Drempel eingetieftem Zwischenboden auf durchgezapften Bundbalken (die Bundbalken der Giebelwände hingegen sind am Ständerkopf verhälst) und Krummsäulenstuhl im Dach, sowie das hinter dem Haupthaus gelegene Backhaus, ein kleines, in seinem Fachwerk ganz ähnliches Gebäude mit aus Backstein aufgemauertem Backofen im Innern, durchgezapften Bundbalken und Krummsäulenstuhl. Der Stall ist inschriftlich 1845 datiert; das Backhaus dürfte um die gleiche Zeit entstanden sein.

Der Heyerhof war altes Zubehör des Schlosses Myllendonk. Seit dem 16. Jahrhundert sind Aufzeichnungen über die Verpachtungen erhalten. 1556 gehörten zu ihm 82½ Morgen Ackerland. 1579 wurde er mit 62 Morgen Ackerland und 5 Morgen Wiesen auf zwölf Jahre verpachtet und hatte 62 Malter Roggen und je 31 Malter Gerste und Hafer als Pacht zu liefern. 1556 wird Flachsbau genannt, 1573 die Schafhaltung. Nachdem 1634 reichlich 12 Morgen vom Hofland „abgesplissen" worden waren, hatte 1650 „dieser new erbawete Heyer Hoff" von 65 Morgen Ackerland und 2 Morgen Wiesen noch je 33½ Malter Roggen und Hafer und 10 Malter Sommergerste — neben anderen Abgaben — an Pacht zu zahlen. Eine undatierte Notiz über die Pachtmodalitäten des Hofes gibt an, er habe „vorhin gehabt Arthland 100 Morgen, weilen aber Pfächter den großen Baw geschewet, sondern geringere Morgen Zahl angepfachtet, befindet sich also der Hoff was besähet und in die Stürtze zugerichtet ohngefehr 65 Morgen. ... Eine Schäfferei halt der Herr auff dem Hoff, die durch die gantze Herrschafft ihren Weidgang hat. Der Hoff hat seinen Baum- und Musgarten in seinen Zäunen ..." 1791 erwarb Heinrich Schmitz für 1200 Reichsthaler das Erbpachtrecht am Heyerhof. Der erhaltene Kontrakt nennt als Zubehör 50 Morgen Ackerland, 2 Morgen Wiesen, 4 Morgen Holzung, insgesamt — mit Garten und Hofland — 67 Morgen Grund. Die jährliche Pacht ist inzwischen in Geld umgewandelt und beträgt jetzt 139 Reichsthaler 50 Stüber. Außerdem müssen aber — wie das ganze 18. Jahrhundert hindurch — an Naturalien noch 200 Eier und 50 Pfund Butter jährlich auf das Schloß geliefert werden, ein Beleg für Rinder- und Hühnerhaltung auf dem Hof. 1803 kauften die Besitzer von Myllendonk

Im Heyerhof aus Korschenbroich

den Hof zurück. In der Folgezeit war er an verschiedene Pächterfamilien vergeben. Um 1880 brannten das Torhaus und ein Stall ab. 1933 wurde das Haupthaus teilweise erneuert. Kriegsschäden erforderten nach 1945 abermals Erneuerungen. Während das tragende Gerüst des Hauses im wesentlichen erhalten blieb, war das Äußere danach stark verändert. Der Stallgiebel war vollständig in Backsteinbau aufgeführt und mußte beim Wiederaufbau in Anlehnung an die erhaltenen Fachwerkteile des Wohngiebels und nach Vergleichsbeispielen im Umkreis rekonstruiert werden. Weitaus besser erhalten waren Scheune, Stall und Backhaus. Der Hof wurde 1971—72 abgebrochen und 1973—75 im Freilichtmuseum wieder aufgebaut. Es ist ein seltener Glücksfall, daß ein ganzer Hof ins Museum übertragen werden konnte. Nur das Torhaus, das ursprünglich das Anwesen auf der Straßenseite abschloß, fehlt.

Hausrat: Größter und auffälligster Einrichtungsgegenstand des Herdraums ist das Tretrad an der Scherwand. Ein darin laufender Hund betrieb damit das angeschlossene Butterfaß. Das Tretrad stammt aus dem Hof selbst und stand dort an der gleichen Stelle. Die Kaminplatte zeigt Christus und die Samariterin am Brunnen, sie stammt aus einer Siegener Hütte und gehört der zweiten Hälfte des 17. Jahrhunderts an. Rechts von der Herdstelle hängt ein hölzernes Salzfaß. Ein Foto zeigt den Hof an seinem alten Platz im Luftbild. In der Schlafkammer stammt das Himmelbett aus Mariaweiler bei Düren, der 1784 datierte Schrank aus Süchteln-Hagen, die Truhe von 1715 aus Neukirchen bei Moers, die kleine Truhe aus Nierst bei Krefeld. Im Wohnraum des Kammerfachs steht ein Milchschrank aus Viersen und eine Truhe aus dem Selfkant.
Um den Garten beim Haus wächst eine Eibenhecke heran, die später einmal figürlich geschnitten werden soll. Der Buschsaum hinter dem Hof besteht unter anderem aus Silberpappel, Grauweide, Birke, Ilex, Bergahorn und Gemeinem Schneeball. Im Teich in der Weide hinter der Scheune wachsen Kanadische Wasserpest, Kleine Wasserlinse und Ufersegge; um den Teich stehen Grauweiden.

Speicher aus Mönchengladbach-Lürrip

56 *Bäuerliches Vorratsgebäude in spätmittelalterlichem Fachwerkbau, erbaut um die Mitte des 15. Jahrhunderts, zur Sicherheit von Wassergraben (Gräfte) umgeben.*

Die drei aus dem Stadtgebiet von Mönchengladbach übernommenen Gebäude gehörten zu Höfen, die zum Zeitpunkt des Abbruchs völlig von städtischer Bebauung umschlossen waren. Straßennamen halten die Erinnerung an die Dörfer wach, denen sie ehemals zugehörten und die seit dem vorigen Jahrhundert allmählich in der durch die Industrialisierung rasch wachsenden Stadt aufgegangen sind. Seit der Mitte des 19. Jahrhunderts wurde Mönchengladbach, das einem 984 gegründeten Benediktinerkloster seinen Ursprung verdankt und 1364/66 Stadtrecht erhalten hatte, zu einem Zentrum der Baumwollspinnerei und -weberei, das um 1900 den Beinamen „Rheinisches Manchester“ trug. Die Museumsbauten stammen aus den ehemaligen Dörfern Lürrip, Engelbleck und Hoven in der ehemaligen Gemeinde Neuwerk, die ihren Namen nach einem kurz vor 1135 von Gladbach aus gegründeten Benediktinerinnenkloster erhielt. 1921 wurde Neuwerk nach Mönchengladbach eingemeindet. Ein großer

Speicher aus Mönchengladbach-Lürrip

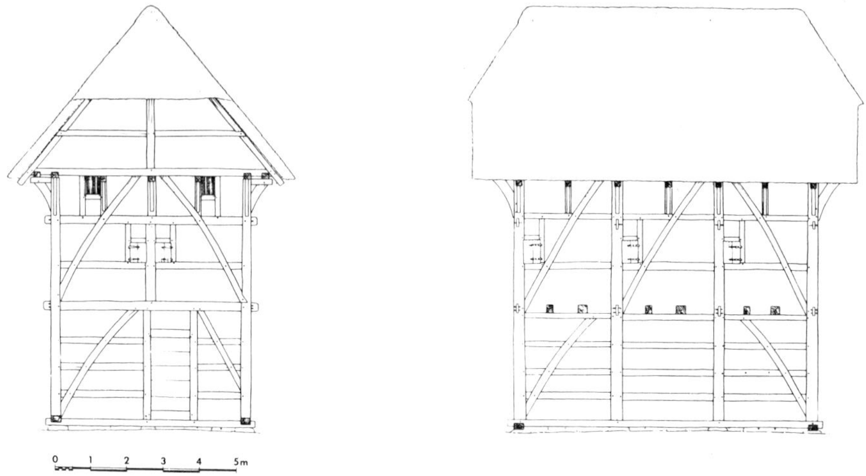

Speicher aus Mönchengladbach-Lürrip: Ansichten und Querschnitt

Teil des heutigen Stadtgebiets mit den genannten drei Dörfern bildete bis 1794 das Amt Gladbach im Herzogtum Jülich. Das Dorf Lürrip hatte 1834 122 Häuser und 75 Wirtschaftsgebäude mit 715 Einwohnern.
Der Speicher ist ein zweigeschossiger Fachwerk-Ständerbau von drei Fachen. Über beiden Geschossen sind die Bundbalken den Ständern durchgezapft, die oberen dabei so weit abgesenkt, daß darüber noch ein Drempel von halber Geschoßhöhe gebildet wird. Am Dachfuß haben die Giebelwände eigene Giebelrähme, die den Rähmen der Traufenwände aufgekämmt sind. In den Wänden sind die Ständer mit langen, leicht konkaven Kopfstreben versehen, die den Riegeln und — an den Giebeln — den Bundbalken überblattet und den Rähmen aufgeblattet sind; die Eckständer haben zusätzliche Streben im Untergeschoß, die bis zu den unteren Bundbalken reichen. In den Gebinden stützen sehr kräftige Kopfbänder die Bundbalken. Unterschiedlich sind die Decken über beiden Geschossen konstruiert. Während die Deckbalken über dem Obergeschoß den Bundbalken aufgelegt sind, liegen sie über dem Untergeschoß zwischen den Bundbalken und parallel zu diesen auf den Geschoßriegeln der Traufenwände, und zwar zwei je Fach. Das Obergeschoß hat also die gewohnte Längsbalkenlage, das Untergeschoß hingegen eine Querbalkenlage, die die Bundbalken einbezieht. Auch das Fachwerk ist in beiden Geschossen unterschiedlich gestaltet und zeigt einige ungewöhnliche Merkmale. Von außen fällt zunächst auf, daß die Riegel im Untergeschoß sehr viel dichter angeordnet sind. Drei Riegelfolgen im Untergeschoß ent-

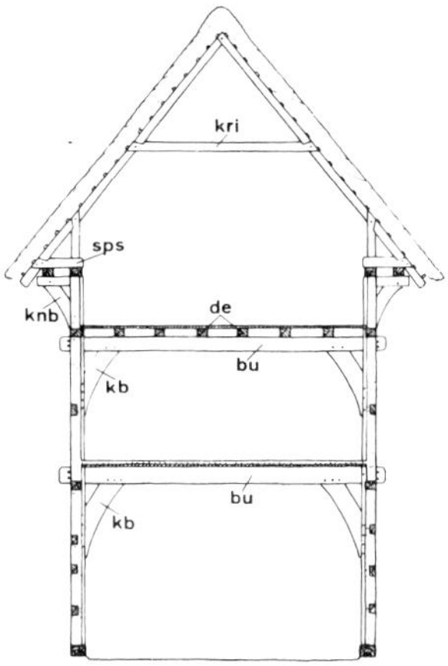

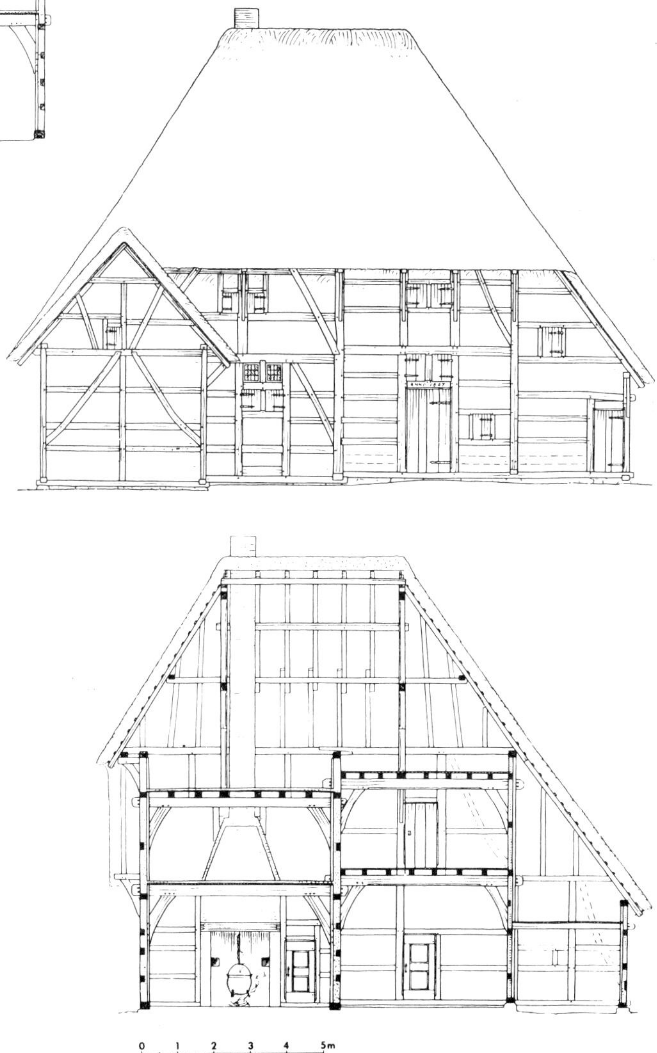

Der Speicher nach dem Umbau zum Wohnhaus 1607

spricht nur eine im Obergeschoß. Alle diese Riegel aber haben nur halbe Wandstärke. Allein die beiden in Höhe der Zwischendecken eingezogenen Geschoßriegel sind — wie die ihnen entsprechenden Bundbalken in den Giebeln — wandstark bemessen. Infolgedessen sind die Wandfelder mit Staken ausgefüllt, die hinter den Zwischenriegeln jeweils über die Höhe eines ganzen Geschosses reichen und an die Zwischenriegel von innen mit Eisennägeln angeschlagen sind. Im Untergeschoß ist aber zusätzlich eine zweite Stakung eingefügt. Sie sitzt vor den geschoßhohen Staken in den Nuten und Stakenlöchern der Zwischenriegel. Das Untergeschoßfachwerk hat also eine doppelte Wandfüllung, die als Schutz vor Dieben zu verstehen ist, da sie ein gewaltsames Einbrechen durch die Wand verhindert oder zumindest sehr erschwert.

Als Wetterschutz für die hohen Wände springt das Dach allseitig weit vor. Dies geschieht auf Stichbalken über Konsolbändern. Beide sind in die Ständer gezapft; da deren Abstände aber den Erbauern für die Dachlast zu groß erschienen, wurden zwischen die Ständer in den obersten Gefachen zusätzliche Stiele eingefügt, die gleichfalls Stichbalken und Konsolbänder aufnehmen, so daß der Bau insgesamt 24 solche Tragekonstruktionen für den Dachüberstand besitzt. Das Dachgefüge besteht aus Gespärren mit aufgeblatteten Kehlbalken, die mit durch Winkelstiele gesicherten Sparrenschuhen auf den Rähmen und zusätzlichen, den Stichbalkenköpfen aufliegenden Sparrenschwellen stehen. Das ergibt für den Dachfuß eine sehr solide und statisch sichere Zimmerung.

Die verschiedenen Einzelmerkmale dieses Fachwerks lassen zusammengenommen auf ein besonders hohes Alter des Speichers schließen. Im Vergleich mit anderen frühen Fachwerkbauten, von denen in Mönchengladbach und Umgebung erstaunlich viele bis in unsere Zeit erhaltenblieben, läßt sich das mittlere 15. Jahrhundert als Bauzeit vermuten. Der Speicher wäre damit das älteste Bauwerk im Freilichtmuseum. Genaueren Aufschluß wird erst die dendrochronologische Untersuchung von Holzproben des Fachwerks erbringen. Das Gebäude blieb allerdings nicht in dem Zustand, den es nach seinem Wiederaufbau im Museum zeigt. Offenbar wurde der Hof, zu dem der Speicher ursprünglich gehörte, 1607 geteilt, denn in diesem Jahr wurde der Bau durch zweiseitige Zubauten, die seine Grundfläche auf das Vierfache vergrößerten, und den Einbau einer Herdstelle mit Kamin zum Wohnstallhaus erweitert und war fortan Haupthaus eines selbständigen Anwesens. Das in den Erweiterungsbau eingefügte Deelentor trug im Sturz die Bauinschrift ANNO. 1607. DEN 15. MARTIVS. Das neue, vergrößerte Gebäude erhielt auch ein neues Dachwerk. Jedoch ließ sich der alte Zustand beim Abbruch rekonstruieren, da mehrere Sparren des Speichers in Zweitverwendung erhalten blieben. In diesem Hof wurde 1617 Wilhelm Nakatenus SJ, Verfasser des „Himmlischen Palmgärtleins", geboren. Auch später wurde das Gebäude mehrfach verändert,

doch blieb sein alter Kern mit Ausnahme einiger Türeinbrüche erstaunlich gut erhalten, so daß es möglich war, ihn beim Abbruch aus den Zubauten herauszuschälen und in seinem ursprünglichen Zustand wieder aufzubauen. Nur die Dachform mit den Halbwalmen und die Brettschalung der vorgekragten Giebeldreiecke ist freie Rekonstruktion, die sich aber auf entsprechende Befunde bei anderen Speichern des Gebiets stützen kann. Der Bau wurde 1964 in Mönchengladbach, Neusser Straße 117, abgebrochen und 1975 im Museum wieder aufgebaut. Die beim Wiederaufbau um den Speicher angelegte Gräfte ist bei vielen niederdeutschen Speicherbauten als zusätzlicher Schutz gegen Diebe und vor allem gegen Brand anzutreffen.
Pflanzen: Im Wasser der Gräfte wächst das Schwimmende Laichkraut. Der Strauchsaum um die Gräfte besteht aus Korbweide, Grauweide, Sanddorn und Eibe.

Haus aus Mönchengladbach-Engelbleck und Scheune aus Mönchengladbach-Hoven

Eines der ältesten niederrheinischen Hallenhäuser, erbaut 1476, im Mittelschiff Wohnstall-Einraum mit Feuerstelle ohne Rauchabzug, besonders altertümliche Fachwerkzimmerung. Scheune aus der 2. Hälfte des 17. Jahrhunderts. **57**

Die ehemaligen Dörfer Engelbleck und Hoven sind seit 1921 Teil der Stadt Mönchengladbach. Sie gehörten bis 1794 zum Amt Gladbach im Herzogtum Jülich. Engelbleck hatte 1834 47 Häuser und 23 Wirtschaftsgebäude mit 280 Einwohnern, Hoven im gleichen Jahr 97 Häuser und 74 Wirtschaftsgebäude mit 498 Einwohnern.
Das Haus ist ein dreischiffiges Hallenhaus von vier Fachen. Die Inneneinteilung weicht jedoch erheblich von der bei Hallenhäusern gewohnten Gliederung ab. Das Tor am hofseitigen Giebel führt unmittelbar in den Stall, der das erste Fach einnimmt, sich aber quer über Mittelteil und beide Kübbungen erstreckt. Alle weiteren Fache bildeten im Mittelteil einen einzigen hohen Raum, der auch zum Stall hin offen war. Das Vieh wurde sehr wahrscheinlich von diesem Hauptraum aus gefüttert. Der Hauptraum ist durch eine Tür am anderen Giebel von außen zu betreten. Im letzten Fach, vor diesem Giebel, lag die (ursprüngliche) Feuerstelle. Ihre Lage ließ sich aus der darüber eingezogenen Rauchbühne ermitteln. Über dem Stall im ersten Fach ist auf einer Zwischendecke eine Kammer eingebaut, die sich durch eine nur mit Leiter erreichbare Tür zum Hauptraum öffnet. Der große Raum, in den beiden mittleren Fachen bis zu den Bundbalken 4,20 m hoch, war Herdraum (ohne Rauchabzug), Wohn- und Arbeitsraum in einem und ging ohne Trennung in den Stall über. Hier lebten Mensch und

Vieh in Luftgemeinschaft, hier wurde gearbeitet, gekocht, gegessen und geschlafen — in einer Form häuslichen Aufenthalts, die uns heute fast unvorstellbar geworden ist und die wir eher mit dem Wort „Hausen“ als mit „Wohnen“ umschreiben können. Welche innere Unterteilung dieser Großraum hatte, welche Möbel in ihm standen und wie sie gestellt waren, wissen wir nicht. Als Schlafmöbel hat man sich wohl ein (freistehendes?) Kasten- oder Schrankbett vorzustellen. Die Funktion der abgetrennten Kübbungsräume ist unbekannt.
Der Zustand des Inneren nach dem Wiederaufbau im Museum ist ein Versuch, dieses ursprüngliche Raumbild wiederherzustellen, so weit es sich aus den Bauuntersuchungen während des Abbruchs ermitteln ließ. Gerhard Eitzen, der Abbruch und Wiederaufbau leitete und diese Untersuchungen durchführte, konnte sich dabei außer auf Befunde an diesem Gebäude auf mehrere Vergleichsbeispiele im Gebiet von Mönchengladbach stützen. Natürlich hat ein so altartiges Raumgefüge wiederholte Umbauten erfahren, um es den veränderten Ansprüchen an Wohn- und Wirtschaftsräume anzupassen. Dabei wurde in einer älteren Umbauphase die Inneneinteilung mit Futterdeele, Ställen in den Kübbungen und Scherwand zwischen Deele und Herdraum dem bei den niederrheinischen Hallenhäusern üblichen Grundriß angepaßt. Bei jüngeren Veränderungen wurden dann Stall und Deele zugunsten einer Ausweitung der Wohnräume wieder zurückgedrängt. Der letzte Umbau des Hauses erfolgte 1946.
In seinen wesentlichen Teilen erhalten blieb das tragende Gerüst. Die Ständerpaare haben etwas abgesenkte durchgezapfte Bundbalken, die die Längsbalkendecke tragen. Im ersten und im letzten Fach sind zur Aufnahme der Zwischendecke bzw. Rauchbühne zusätzliche untere Bundbalken eingezogen. Die Giebelwände haben außerdem den Rähmen der Ständerreihen aufgekämmte Giebelrähme. In den Hochwänden und an den Giebeln haben die Ständer lange konkave Kopfstreben, die den Riegeln bzw. Bundbalken überblattet und den Rähmen aufgeblattet sind; die Bundbalken sind durch kräftige Kopfbänder gestützt. Die Einzüge in den Kübbungen sind den Außenwandrähmen aufgekämmt. Die Gespärre stehen mit Sparrenschuhen auf den Hochwandrähmen und sind durch aufgeblattete Kehlbalken verbunden. Das Dach ist abgewalmt und giebelseitig über Konsolbändern vorgekragt. Ungewöhnlich ist, daß vom Fachwerk von außen nur sehr wenig zu sehen ist. An diesem Haus sind nämlich die Außenwände nicht wie sonst außen-, sondern innenbündig gezimmert, so daß von außen nur diejenigen Hölzer sichtbar werden, die volle Wandstärke haben. Alle schwächeren Hölzer sowie die durch Baumkanten verursachten Unregelmäßigkeiten im Holz verschwinden unter der Lehmverkleidung. Es ist zu vermuten, daß ursprünglich das gesamte Fachwerk an den Außenwänden mit einer Lehmverkleidung überzogen war. Alle

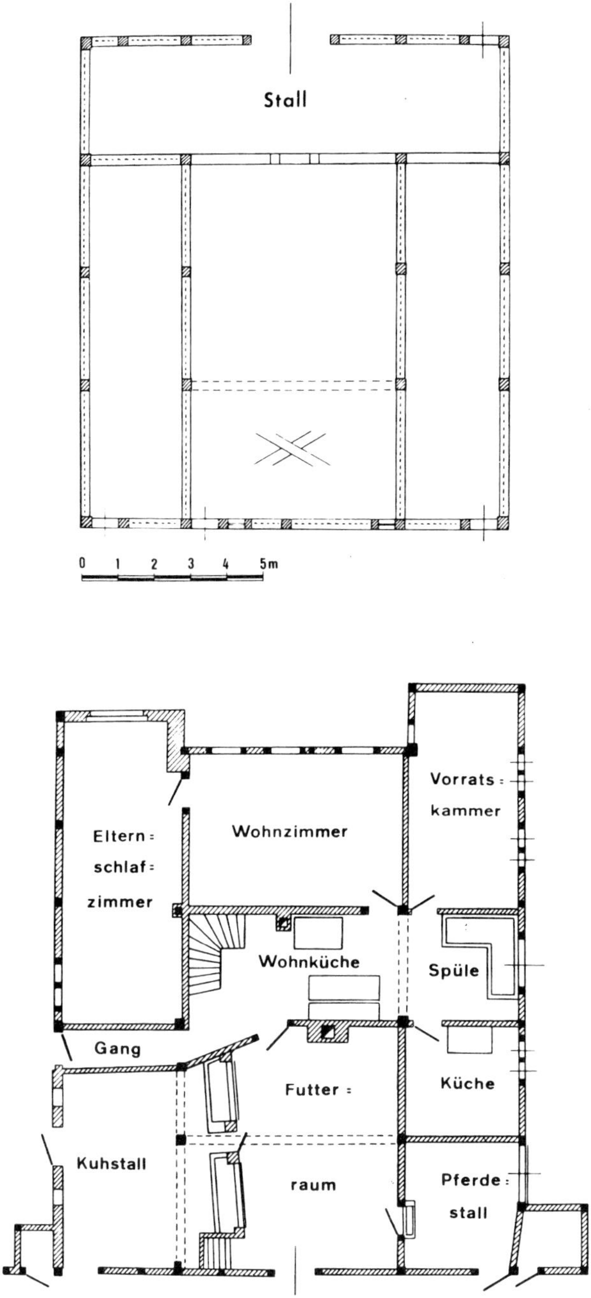

Haus aus Mönchengladbach-Engelbleck:
Grundriß im ursprünglichen Zustand und nach 1946

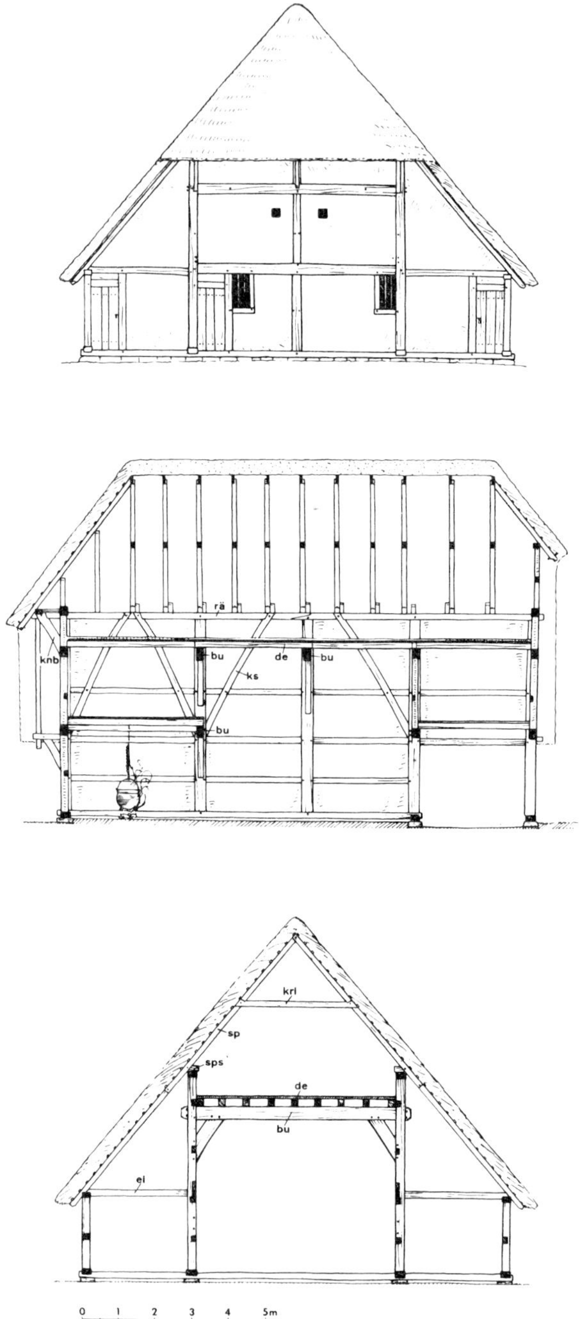

Haus aus Mönchengladbach-Engelbleck:
Giebelansicht, Längs- und Querschnitt

Haus aus Mönchengladbach-Engelbleck

genannten Merkmale des Hausgefüges — Einraum, Querstall, aufgekämmte Einzüge und Giebelrähme, Verblattungen der Kopfstreben, deren konkave Form, Sparrenschuhe und aufgeblattete Kehlbalken — sind Hinweise auf das hohe Alter des Gebäudes und seine Entstehung in spätmittelalterlicher Zeit. Die dendrochronologische Untersuchung hat dies bestätigt und als Baujahr des Hauses 1476 ergeben.
Das Haus wurde 1964 in Mönchengladbach, Engelblecker Str. 211, abgebrochen und 1972 im Museum wieder aufgebaut.
Jünger als das Haus ist die Scheune, die allerdings von einem Hof

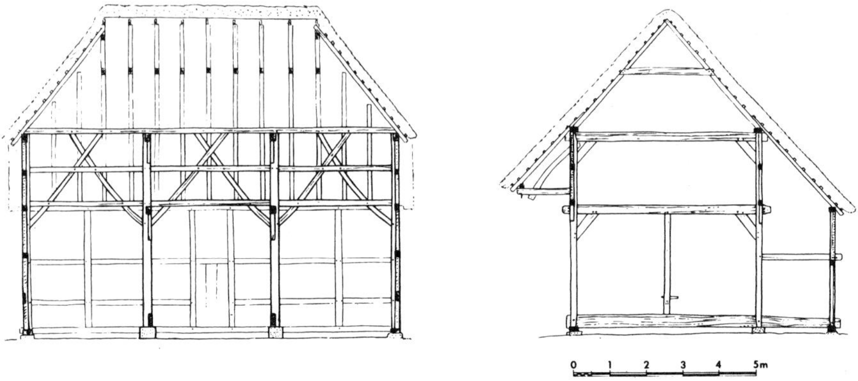

Scheune aus Mönchengladbach-Hoven: Längs- und Querschnitt

stammt, zu dem ein Haupthaus gehörte, das in seinem Baugefüge noch altertümlichere Merkmale zeigte als das Engelblecker Haus und mit Sicherheit wie dieses dem 15. Jahrhundert entstammte. Zum Zeitpunkt des Abbruchs der Scheune war das Haus bereits vollständig umgebaut. Die Scheune besteht aus drei Fachen und ist queraufgeschlossen. Rückseitig hat sie eine Kübbung. Die Tenne nimmt das mittlere Fach ein, zu beiden Seiten liegen Bansen. Die Ständer haben Kopfstreben, hier schon in der jüngeren, konvexen Form, die den Riegeln überblattet sind und sich traufseitig in den Obergefachen überkreuzen, in die Rähme aber eingezapft wurden. Die Bundbalken sind mit den Ständerköpfen verhälst, zusätzliche untere Bundbalken beiderseits der Tenne sind den Ständern durchgezapft. Die Einzüge der Kübbungen sind durch die hinteren Wandständer gezapft. Hinzuweisen ist auch auf den sorgfältigen Querverband der Schwellen in den beiden inneren Gebinden: sie sind, gewissermaßen als Gegenstücke zu den Bundbalken, mit den Ständerfüßen verhälst. Die Gespärre des Daches stehen unmittelbar auf den Rähmen; sie werden durch aufgeblattete Kehlriegel versteift. Hofseitig ist das Dach auf Stichbalken weit vorgezogen, die an den Ecken durch lange Konsolbänder gestützt, an den mittleren Bundständern durch gebogene Streben von oben abgefangen werden. An beiden Giebeln ist das Dach abgewalmt. Die Scheune entstand vermutlich in der zweiten Hälfte des 17. Jahrhunderts. Sie wurde 1964 in Mönchengladbach, Hovener Straße 59, abgebrochen und 1971 im Museum wieder aufgebaut.

Baugruppe Bergisches Land

Die Baugruppe Bergisches Land erfaßt als einzige der vier Baugruppen des Museums keine landschaftliche, sondern eine historische Einheit: das Herzogtum Berg, wie es bis zum Spätmittelalter als geschlossenes rechtsrheinisches Staatsgebiet zwischen Ruhr und Westerwald entstand, unter Einschluß der beiden selbständig gebliebenen Herrschaften Gimborn und Homburg. Nicht die Berge waren es, die dieser Mittelgebirgslandschaft den Namen gaben, sondern der Stammsitz der Grafen, ihr Burgplatz Berg, der nach ihrem Umzug nach Burg an der Wupper den Namen Altenberg annahm und seither durch das 1133 von den Grafen an ihrem alten Sitz gestiftete Zisterzienserkloster bekannt ist, in dem die Grafen von Berg auch ihre Grablege behielten. Das Bergische Land ist wie die anderen rheinischen Mittelgebirgslandschaften Teil des Rheinischen Schiefergebirges; sein Untergrund besteht aus Schiefer und Grauwacke, örtlich aus Sandstein und Kalkstein. Die Jahresniederschläge steigen von 600—700 mm am Rhein bis auf 1200—1300 mm um die obere Wupper zwischen Radevormwald und Gummersbach. Das Landschaftsbild wird noch heute von großen Waldgebieten geprägt, die aber seit dem beginnenden 19. Jahrhundert großenteils von den einstigen Laubwäldern, aus denen im Laufe der Zeit Schlagbüsche, d. h. Eichen-Niederwälder, geworden waren, in Nadelholzforste umgewandelt sind.

Erst spät wurde dieses Gebiet durch Rodungen für die Siedlung erschlossen. Bis zum Hochmittelalter waren vom Rhein her im wesentlichen nur die Ränder des Berglands ständig besiedelt; der erste Rodungsvorstoß ins Innere des Berglands erfolgte zwischen der zweiten Hälfte des 9. und dem Anfang des 13. Jahrhunderts. Die Besiedlung geschah in Einzelhöfen oder kleinen Hofgruppen, aus denen sich durch Besitzteilungen und Siedlungsausbau die bis heute für das Bergische Land typischen kleinen Weilersiedlungen entwickelten, die heute das ganze Land mehr oder weniger dicht überziehen und zwischen denen auch immer wieder neue Einzelhöfe und -häuser entstanden. Nur um die Kirchen kam es durch Handwerker- oder Händlerniederlassung auch zu größeren, dorfartigen Siedlungen.

Ackerbau wurde als Dreifelderwirtschaft, in älterer Zeit und in ungünstigen Lagen auch als Feldgraswirtschaft betrieben. Größere Bedeutung hatte im Bergland die Viehhaltung; neben Brach- und Stoppelweide stand insbesondere die Waldweide zur Verfügung; Winterfutter brachten die in Senken und längs der Bäche angelegten Wiesen. Beim Haus lag oft nur die meist mit Obstbäumen bepflanzte Hauswiese; die Gemüsegärten lagen

Häuser aus Eulenbruch (links) und Kalsbach (rechts)

oft nicht bei den einzelnen Häusern, sondern zu jeweils mehreren an Plätzen besserer Bodengüte als von Zäunen oder Hecken umschlossene Gartengewanne beisammen. Angebaut wurden im Bergland vor allem Hafer und Roggen; nur auf den fruchtbaren Böden in der Rheinebene gab es schon im 16. Jahrhundert Weizenanbau. Wie in den anderen Teilen des Rheinlands wurde im 18. Jahrhundert die Kartoffel eingeführt, zunächst als Garten-, später als Feldfrucht. Kartoffel- und Rübenanbau ebenso wie die Aufnahme des Kleeanbaus als Viehfutterpflanze im 19. Jahrhundert führten zu veränderten Fruchtfolgen und intensiverer Ackernutzung und zugleich zur ständigen Stallhaltung des Viehs anstelle des sommerlichen Weidgangs, um den für die stärkere Düngung erforderlichen Mistbedarf zu dekken.

Zwei Grenzen durchziehen im Nordteil, im Niederbergischen, das Gebiet. Um Ratingen, Mettmann, Velbert, Lennep und Wipperfürth war Anerbenrecht üblich, südlich davon um Solingen und Gummersbach und im ganzen Süden des Bergischen Lands die Realteilung. Diese Grenze zeichnet sich auch im Siedlungsbild ab durch das stärkere Hervortreten der Einzelhöfe im Norden gegenüber der Weilerbildung im Süden. Sie fällt im wesentlichen zusammen mit der Südgrenze des Hallenhauses.

Das Hallenhaus im Bergischen unterscheidet sich aber durch seine andersartige Zimmerung vom Hausbau am Niederrhein. Es ist kein Zwei-,

Haus aus Rhinschenschmidthausen

sondern ein Vierständerbau mit Dachbalkenzimmerung. Die Seitenschiffe liegen nicht als Kübbungen unter einem abgeschleppten Dach, sondern haben gleiche Höhe wie das Mittelschiff; die Futterkammern über den Ställen sind als volles Obergeschoß ausgebildet. Auch das Kammerfach entwickelt sich im 17. Jahrhundert zur Zweigeschossigkeit. In anderer Hinsicht bestehen regionale Unterschiede vor allem zwischen West und Ost: im Niederbergischen um Ratingen setzt sich wie am Niederrhein früh die Trennung von Wohn- und Stallteil durch die Scherwand durch, im Oberbergischen um Wipperfürth bleibt wie im benachbarten westfälischen Gebiet der Herdraum als Flett zum Stallteil hin offen. An der Verbreitungsgrenze und im 18. Jahrhundert auch im Hallenhausgebiet selbst entstehen Sonderformen wie das Hallenhaus ohne Deelentor oder das Querdeelenhaus (Tor traufseitig). Südwärts folgen auf die Hallenhäuser queraufgeschlossene Wohnstallhäuser, die in ihrer älteren Form die räumliche Verbindung von Herdraum und Stall mit dem älteren (östlichen) Hallenhaus gemeinsam haben (s. Haus aus Kalsbach). Ganz im Süden und im Südwesten, zum Rhein hin, ist getrennte Bauweise von Haus und Stall üblich. Dort zeigen sich auch mehrfach westliche Einflüsse: Querbindergefüge mit Bundbalken, Drempelbau und hölzerner Rauchschlot sind im Rheintal und vor allem im Gebiet der unteren Sieg auch auf der bergischen Rheinseite zu finden. Im größten Teil des Bergischen Lands aber ist das

Bauernhaus bis zum Aufkommen der gemauerten Schornsteine im 18. Jahrhundert Rauchhaus geblieben. Neben der Stubenheizung durch Eisenöfen kommt die Takenheizung bis in den Gummersbacher Raum vor. Die auffallende Größe vieler älterer Häuser auch südlich der Erbrechtsgrenze weist wohl in eine Zeit relativen Wohlstands in der Ausbauphase der ländlichen Siedlung zurück. Als mit zunehmender Siedlungsverdichtung ein Landzugewinn durch Neurodung im Erbteilungsfall nicht mehr möglich war und auch hier die Grundbesitzzersplitterung einsetzte, wurden kleinere Häuser gebaut, ältere Nebengebäude zu Wohnhäusern ausgebaut, aber auch die Haupthäuser der Höfe geteilt. Es war üblich, daß auch der Hofgrund geteilt wurde, aber in gemeinsamer Nutzung verblieb, solange er nicht zu Bauzwecken gebraucht wurde. Bei größeren queraufgeschlossenen Häusern war die Teilung in der Firstlinie üblich, bei der durch eine Trennwand in der Längsrichtung des Hauses den beiden Teilbesitzern von allen Raumzonen jeweils die Hälfte verblieb, ohne daß deren Nutzung völlig geändert werden mußte. Der Dachraum blieb dabei oft in gemeinsamen Gebrauch. Einschneidende Veränderungen ergaben sich bei der Teilung kleinerer Gebäude, die wegen der geringeren Haustiefe nur quer zum First möglich war, oder wenn — was nicht selten vorkam — schon einmal längsgeteilte Häuser in der Querachse weiter unterteilt wurden. Auf oberbergischen Urkatasterkarten um 1820—30 ist ein großer Teil der dargestellten Höfe geteilt, darunter aber öfter nicht nur unter zwei, sondern — vor allem bei nicht mehr bäuerlicher Nutzung — auch unter vier bis sechs Besitzer. Da jeder Teilbesitzer versuchte, seinen Hausanteil den individuellen Erfordernissen anzupassen und je nach Vermögen auszugestalten, führte dieses Teilungsverfahren durch Umbau, Anbau, Neubau, Verfall oder Abbruch der einzelnen Hausanteile zu jenen noch heute im Oberbergischen nicht selten zu beobachtenden Hauskomplexen, aus denen nur schwer der eigentliche alte Kern zu erkennen ist.
Zum bergischen Bauernhof gehört der Hofbackofen, der meist im deshalb „Backes“ genannten Speicher eingebaut ist.
In der zweiten Hälfte des 18. Jahrhunderts entwickelte sich der Norden des Bergischen Lands zu einem der führenden Gewerbegebiete Deutschlands. Aus bis ins 15. Jahrhundert zurückreichenden Anfängen entwikkelte sich in Elberfeld, Barmen, Lennep und Umgebung ein blühendes Textilgewerbe, bei Ratingen entstand 1784 nach englischem Vorbild die erste mechanische Baumwollspinnerei des Kontinents, um Solingen und Remscheid war das Kleineisengewerbe mit Härtern und Schleifern, Sensen-, Sichel- und Messerschmieden und Feilenhauern konzentriert.
Das Bergische Land ist konfessionell gemischt. Der Westen und Südwesten — im wesentlichen das niederbergische Gebiet um Düsseldorf-Ratingen, der mittlere Teil von Mülheim (Rhein) bis Wipperfürth und der größte Teil des Siegkreises — sind überwiegend katholisch, der Nord-

osten und Osten — das Gebiet um Wuppertal, Solingen, Remscheid und Hückeswagen, die beiden ehemaligen Herrschaften Gimborn und Homburg und der größte Teil des ehemaligen Amts Windeck — sind überwiegend evangelisch.
Mit dem Aufbau der Baugruppe Bergisches Land im Museum wurde 1978 begonnen, 1981 wurde sie mit den ersten fertiggestellten Gebäuden zum Besuch freigegeben. Die Geländekultivierung mit der Anlage von Gärten, Äckern und Wiesen steht zum größten Teil noch aus.

Haus aus Kalsbach

(Gemeinde Marienheide, Oberbergischer Kreis)

Wohnstallhaus in Fachwerkbau über Bruchsteinsockelmauer, erbaut 1667, zum Herdraum offener Tiefstall mit aufgehängten Futtertrögen, Erntebergung im Dachraum mit Kastentenne als Dreschplatz. **61**

Kalsbach liegt nördlich von Gummersbach. Das Dorf besteht aus den beiden Ortsteilen Ober- und Unterkalsbach, die 1843 zusammen 31 Wohngebäude mit 145 Einwohnern (127 ev., 18 kath.) hatten. Die Zahl der Wohngebäude in der Statistik kann aber nicht ohne weiteres mit Häusern gleichgesetzt werden. Ein Blick auf die Urkatasterkarte von 1830 zeigt, daß es damals in Unterkalsbach 10, in Oberkalsbach 9 Häuser gab; davon waren allerdings 3 in Unter- und 2 in Oberkalsbach zweigeteilt und je eines in beiden Ortsteilen dreigeteilt. 28 Wohnungen bzw. Wohngebäuden im Wortgebrauch der Statistik entsprachen 1830 in Kalsbach also nur 19 Häuser. Vor 1806 gehörte Kalsbach zu der ab 1631 reichsunmittelbaren Herrschaft Gimborn, die von 1550 an im Besitz der aus Franken stammenden und im 18. Jahrhundert in Wien residierenden Herren von Schwarzenberg war. Die Flur bestand zu etwa gleichen Teilen aus Ackerland und Waldung, Wiesen zogen sich in schmalen Streifen in den Talsenken hin. Die Anwesen hatten gemeinsame Hofplätze. Um die Höfe lag ein Gürtel von Baumgärten. Die Gemüsegärten lagen abseits der Häuser in eigenen Gartengewannen beieinander, die von Hecken umschlossen waren. Jeder der beiden Ortsteile hatte einen Dorfteich. Im Getreidebau überwog Statistiken der ersten Hälfte des 19. Jahrhunderts zufolge der Hafer- den Roggenanbau um das Zehnfache. Dementsprechend war Haferbrei eines der Hauptnahrungsmittel der Dorfbevölkerung, und auch das Brot wurde aus einem Gemisch von Roggen- und Hafermehl gebacken. Erst im späteren 19. Jahrhundert überwogen mit zunehmendem Kartoffelanbau die Kartoffelspeisen. Der Wald war überwiegend Niederwald; die einzige 1830 bestehende Hochwaldparzelle der Kalsbacher Flur gehörte zu unserem Anwesen.

Das Haus wurde nach einer mündlich überlieferten, nicht erhaltenen Türinschrift 1667 erbaut. Es ist ein queraufgeschlossenes Wohnstallhaus als zweigeschossiger Fachwerk-Ständerbau. Vom Hofplatz aus gesehen liegt links der Stall, in den ein zweiflügeliges Tor führt, in der Mitte der Herdraum, der durch die Haustür betreten wird, rechts die Stube. Im Innern ist der Herdraum gegen den Stall offen; das Vieh wurde vom Herdraum aus gefüttert. Der Stall ist ein sogenannter Tiefstall, in dem der Mist über den ganzen Winter unter der mehrfach erneuerten Waldstreu aus Moos, Farn und Heidekraut — Stroh war dafür zu kostbar — liegenblieb. Da sich die Streu- und Mistschicht im Laufe des Winters immer mehr erhöhte, mußten auch die Futtertröge gegebenenfalls immer höhergesetzt werden können. Deshalb hängen sie an verstellbaren Ketten. Im Frühjahr wurde der Stallmist abgestochen und mit dem Mistkarren als begehrter Dünger aufs Feld gefahren. Diese Stalleinrichtung macht auch den zunächst ungewöhnlich erscheinenden Umstand verständlich, daß der Stall auf der Talseite, die Stube aber auf der Bergseite des mit dem First in der Fallinie des Hanges stehenden Hauses liegt, eine Anordnung, die bei vielen alten oberbergischen Bauernhäusern wiederkehrt. Am originalen Standort war der Hang noch steiler, die Stube also noch mehr in den Hang gesetzt als hier.

Das Haus ist ein Rauchhaus; der zweigeschoßhohe Herdraum mit der Rauchbühne über der ebenerdigen Feuerstelle hat keinen Rauchabzug über Dach. Im Herdraum- und Stubenfach ist das Haus zweiraumtief — hinter dem Herdraum befindet sich ein Wasch- und Spülraum, der auch einen hinteren Ausgang hat und die Treppe zum Obergeschoß aufnimmt, hinter der Stube eine Kammer, die vielleicht als Schlafraum diente. Zwischen Waschraum und Stall ist die Wand zurückversetzt und mit einer Tür versehen, die in einen schmalen, zum Stall hin offenen Winkel führt, der sich in gleicher Anordnung bei mehreren alten Wohnstallhäusern im Oberbergischen nachweisen ließ und vermutlich als Schlafstelle für einen Knecht anzusprechen ist. Der Winkel wurde daher beim Wiederaufbau des Hauses mit einem wandfesten Kastenbett ausgestattet. Vom Herdraum aus führt eine Treppe zu zwei Futter- und Vorratskammern über dem Stall.

Das Fachwerk ist schlicht, nur an den vier Eckständern sind Fußstreben angeordnet. Einzige Zierformen sind die Profile an den Eckständerfüßen und die Kielbogenfriese an den beiden Giebeldachbalken. Auffällig ist, daß die Untergeschoßwände etwa einen Meter hoch aufgemauert sind und erst darüber das Fachwerk beginnt. Die Wände der Futterkammern über dem Stall werden von starken Unterzügen getragen, die in der Flucht der inneren Längswand in einen mächtigen Ständer einbinden und am

Haus aus Kalsbach

stallseitigen Giebel bzw. der hofseitigen Traufenwand den entsprechenden Ständern durchgezapft sind. Die Kehlbalken der Gespärre des Dachbalkendachs werden von einem zweireihigen stehenden Stuhl gestützt. Eine Besonderheit in der Nutzung dieses Hauses deutet die Ladetür im Dachgeschoß des Stubengiebels an. Durch sie wurde das Erntegut in den Dachboden des Hauses befördert, der also auch die Funktion der Scheune übernahm. Der Dachraum war aber nicht nur Bergeraum, sondern auch Dreschplatz. Die Dreschtenne lag über dem Stallfach: ein Bohlenkasten in einem Zangenbalkenkreuz, der beim Wiederaufbau nach erhaltenen Resten rekonstruiert wurde. Auch das Dachgefüge läßt den alten Tennenplatz erkennen: über ihm sind die Kehlbalken nach oben versetzt, um Platz für das Schwingen der Dreschflegel zu schaffen. Die Reihe von Fensterluken im Giebel hinter dem Dreschplatz sorgte für Licht und Luft beim Dreschen.

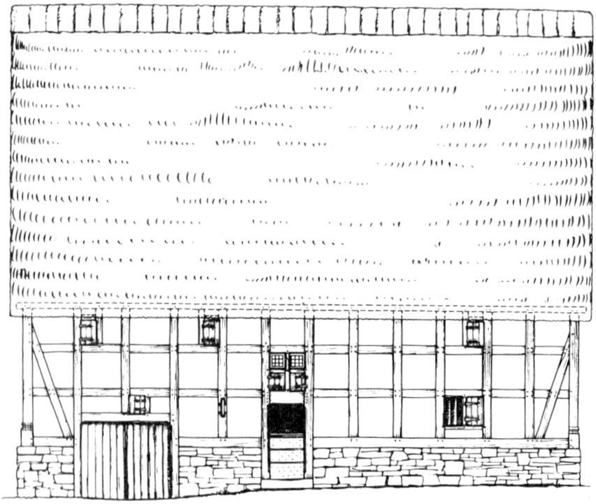

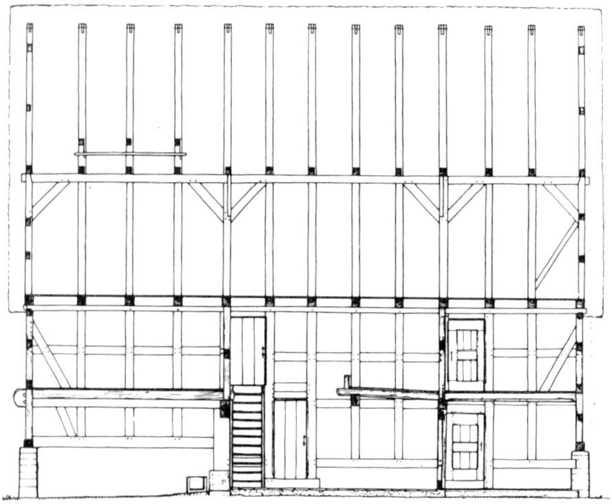

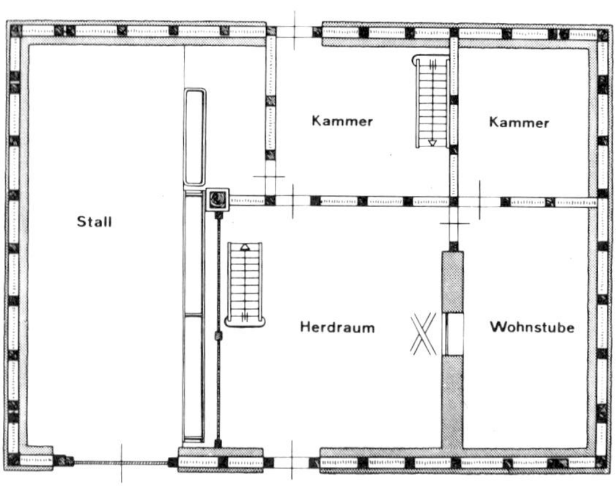

Haus aus Kalsbach: Ansichten, Längsschnitt, Grundriß

Die Unterbringung von Wohnung, Stall und Bergeraum unter einem Dach läßt trotz der recht stattlichen Ausmaße des Hauses auf eine begrenzte Wirtschaftsgröße schließen. Bereits 1713, also weniger als fünfzig Jahre nach dem Bau, wurde das Haus geteilt. Da über diese Teilung nur ein Loszettel erhalten ist, lassen sich keine Einzelheiten ermitteln. In der Firstlinie längsgeteilt finden wir das Haus im Kalsbacher Urkataster von 1830 wieder. Die hintere Hälfte war inzwischen durch einen Anbau zur Talseite hin verlängert worden. Diese Hälfte war seit dem 18. Jahrhundert Besitz der Familie Wirth, die auch den Nachbarhof besaß und bewohnte. Unser Haus bzw. die den Wirths gehörige Hälfte wurde nur als Zuhaus zu diesem Anwesen bewirtschaftet. Mit 106 Morgen Ländereien in Kalsbach hatten die Wirths 1834 den zweitgrößten Hof des Dorfes. Zeitweilig gehörten ihnen außerdem Häuser und Flurbesitz in Nachbardörfern. Der erste nachweisbare Wirth heißt mit Vornamen Wilhelm, dann folgt über vier Generationen der Vorname Johann Peter des jeweiligen Hoferben; der erste heiratet 1736, der zweite wird 1751, der dritte 1797 geboren, der vierte übernimmt den Hof 1864. Zu dieser Zeit war auch die zweite Haushälfte, 1830 im Eigentum des Nagelschmieds Jakob Buchbach, von Wirth zurückerworben worden. Der Haupthof brannte 1864 ab. Bis zur Fertigstellung des Neubaus, die sich bis 1896 hinzog, wurde unser Haus von der Familie Wirth bewohnt. 1893 wurde hier der letzte Hofbesitzer August Wirth geboren. Nach 1896 war nur noch die vordere Haushälfte an wechselnde Bewohner vermietet. 1962 wurde das Haus abgebrochen, 1978 im Museum wieder aufgebaut. Im Besitz der Familie Wirth erhielt sich ein über mehr als hundert Jahre geführtes „Rechenbuch“ mit vielerlei Eintragungen aus der Wirtschaftsführung des Hofes, das einen guten Einblick in Lebensweise und Arbeit auf diesem oberbergischen Bauernhof bietet. Das Museum hat eine Kopie dieses wertvollen Dokuments.
Hausrat: Die Takenplatte zeigt Frührenaissanceornament und wurde im 16. Jahrhundert vermutlich in Ahrhütte gegossen. Das Foto in der Stube zeigt Maria Margaretha Wirth geb. Panne, geb. 1819, Ehefrau des 1797 geborenen Johann Peter Wirth III, Bäuerin dieses Hofs und Großmutter des letzten Besitzers August Wirth. Von den Möbeln stammen Himmelbett, Truhe und Drahtwiege in der Schlafkammer im Obergeschoß aus dem Haus selbst. Der Schrank in der Schlafkammer stammt aus Much, ebenso das 1814 datierte Himmelbett in der kleinen unteren Kammer sowie die Standuhr und der Milchschrank in der Stube. Der Schrank im Vorraum im Obergeschoß ist aus Oberpleis.
In den Futterkammern über dem Stall sind jetzt verschiedene Geräte und Gegenstände ausgestellt, die Bezug zu diesem Haus oder der Landschaft haben, aus der es stammt. Die vordere Kammer enthält neben verschiedenen Vorratskisten und -truhen landwirtschaftliches Gerät aus dem Oberbergischen, von dem der größte Teil aus diesem Hof stammt und beim

Abbruch mitübernommen wurde. Wir sehen u. a. ein Ochsenjoch, Peitschen, Sättel mit Zubehör, verschiedenes Schirrzeug, eine Trense, ein Stachelband, einen Kopfsack, Sichten und Mahdhaken, Gestellsensen, Rechen, Möhrengabeln, Sägen, eine Schnitzbank, einen Backtrog, Strohfässer, einen Bienenfangkorb, ein Spinnrad, eine Haspel und zwei Hecheln. Die hintere Kammer ist der bäuerlichen Strohverarbeitung gewidmet, die ehemals im Oberbergischen eine große Rolle spielte. Das Stroh war zu kostbar, um als Stallstreu zu dienen. Es wurde zum Dachdekken gebraucht, aber auch zur Herstellung der unterschiedlichsten Gefäße zu den verschiedensten Zwecken. Die in der Kammer zusammengestellten Gefäßformen aus Stroh reichen vom Eimer bis zum Faß mit Deckel oder mit Henkeln, vom Strohkrug und der Strohwanne bis zur Strohtruhe für Textilien.

Pflanzen: Um den Teich sind Wasser- und Sumpfpflanzen angesiedelt: Ufersegge, Sumpfmädesüß, Wasserschwertlilie, Rote Pestwurz, Gifthahnenfuß, Sumpfdotterblume, Gemeiner Wasserstern, Blutweiderich, Teichschachtelhalm, Flutender Schwaden und Breitblättriger Rohrkolben. Am Ufer stehen Silberweiden. Am Wegrand hinter dem Haus stehen Nußbäume, auf der angrenzenden Baumwiese 44 Obstbäume mit Apfel-, Birnen-, Pflaumen- und Kirschsorten, darunter Holzapfel, Paradiesapfel, Framboise rouge, Roter Boskop, Roter Berlepsch, Roter Jonathan, Gravensteiner, Dülmener Rosenapfel, Jakob Lebel und Ontario-Apfel, die Birnensorten Klapps Liebling, Gellerts Butterbirne, Alexander Lukas, Conférence, Pastorenbirne, Vereinsdechantsbirne, Williams Christ und Köstliche von Charneux, Bühler Hauszwetschge, Ontariopflaume, Reneclaude, Hedelfinger und Schneiders Süßkirsche und Mirabelle von Nancy.

Haus aus Eulenbruch

(Gemeinde Windeck, Rhein-Sieg-Kreis) und

Scheune aus Überberg

(Stadt Wipperfürth, Oberbergischer Kreis)

62 *Wohnstallhaus in Fachwerkbau, erbaut 1713. Brettverschalte Scheune um 1700.*

Eulenbruch liegt am nördlichen Hang des Siegtals oberhalb Rosbach. Das Dorf hatte 1843 14 Häuser mit 68 Einwohnern (58 ev., 6 kath., 4 jüd.) und gehörte bis 1803 zum Amt Windeck im Herzogtum Berg. Der Weiler

Haus aus Eulenbruch

Überberg liegt bei Wipperfeld zwischen Wipperfürth und Kürten. Er hatte 1843 55 kath. Einwohner in 9 Häusern. Bis 1806 gehörte Überberg zum Amt Steinbach im Herzogtum Berg.

Das Haus ist wie das von Kalsbach ein queraufgeschlossenes Wohnstallhaus als zweigeschossiger Fachwerk-Ständerbau. Während die Rückseite im Fachwerk ganz schlicht gehalten ist und den Ständerbau klar erkennen läßt, sind die anderen drei Wände mit Verzierungen versehen, die Stockbau vortäuschen. Nur Eck- und Bundständer gehen hier über beide Geschosse durch. Die Ständerfüße und die Geschoßriegel sind mit Rundstab und Kehle profiliert. Da das Riegelprofil auch über die Langständer weiterläuft, wird bei flüchtiger Betrachtung der — beabsichtigte — Eindruck hervorgerufen, daß auch die Ständer an dieser Stelle unterbrochen seien, das Haus also in Stockbau gezimmert sei, der als moderner und repräsentativer galt, während die eigentliche Konstruktion, der Ständerbau, „versteckt" wurde.

An der Vorderseite führt links von der Haustür ein zweiflügeliges Tor in den Stall, der hier jedoch, anders als in Kalsbach, durch eine durchgehende Wand vom Wohnteil getrennt und vom Herdraum aus nur durch eine Innentür zugänglich ist. Stube und Herdraum liegen hier hintereinander; von der vorderen Haustür führt ein Gang an der Stube vorbei in den Herdraum, eine zweite Tür geht an der Rückseite vom Herdraum direkt nach draußen. Der Herdraum ist auch hier zweigeschoßhoch, aber durch eine in das Obergeschoß eingebaute „Hängekammer" so eingeengt, daß der Raum über der Feuerstelle nur noch wie eine Rauchkammer wirkt. Außerdem ist das Eulenbrucher Haus kein Rauchhaus; ein der Herdraumdecke aufgesetzter hölzerner Schlot führt den Rauch über Dach ab. Die Stube ist unterkellert; der Kellerzugang liegt in einem Holzverschlag in der

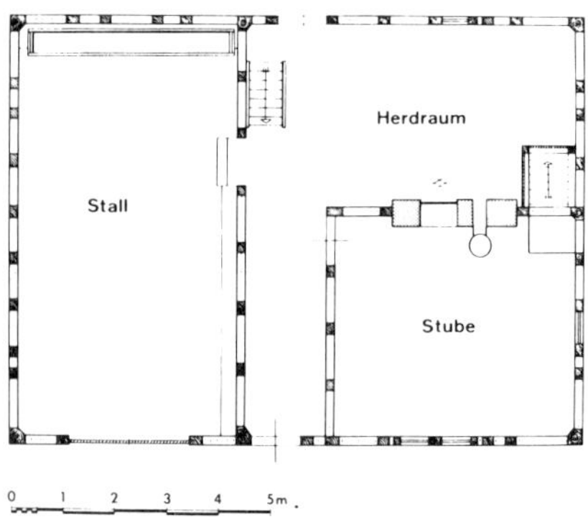

Haus aus Eulenbruch: Grundriß

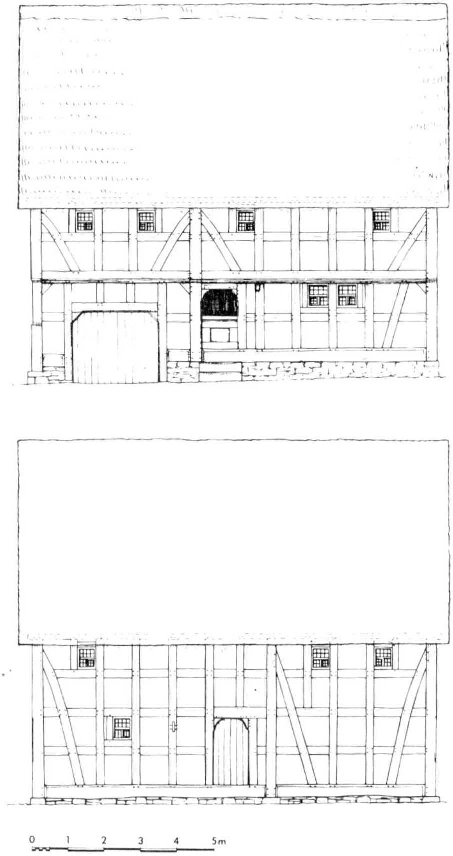

Haus aus Eulenbruch:
Ansichten vordere und hintere Traufenwand

Ecke des Herdraums. Über der Stube befindet sich im Obergeschoß eine geräumige Schlafkammer, über dem Stall liegen zwei Futter- und Vorratskammern. Die Hängekammer über dem Herdraum diente vermutlich als zusätzlicher Schlafraum oder als Wohn- und Schlafraum eines Knechts oder einer Magd. Das Dach hat Dachbalkenzimmerung; die Kehlbalken der Gespärre werden von einem zweireihigen stehenden Stuhl gestützt. Beide Haustüren sind am Sturz mit Inschriften versehen. Im Sturz der vorderen Tür lesen wir den stark verwitterten Spruch: DER HERR SEGNE UNSERN EINGANG UND AUSGANG IM ZEITLICHEN UND FORTAN EWIGLICH. Der Sturz über der Haustür an der Rückseite nennt auch Bauherrn und Baujahr: Diß Hauß stehet in Gottes Hand, Gott bewahr es für Feur und Brand. Johannes Heinrich Scheffen Eschman Agnela seine ehliche Haußfrau. Anno 1713 de(n) 4 N(ovember).

Eschmann war also Schöffe am örtlichen Gericht. Im Besitz der Familie Eschmann ist der Hof bis heute geblieben. Das Haus ist auch nie geteilt worden. 1856 bauten die Eschmanns an anderer Stelle einen neuen Hof, der noch heute in Eulenbruch steht. Seitdem wurde das alte Haus nicht mehr bewohnt. Dadurch blieb es im Äußeren wie im Inneren weitgehend im Altzustand erhalten. Nur die beiden Stubenwände waren in Backsteinbau erneuert worden und mußten beim Wiederaufbau rekonstruiert werden. Hingegen besaß es beim Abbruch noch die ursprüngliche offene Feuerstelle mit Takenplatte und Takenschrank, so daß die ganze Herdwand beim Neuaufbau originalgetreu wiedererrichtet werden konnte. Ebenso konnten beide Haustüren, die Treppe zum Obergeschoß mit ihrem schönen Balustergeländer und die Stiege zum Dachboden in der hinteren Futterkammer aus dem Haus mitübernommen und wieder an ihrem alten Platz eingebaut werden. Das Haus wurde 1965 abgebrochen und 1979 wieder aufgebaut.
Hausrat: Takenplatte und Takenschrank stammen, wie erwähnt, aus dem Haus selbst. Die meisten anderen Einrichtungsgegenstände der Wohnräume stammen aus dem Siegkreis und dem benachbarten Kreis Altenkirchen, so der Milchschrank in der Stube aus Heisterbacherrott, Schrank und Wiege in der Schlafkammer aus Oberwennerscheid, die Truhe aus Aegidienberg, die Tische und Betten. Der Eisenofen in der Stube vertritt eine in dieser Landschaft häufige Form; sein Herkunftsort ist allerdings nicht bekannt. An der Stallwand hängen verschiedene landwirtschaftliche Geräte wie Jauchenkelle, Karst, Rechen, Sense, Ableger, zwei Hafergestelle, zwei Sichten und zwei Mahdhaken. In der vorderen Futterkammer weisen Kisten und Truhen, Mehlsäcke und Körbe auf bäuerliche Vorratshaltung hin, in der hinteren sind vor allem eine Reihe von Obsthürden aus dem Bergischen zu sehen, auf denen im nach dem Backen noch warmen Backofen Obst gedörrt wurde. Eine jüngere Einrichtung zum Trocknen von Obst ist der Obstdörrofen, der im Stall einen Platz gefunden hat. Mit ihm, der bei Gebrauch im Freien aufgestellt wurde, konnte in zwölf Böden übereinander Obst gedörrt werden. Der Ofen stammt aus dem Hof Kothenhoven bei Erkrath.
Die Erntebergung erfolgte bei dem Eulenbrucher Anwesen nicht im Dachraum des Hauses, sondern in einer selbständigen Scheune. Die jetzt dem Haus zugeordnete kleine Scheune aus Überberg dürfte um 1700 erbaut worden sein und zeigt das für den Scheunenbau dieser Zeit im nördlichen Bergischen Land charakteristische Fachwerk mit überkreuzten Kopfstreben. Jedoch ist dieses Gefüge nur von innen zu sehen, denn das Fachwerk ist nicht ausgestakt, sondern von außen mit senkrechten Brettern verschalt. Von außen zeichnen sich die Fachwerkhölzer nur durch die Reihen der handgeschmiedeten Nägel ab, mit denen die Brettschalung angeschlagen wurde. Die Scheune ist queraufgeschlossen und zweizonig mit

Tenne und einer Banse. Die Stellung der Scheune zum Haus entspricht der am ursprünglichen Standort: das Tennentor ist der Feldseite zugekehrt, zum Hof hin hat sie nur eine kleine Tür. Im frühen 19. Jahrhundert wurde ihr auf der anderen Seite der Tenne eine zweite Banse angefügt, die beim Wiederaufbau weggelassen wurde. 1830 waren beide Bansen jeweils in der Firstlinie unter zwei Besitzer aufgeteilt. Die Scheune wurde 1976 abgebrochen und 1979 wiederaufgebaut.

Haus aus Rhinschenschmidthausen

(Gemeinde Kierspe, Märkischer Kreis)

Rhinschenschmidthausen war eine Einzelhofsiedlung im Kirchspiel Kierspe **63**
und gehörte zur Grafschaft Mark, die 1815 an Westfalen kam. Der Hof wurde beim Bau der Kerspetalsperre, in deren unmittelbarem Einzugsbereich er lag, aufgegeben.
Das Haus lag somit zwar bereits außerhalb der Grenzen des Bergischen Landes, zeigt aber einen für das bergisch-märkische Grenzgebiet charakteristischen Haustyp. Es ist ein Hallenhaus mit kalkgeschlämmten Bruch-

Haus aus Rhinschenschmidthausen

stein-Außenwänden. Nur die Dachgeschoßwände unter den Halbwalmen und ein Teil der Innenwände sind in Fachwerk gezimmert. Vom Giebel führt das große Einfahrtstor in die Deele, zu deren beiden Seiten die Ställe liegen, an ihrem Ende das Flett mit der Herdstelle, dahinter das Kammerfach mit den Wohn- und Vorratsräumen. Das Flett wird unmittelbar durch die Haustür an der talseitigen Traufenwand erschlossen. Flett und anschließender Teil der Deele besaßen ein Kleinsteinpflaster in Fischgrätenform, das beim Wiederaufbau rekonstruiert wurde. Das Gebäude ist ein Rauchhaus (kein Rauchabzug über Dach). Die Stube in der Mitte des Kammerfachs wird durch Takenheizung und Eisenofen erwärmt. Links von ihr, auf der Talseite, liegt eine Schlafkammer, rechts, in den Berghang gebaut und dadurch kühlgehalten, die Speisekammer. Der linke Teil des Kammerfachs ist unterkellert, der Keller von der Flettecke bei der Haustür zugänglich. Darüber führt die Treppe ins Obergeschoß des Kammerfachs und über eine Galerie in den Dachboden. Der große Dachraum, dessen Gespärre von einem liegenden Stuhl gestützt werden, ersetzte hier die Scheune und nahm das gesamte Erntegut auf. Das Haus wurde nach einer nicht erhaltenen Bauinschrift 1724 erbaut, 1962 abgebrochen und 1980—82 im Museum wieder aufgebaut.

Garnkasten aus Barmen-Öhde

(Stadt Wuppertal)

64 Der kleine zweigeschossige Fachwerk-Ständerbau aus der zweiten Hälfte des 18. Jahrhunderts ist ein Denkmal aus der Frühzeit der Wuppertaler Textilindustrie. Er diente als Teil eines Garnbleicheranwesens zur Aufbewahrung des gebleichten und des zu bleichenden Garns, bevor das chemische Bleichverfahren im 19. Jahrhundert diesem Gewerbezweig ein Ende setzte. Schon vor seinem Abbruch war das Gebäude der letzte im Wuppertaler Raum erhaltene Garnkasten. Um die eingelagerte Ware vor Feuchtigkeit zu schützen, sind Wetterseiten und untere Gefache mit dichten, eingefalzten Bohlenschalungen geschlossen; das Giebeldreieck hat eine Verschindelung erhalten. Nur der talseitige Giebel ist durch einfache Fachwerkzier (Andreaskreuze) als Schauseite hervorgehoben.
Der Garnkasten gehörte zu dem Bleicheranwesen Weskott, dessen Wohnhaus im Zweiten Weltkrieg zerstört wurde. Der Bleicher Engelbert Weskott war der letzte seines Berufs, der bis 1911 noch naturgebleichte Garne lieferte. 1958 wurde das Gebäude als erstes der für das Freilichtmuseum vorgesehenen Bauten abgebrochen, 1981 hier wieder aufgebaut.

Garnkasten aus Barmen-Öhde

„In den ... großen Garnbleichen des Wupperthales wird das Garn gewöhnlich zuerst in Wasser geweicht, dann in großen Kesseln mit Pottasche gekocht, hierauf mit Holzasche gebäucht, dann ausgelegt und begossen. Das Gieswasser wird der Wupper und ihren Nebenbächen, theils durch Ableitungsgräben, theils durch Schöpfräder entnommen. Die Garne erhalten entweder die ganze Bleiche von der Mitte des Monats März bis Ende September, oder die halbe vom Anfang Oktober bis Mitte Dezember, oder dreiviertel, wenn es über diese Zeit noch liegen bleibt. Die erstern beiden Garne werden zu Zwirn und Zeugen, die letztern besonders zu gefärbten Bändern gebraucht." (Johann Georg v. Viebahn, Statistik und Topographie des Regierungs-Bezirks Düsseldorf, Ddf 1836, S. 173).

Ebenfalls in den Bereich des textilen Hausgewerbes im Bergischen Land
68 gehört ein *Haus aus Dhünn* (Stadt Wermelskirchen, Rheinisch-Bergischer Kreis), das 1975 abgebrochen wurde. In seiner Hausgeschichte spiegelt sich ein ganzer Abschnitt bergischer Siedlungsgeschichte. Der Kernbau, wahrscheinlich um 1717 entstanden, war Backspeicher eines größeren Hofs, wurde im Zuge der Aufsiedlung zum Wohnhaus ausgebaut, durch einen Anbau zu einer gewerblich betriebenen Bäckerei erweitert, durch Aufstockung abermals umgebaut zum Weberhaus und schließlich als Bandwirkerhaus mit Kleinviehhaltung mit einem Stall- und Schuppenanbau versehen. Das Haus soll in diesem letzten Zustand wiederaufgebaut, dabei aber so gestaltet werden, daß alle diese Phasen seiner Geschichte am Bau ablesbar bleiben.

Außerdem wird in dieser Baugruppe ein niederbergischer Hof entstehen
65 mit einem *Haus aus Edelrath* (Stadt Leverkusen) und dem *Backspeicher des Einzelhofs Zassenhaus* (Stadt Ratingen, Kreis Düsseldorf-Mettmann). Das Haus wurde 1979, der Speicher 1978 abgebrochen.

Mannesmann-Haus aus Remscheid-Bliedinghausen

66 *Das aus Bauteilen verschiedenen Alters zusammengebaute Haus war seit 1795 im Besitz der Remscheider Fabrikantenfamilie Mannesmann. Nach dem Wiederaufbau im Museum zeigt seine Westseite den Zustand nach einem ersten Umbau im frühen 19. Jahrhundert als Mannesmannsches Wohnhaus, die Ostseite die schmuckreiche Gestaltung in den Formen des Bergischen Heimatstils, die das Haus beim zweiten Umbau als Mietshaus 1916 erhielt.*

Bliedinghausen, heute ein Stadtteil von Remscheid, gehörte bis 1806 zum Amt Bornefeld im Herzogtum Berg und hatte 1832 47 Wohnhäuser, 13 gewerbliche und 38 landwirtschaftliche Gebäude mit 409 Einwohnern (401 ev., 8 kath.). Seit dem 18. Jahrhundert waren Remscheid und die Orte seiner Umgebung Standort verschiedener Textil- und insbesondere Kleineisengewerbe wie Hammer- und Sensenschmieden, Herstellung von Schlössern und Beschlägen, Sägen und anderem Eisengerät. Für Bliedinghausen erlangte vor allem die Feilenhauerei Bedeutung.

Das Dorf ist der Ursprungsort der heute durch ihre Röhrenwerke weltbekannten Firma Mannesmann. Sie ging aus einer Feilenhauerei hervor, die heute als Maschinenfabrik A. Mannesmann noch in Bliedinghausen besteht, und auch das älteste Röhrenwalzwerk der seit 1890 selbständigen Mannesmannröhren-Werke, der heutigen Mannesmann AG, befindet sich in Bliedinghausen.

Mannesmann-Haus, Fassade von 1916

Das 1975 in Bliedinghausen abgebrochene und seit 1978 im Museum wiederaufgebaute Haus gilt als Stammhaus der Familie Mannesmann. So wie es dort bis zu seinem Abbruch stand, war es aber erst 1916 gebaut worden. Seine Anfänge reichen jedoch bis ins 18. Jahrhundert zurück.
1768 kam der 1750 auf einem Hof bei Meinerzhagen in der Grafschaft Mark geborene Johann Henrich Mannesmann nach Remscheid und arbeitete als Schmied im Bökerschen Hammer in der Lobach. Er heiratete 1773 eine Tochter des Hammerbesitzers und machte sich als Feilenhauer in Bliedinghausen selbständig, wo er 1795 ein Haus erwarb und ein Jahr später eine eigene Firma auf den Namen seiner Söhne Arnold und Peter gründete: A. & P. Mannesmann.
Dieses erste Mannesmann-Haus ist zwar nicht erhalten, es bestimmte

aber die Baugestalt seiner Nachfolger. Das Haus wäre uns völlig unbekannt geblieben, wenn nicht eine 1916 angefertigte und im Archiv des Remscheider Bauamts erhaltene Bauzeichnung einen wichtigen Hinweis böte. Diese Zeichnung stellt das Mannesmann-Haus dar, wie es bis 1916 aussah. In die Außenansicht hat der Zeichner aber gestrichelte Linien eingetragen, die andeuten, daß sich in dem nur äußerlich vereinheitlichten Baukörper zwei Bauteile mit unterschiedlichen Geschoßhöhen verbargen. Dies und beim Abbruch gemachte Beobachtungen sowie Auskünfte von Bewohnern, die das Haus noch im Zustand vor 1916 gekannt haben, ermöglichen eine Rekonstruktion. Der von Johann Henrich Mannesmann erworbene Besitz bestand demnach aus zwei aneinandergebauten Gebäuden verschiedenen Alters. Links stand ein 6,20 m langer und 4,65 m hoher zweigeschossiger Bauteil, der in seinen Proportionen und Ausmaßen einem Handwerkerhaus des Remscheid-Solinger Raums aus der zweiten Hälfte des 17. oder dem frühen 18. Jahrhundert entspricht. Man kann ihn sich als Fachwerk-Ständerbau mit den für Zeit und Landschaft typischen Kopfstreben zumindest der Eckständer vorstellen. An dieses älteste Haus angebaut war ein Bau mit größeren Geschoßhöhen, dessen Fachwerk-Stockbau in den wesentlichen Teilen seines Gerüsts alle Umbauten überstand und bis zum Abbruch erhaltenblieb. An ihm ist besonders auffällig, daß der rechte Teil in jedem Stock nur einen großen Raum von 8 × 5 m Größe und mit je sieben ungewöhnlich hohen Fenstern besaß. Außerdem fehlt jeder Hinweis auf eine ursprüngliche Feuerstelle. Es scheint, daß nur der älteste Bauteil als Wohnhaus errichtet wurde, während der große jüngere Bau ein Wirtschafts- oder Werkstattgebäude war, über dessen ehemalige Nutzung wir nichts wissen. Der Sturz der zu diesem Bauteil gehörigen Haustür ist auf der Zeichnung mit der Jahreszahl 1753 versehen. Beide Bauteile waren ursprünglich nicht verschiefert. Beim Abbruch zeigte sich, daß die Fachwerkhölzer des erhalten gebliebenen Baus von 1753 an Vorderseite und Giebel schwarz gestrichen, die Gefache weiß gekälkt gewesen waren. An diesen Seiten war das Fachwerk also sichtbar. Die Rückseite hingegen zeigte keine Farbspuren, dafür aber Reihen von Schmiedenagellöchern auf den Hölzern. Diese Wand, Wetterseite des Hauses, war demnach ursprünglich mit einer senkrechten Brettschalung verkleidet. Der Bauteil von 1753 war vollständig unterkellert. Er besaß zwei längsgerichtete Kellerräume mit Tonnengewölben von unterschiedlicher Breite, wie die Sockelmauern des Hauses aus sehr feinkörnigem und hartem graugrünem Sandstein.

Johann Henrich Mannesmann hatte außer dem Haus auch nicht unbeträchtlichen Grundbesitz in Bliedinghausen erworben. Bei seinem Tod 1815 hinterließ er seinen Söhnen 17 Grundstücke, darunter neben Gärten und Baumgärten auch Ackerland, Wiesen und Wald. Arnold Mannesmann, der ältere Sohn, ließ das Haus im frühen 19. Jahrhundert umbauen. Dabei

Mannesmann-Haus: Zustand nach 1753 und vor 1916

erhielt es die Gestalt, die die Bauzeichnung von 1916 zeigt: Der ältere Bauteil wurde durch Aufstocken eines Halbgeschosses auf gleiche Traufenhöhe wie der Bau von 1753 gebracht, und beide Teile erhielten ein einheitliches Dach. Alle Wände wurden verschiefert, die Dachkanten erhielten profilierte Holzgesimse, die vordere Dachfläche einen hölzernen Dreiecksgiebel mit volutengeschmücktem Ovalfenster, die veränderten Fenster und die Tür hölzerne Gewände. Nur die unterschiedliche Fensteranordnung und -größe ließ jetzt von außen noch erkennen, daß sich unter dieser „Verkleidung" zwei auch weiterhin selbständige Bauteile verbargen. Der ältere Teil behielt seine eigene Wendeltreppe bis 1916; er war kreuzförmig in vier kleine Räume je Geschoß aufgeteilt. Auch die großen Räume des

Baus von 1753 waren schon vor 1916 in kleinere Wohnräume unterteilt. Da dieser Innenumbau jedoch im erhaltenen Bestand keine Spuren hinterließ, ist unbekannt, ob er bereits bei dieser ersten Umgestaltung des Hauses geschah.
1827 starb Arnold. Seine Witwe führte die Firma fünf Jahre weiter, bis der älteste Sohn, Arnold jun., sie 1832 neunzehnjährig übernehmen konnte. Seither — und bis heute — firmiert sie unter dem Namen A. Mannesmann. Die Fabrik wurde in der Folgezeit mehrfach vergrößert, 1840 ein eigenes Stahlwerk für Tiegelstahl gegründet. Der jüngere Bruder Reinhard trat in Arnolds Firma ein; er wohnte zunächst im gleichen Haus, erwarb aber nach seiner Heirat 1854 ein eigenes Wohnhaus, das mit drei Fensterachsen bei zwei Geschossen nur die Ausmaße eines bescheidenen Handwerkerhauses besaß. Hier wurden 1856 und 1857 seine Söhne Reinhard jun. und Max geboren, die mit der Erfindung des Schrägwalzverfahrens zur Herstellung nahtloser Röhren 1884 und der Verbesserung des Verfahrens durch das „Pilgerschritt"walzverfahren 1889/90 den Grundstein für den Aufbau der Röhrenwerke legten. Zu dieser Zeit aber wohnte die Familie Mannesmann längst standesgemäß: 1870 bezog sie die neugebaute, noch bestehende Villa im Park. Ab 1886 entstanden die ersten vier Röhrenwerke in Bliedinghausen, Bous (Saar), Komotau und Landore (Wales), und 1890 wurde die Deutsch-Österreichische Mannesmannröhren-Werke AG gegründet.
1916 stellte Reinhard Mannesmann beim Stadtbauamt ein „Baugesuch betr. Umbau des großelterlichen Hauses": „An der bebauten Grundfläche desselben wird nichts geändert, nur sollen die schlechten Konstruktionsteile durch neue ersetzt werden. Im übrigen wird das Äußere des Gebäudes im bergischen Stil in geschmackvoller Weise ausgebildet." Die Entwürfe lieferten die Architekten Winter & Habel in Barmen. Bei dem Umbau wurde der älteste Bauteil ganz abgebrochen, von dem Bau von 1753 blieben der Keller, der Mauersockel, der größere Teil der äußeren Fachwerkwände und ein Teil des Dachstuhls erhalten. Das Innere wurde völlig neu ausgebaut und der anstelle des ältesten Hauses neugebaute Teil in Stockhöhen und Außenmaßen dem anderen Teil angeglichen. Der Keller wurde auf ganze Hauslänge erweitert. Im Bautechnischen hatte der Neubau aber bei weitem nicht die Qualität seiner Vorgänger. Die Wände wurden aus einem primitiven Nadelholzgerippe mit Schwemmsteinfüllung errichtet, die Decken erstaunlich knapp bemessen, die Zwischenwände ohne Rücksicht auf die Außengliederung nach dem Prinzip, das Höchstmögliche an Wohnungen im Hause unterzubringen, eingezogen. Der bauliche Wert des Gebäudes liegt in seiner äußeren Gestaltung. Der reiche Holzschmuck, den die verschieferten Wände mit Pilastern, Gesimsen, Fenster- und Türgebälken und ihrem Schnitzdekor erhielten, gehört zweifellos zu den besten Leistungen des bergischen Hausbaus dieser Zeit. Es ist

ein Denkmal des „Bergischen Heimatstils", der von der Heimatschutzbewegung inspirierten Weiterentwicklung des Neubarock, die stilistisch an die Bauformen der Blütezeit des bergischen Bürgerhausbaus im späten 18. Jahrhundert anknüpft.
Das Haus Mannesmann wurde 1975 abgebrochen und ab 1978 wieder aufgebaut. Der Umstand, daß die Baugeschichte des Hauses weitgehend erschlossen werden konnte, und die Möglichkeiten, die der neue Standort in der Baugruppe Bergisches Land bot, machten die Rekonstruktion zweier Abschnitte der Hausgeschichte beim Wiederaufbau möglich. Auf der den bäuerlichen Bauten zugewandten Seite ist der ältere Zustand vor 1916 wiederhergestellt, wie er durch die Bauaufnahme vor dem Umbau überliefert ist und dessen schlichte Verschieferung und Gliederung zu den älteren Gebäuden der Baugruppe vermittelt. Allerdings mußte die Fensteranordnung etwas verändert werden, um sich dem Innenausbau des Hauses anzupassen. Vor dieser „älteren" Seite des Hauses sollen die aus dem Bergischen Land übernommenen handwerklich-gewerblichen Bauten errichtet werden, so wie im 19. Jahrhundert Fabrikantenwohnhaus und Fabrikgebäude noch ebenso unmittelbar beieinanderstanden wie Wohn- und Wirtschaftsgebäude eines Bauernhofs. Die übrigen drei Außenwände aber zeigen das Mannesmann-Haus in dem originalen reichen Holzdekor, den seine Schieferwände 1916 erhielten. Der Fassade von 1916 soll ein bergischer Ziergarten zugeordnet werden, der sich bis zu einem Aussichtspunkt auf einem Hangsporn hinzieht, von dem bei klarem Wetter über den Eifelvorhöhen, der Ville bei Bonn und dem Siebengebirge auch die Höhen des Bergischen Lands — allerdings die seines südlichen Teils hinter Siegburg — zu sehen sind.

Gartenhaus aus Remscheid-Lennep

Auf dem äußersten Punkt des Hangsporns hinter dem Mannesmann-Haus **67**
steht seit 1980 ein Gartenhaus, das 1975 in Lennep abgebrochen wurde. Es stand dort in einem Garten vor dem ehemaligen Kölner Tor im jetzigen Grundstück Poststraße 27 und wurde der Familientradition zufolge 1806 erbaut. Es ist ein allseitig verschieferter Achteckbau mit geschweiftem Zeltdach und Bogensparren. Beim Abbruch befand sich das Gebäude bereits in starkem Verfall. Durch den Einsturz einer Dachhälfte war auch die Stuckdecke größtenteils zerstört worden.
In der Zeit der Hochblüte der gewerblichen Entwicklung in den Städten des Wuppertals und des Solingen-Remscheider Raums im späten

Gartenhaus aus Remscheid-Lennep

18. und frühen 19. Jahrhundert waren nicht nur die bis heute für dieses Gebiet typischen stattlichen Bürgerhäuser entstanden. Zu diesen großbürgerlichen Wohnsitzen gehörten auch Ziergärten mit Gartenhäusern, die schon in Reiseberichten um 1820 als Sehenswürdigkeit insbesondere der Städte Elberfeld, Barmen und Lennep gepriesen werden. Das noch ganz in den Formen des Spätbarock errichtete Gartenhaus aus Lennep ist eines der letzten erhaltenen Gebäude dieser Art.

Denkmäler

Außer den Museumsbauten sind auch einige ältere Denkmäler, die an ihren ursprünglichen Standorten von der Zerstörung bedroht waren, in das Freilichtmuseum übernommen worden.

Grabkreuze, wie sie oberhalb der Baugruppe Eifel aufgestellt sind, 80
waren bis vor etwa fünfzig Jahren noch für viele dörfliche Friedhöfe des Rheinlands charakteristisch, verschwanden aber dann sehr rasch. Einige typische Formen des 17. bis 19. Jahrhunderts sind hier zusammengestellt. Die hölzernen Kreuze und die Gußeisenkreuze der zweiten Reihe links stammen aus Hemmerich (Gemeinde Bornheim, Rhein-Sieg-Kreis), von den schmiedeeisernen Kreuzen ist das links vorn stehende aus Manderscheid (Kreis Bernkastel-Wittlich), das rechts hinten stehende aus Much (Rhein-Sieg-Kreis). Die Basaltkreuze rechts vorn wurden aus Miesenheim (Kreis Mayen-Koblenz) übernommen.

Bereits im Zusammenhang der Baugruppe Eifel beschrieben wurden die beiden Rechtsdenkmäler auf dem dortigen Kapellenanger, die *Gerichtssäule* aus Kommern und der *Bauernstein* aus Brenig 81
(vgl. S. 44), sowie das an der Wegkreuzung oberhalb der Kapelle stehende steinerne *Kreuz* aus Niederlützingen bei Brohl (vgl. S. 76). 82

In einigen Gegenden des Rheinlands war ein besonders bemerkenswerter Typ des hölzernen Wegekreuzes üblich, der in Hochreliefschnitzerei auf der Kreuzvorderfläche Symbole der Passion Christi darstellt: die auf Kopf, Herz, Hände und Füße mit den Wundmalen reduzierte Darstellung des Gekreuzigten ist umgeben von den Leidenswerkzeugen. Nach ihnen tragen diese Denkmäler den Namen *Arma-Christi-Kreuze*. Sie gab es in der Nordeifel und im Vorgebirge um Bonn und Brühl, vor allem aber im Gebiet um die untere Sieg (Rhein-Sieg-Kreis). Von dort stammen die drei ins Freilichtmuseum übernommenen Beispiele dieses Typs.

Das reichste von ihnen ist das Kreuz aus *Broscheid* (Gemeinde Neun- 84
kirchen-Seelscheid), das am Weg von der Cantruper Mühle zur Baugruppe Bergisches Land seinen neuen Standort gefunden hat. Die Kreuzarme enden in Muscheln, am balusterförmig gebauchten Fuß sind die Jahreszahl 1790 und eine nicht mehr lesbare Inschrift eingeschnitten. Unter dem Kreuztitel (INRI) ist Christus in der Gestalt des Ecce Homo mit Dornenkrone und Purpurmantel, Rohr und Palmzweig dargestellt. Der Kreuzbalken zeigt zwischen den Händen Christi links die Geißelsäule mit dem Hahn, einer Laterne und der Geißel, in der Mitte den Stab mit dem Essigschwamm und die Lanze, rechts Hammer, Zange und Leiter. Auf dem Kreuzstamm folgen vom Kreuzbalken an abwärts das Herz Jesu mit den drei Nägeln und einem Kelch, in den das Herzblut tropft, der Beutel mit

Arma-Christi-Kreuz aus Broscheid

Grabkreuze mit Blick zur Baugruppe Eifel

den Silberlingen des Judas, das Schwert des Petrus mit dem Ohr des Malchus und die Würfel der Kriegsknechte, mit denen sie das darunter dargestellte Gewand Christi verlosten. Unter den Füßen des Gekreuzigten und über der von Muschel und Lorbeerstab umschlossenen Sakramentsnische erscheinen Totenschädel und Gebeine als Adams-Symbol, der Kreuzfuß zeigt einen geflügelten Engelskopf mit Rosen.

In vereinfachter Form kehren diese Darstellungen an den beiden anderen
Kreuzen wieder, recht ähnlich gestaltet am Kreuz aus Winterscheid **85**
(Gemeinde Ruppichteroth), das am Weg oberhalb der Baugruppe Bergisches Land steht, am schlichtesten, aber auch sehr viel dekorativer aufgefaßt und deshalb zum Teil nur mit Mühe zu identifizieren, am Kreuz aus
Söven (Gemeinde Hennef) am Weg zur Baugruppe Westerwald. **83**

Über die Stifter der Kreuze und die Umstände ihrer Errichtung ist im einzelnen nichts bekannt. Sie können aufgrund eines Gelübdes oder als Ausdruck der Frömmigkeit von Einzelpersonen, Ehepaaren oder Gemeinschaften gesetzt worden sein. Bei einigen Kreuzen aus dem Sieggebiet geben die erhaltenen Inschriften darüber Auskunft. So wurde ein 1862 datiertes Kreuz bei Much „zur Ehre Gottes" aufgerichtet, „um von Gott bewahrt zu werden vor Donner und Hagelschlag". Sehr wahrscheinlich wurden die Kreuze bei Flurprozessionen aufgesucht.

Der Südteil des Museumsgeländes

Der schmale, aber langgestreckte Südteil des Höhenrückens bleibt aus der Museumsbebauung ausgespart und wird als Waldgebiet erhalten. Einzelne, wegen ihrer Pflanzenwelt oder ihres Waldbilds besonders wertvolle Teile bleiben als Schutzwaldparzellen in ihrem derzeitigen Zustand (A 3, A 5, A 7, s. a. Abschnitt Pflanzenwelt). Andere Teile werden durch forstpflegerische Maßnahmen umgestaltet. Durch das Unterbauen der derzeitigen reinen Kiefern- oder Eichenbestände mit weiteren Laubholzarten soll hier im Laufe der Zeit ein artenreicher Mischwald entstehen.

Einem besonderen Museumsprogramm ist der mittlere Teil des Geländes (B 7—11) vorbehalten. Hier sollen alte bäuerliche Nutzungsformen des Walds und der Außenfeldbereiche rekonstruiert werden, die einmal für die historische Kulturlandschaft der rheinischen Mittelgebirge bestimmend waren.

Ein großer Teil des Walds in den rheinischen Mittelgebirgen war viele Jahrhunderte lang nicht der uns heute gewohnte Hochwald mit hochstämmigen Bäumen, sondern Niederwald mit aus Stockausschlägen aufgewachsenem, niedrigem Strauchwerk, das alle 10—20 Jahre geschlagen wurde. Diese Art der Bewirtschaftung war nur mit Laubholz möglich und wurde vor allem mit Eichen betrieben. Zur Entstehung dieses Niederwalds haben verschiedene wirtschaftsgeschichtliche Faktoren beigetragen. Es entwickelten sich mehrere, auch regional unterschiedliche Nutzungsformen, von denen einige im Museumsgelände wieder aufgenommen und mit ihren traditionellen Arbeitsverfahren demonstriert werden.

Von der Baugruppe Bergisches Land an passiert der am Garnkasten aus Barmen-Öhde vorüberführende Weg zunächst einen etwa 150 m tiefen Waldstreifen. An der ersten Wegkurve beginnt links das Areal des Rottlands (B 11). Mit diesem Begriff wird ein Gelände bezeichnet, bei dessen Bewirtschaftung Wald- und Feldnutzung periodisch wechseln. Die Arbeit beginnt im Frühling mit dem Holzeinschlag. Der Bodenbewuchs aus Rasen oder Heidekraut wird abgeplaggt und getrocknet. Im Spätsommer werden die Plaggen mit Laub und Reisig zusammen verbrannt. Die Asche wird zur Düngung über den Boden verteilt und untergehackt. In den so vorbereiteten Boden wird im Herbst Roggen eingesät und im nächsten Sommer geerntet. Ein Jahr darauf kann auf derselben Parzelle meist noch Buchweizen angebaut werden, dann ist die Ertragsfähigkeit des Bodens erschöpft, und das Land bleibt brach liegen. Da die Wurzelstöcke nicht gerodet wurden, wächst durch den Stockausschlag wieder ein Niederwald heran. Auf diese Weise wird jedes Jahr eine andere Parzelle bearbeitet, bis nach 10—20 Jahren der Umtrieb wieder bei der ersten beginnt. Die

Rottwirtschaft ist in der Eifel seit dem Frühmittelalter belegt. In der Neuzeit hatte sie hier ihren Schwerpunkt westlich der Kyll sowie an der mittleren Mosel. Außerdem war Rottwirtschaft in den Ardennen, im Hunsrück, am Mittelrhein zwischen Bingen und Boppard und in Teilen des Westerwalds verbreitet; in der weiterentwickelten Form der Haubergswirtschaft war sie kennzeichnend für das Siegerland und die angrenzenden Teile des Westerwalds.

Im Rottland des Museumsgeländes soll diese Wirtschaftsweise in voraussichtlich zweijährigem Turnus auf etwa acht Parzellenstreifen gezeigt werden, und zwar so, daß sich längs des Wegs eine gestaffelte Abfolge von Rottlandparzellen von jeweils zwei Jahren Altersunterschied ergibt und die einzelnen Stadien der Nutzung von der Vorbereitung zur Einsaat über das bestellte Roggen- oder Buchweizenfeld bis zum allmählichen Wiederaufwuchs des Niederwalds auf den Brachflächen nebeneinander zu sehen sind. Bei dieser Form des Umtriebs würde die Ackernutzung nach sechzehn Jahren bei der letzten Parzelle angelangt sein und danach mit der ersten wieder neu beginnen. Während des Wiederaufwuchses des Stockausschlags bleibt das Land weitgehend sich selbst überlassen; nur die sonst überhandnehmenden und die anderen Arten verdrängenden Birken müssen von Zeit zu Zeit ausgeschlagen werden.

Dem Rottland schließt sich, ebenfalls links vom Weg, das Schiffelland (B 10) an. Schiffelland ist im Gegensatz zum vorigen ein Gelände ohne Holzgewinnung. Die Grenze zwischen beiden Nutzungsformen ist leicht daran kenntlich, daß hier auch die Wurzelstöcke gerodet sind. Das Schiffelland wird nur ackerbaulich genutzt, ermöglicht aber wegen seiner Ertragsarmut den Getreidebau ebenfalls nur mit längeren Zwischenpausen. Der kurzfristigen Ackernutzung folgt Brache, bis sich der Boden soweit regeneriert hat, daß er wieder Frucht tragen kann. Bei vielen Eifeldörfern umzog bis zum vorigen Jahrhundert ein äußerer Ring von Schiffelland den inneren des Dauerackerlands. Restorff beschreibt 1830 das Schiffelland wie folgt:

„Schiffelland ist solches Land, das nach Beschaffenheit des Bodens 12, 20, 30 oder 40 Jahre müßig liegen bleibt. Dann wird der etwa darauf befindliche Pfriemen (Besenginster) ausgegraben und zusammengebunden, hierauf das Land in 1½ oder 2 Fuß breiter Entfernung mit dem Pfluge aufgeritzt, damit es leichter bearbeitet werden kann, der Rasen dicker wird und mehr Brand oder Asche liefert. Sodann wird das Feld geschälet oder der Rasen losgehauen, und ist dieser getrocknet, wird er auf die Pfriemenbündel gelegt und verbrannt. Hiernächst wird Roggen gesäet, worauf eine ein-, auch wohl zweimalige Hafersaat folgt. Dann bleibt das Land wieder müßig liegen und dient zur Weide.“ (F. v. Restorff, Topographisch-statistische Beschreibung der Kgl. Preußischen Rheinprovinzen, Bd. 1, Berlin/Stettin 1830, 268.)

Auf besonders wenig ergiebigen Böden dürfte der Übergang zwischen selten genutztem Schiffelland und gar nicht mehr genutztem Heide- oder Ödland fließend gewesen sein. So wird gelegentlich in den archivalischen Quellen berichtet, daß selbst die ältesten Bauern eines Dorfs sich nicht mehr daran erinnern konnten, daß bestimmte Schiffellandparzellen zu ihren Lebzeiten jemals bebaut worden seien, und bei der Urkatasteraufnahme des Hocheifeldorfs Spessart 1823 waren einige Parzellen offenbar schon so lange nicht unter den Pflug genommen worden, daß ihre Besitzer nicht mehr bekannt waren.

Entstanden ist die Schiffelwirtschaft durch die Ausweitung des Ackerlands im Zuge des mittelalterlichen Landesausbaus. Dabei war die Grenze der für eine Dauerbestellung mit kurzen Brachzeiten geeigneten Bodengüten bald erreicht; vor allem reichte das geringe Aufkommen an Stallmist als einzige Düngergrundlage nicht für eine Ausweitung des Dauerackerlands aus. Neu gewonnenes Ackerland konnte daher nur kurzfristig bestellt werden; nach der Erschöpfung des Bodens brauchte es lange Brachzeiten. Unter diesen extensiven Nutzungsarten ist in der Eifel offenbar die Rottwirtschaft die ältere; ein großer Teil des späteren Schiffellands ist vermutlich aus ehemaligem Rottland durch Überweidung oder gezielte Rodung hervorgegangen. Die Umwandlung von Rott- in Schiffelland erleichterte zwar Bodenbearbeitung und Anbau, führte aber gleichzeitig zu einer weiteren Ertragsminderung, da sowohl der Holzgewinn entfiel als auch die Auslaugung des Bodens verstärkt wurde.

Die Schiffelwirtschaft war eine charakteristische Landnutzungsart der Eifel und fast ausnahmslos nur hier verbreitet. 1357 wird in einer Urkunde für das Gebiet von Manderscheid erstmals zwischen Rott- und Schiffelland unterschieden. Bis zum 16. Jahrhundert nahm das Schiffel- gegenüber dem Rottland zu, dann blieben die Flächen beider Nutzungsarten weitgehend konstant.

Die ersten Parzellen des Schiffellands im Museum haben bereits Frucht getragen. Auch hier sollen die nächsten in zweijährigem Turnus folgen, wobei im ersten Jahr Roggen, im zweiten Hafer oder Buchweizen angebaut werden. In den ersten Brachjahren bildet sich noch eine Pflanzendecke von Ackerwildkräutern aus, dann verheidet das Schiffelland. In dieser Zeit kann es von den Schafen beweidet werden. Vor allem der Besenginster soll und wird sich hier ausbreiten. Er war die charakteristischste Pflanze der historischen Schiffelheiden und wurde, um seinen Aufwuchs zu beschleunigen, als „Schiffelsamen" zum Teil schon mit der letzten Fruchteinsaat eingebracht. Der Besenginster war nicht nur das wichtigste Brennmaterial beim Abbrennen vor der Bestellung, dessen Asche als Dünger benötigt wurde; er konnte auch zwischenzeitlich als Stallstreu geschnitten werden. Die einzelnen Schiffellandparzellen sind durch die

Steinrücken der bei der Vorbereitung für den Anbau aufgesammelten Lesesteine getrennt. Wie beim Rottland folgen die einzelnen Streifen des Schiffellands am Weg mit jeweils zweijährigem Altersunterschied aufeinander.

Dem Schiffelland gegenüber sind die ersten Lohhecken (Lohschläge, B 8) angelegt. Lohe ist in der Lohmühle gemahlene Eichenrinde, die als Gerbmittel für die Lohgerberei benötigt wurde, bevor chemische Gerbstoffe ihre Stelle einnahmen. Die Lohgerberei war ehemals im Rheinland weitverbreitet; nicht nur in den Städten, auch in den Dörfern und Weilern der Eifel und des Bergischen Lands gab es zahlreiche Gerbereien, die ihre Lohe aus den Bauernwäldern der Umgebung bezogen. Ein starker Aufschwung des lederverarbeitenden Gewerbes seit der Mitte des 18. Jahrhunderts führte zur Hochblüte der rheinischen Gerberei. 1816 gab es im heutigen Kreis Bitburg-Prüm 69 Gerbereien. Der starke Bedarf an Lohe führte dazu, daß das Eichenschälen, seit dem Mittelalter vorwiegend Nebennutzung des Rottlands, nun zum Auf- und Ausbau von Niederwald als reinem Eichenschälwald, eben als Lohhecke, führte. Der Gerbstoffgehalt ist in der Rinde junger Stämme am höchsten und bei Stockausschlägen höher als bei Stammholz, so daß sich der Niederwald mit etwa 12- bis 15jährigem Umtrieb als geeignetste Betriebsform der Lohhecke ergab. Die Austriebe werden ausgeästet und am stehenden Stock geschält, wobei die Rinde zunächst längs aufgeschnitten und danach in einem Stück abgezogen wird. Erst dann wird das entrindete Holz am Stock abgeschlagen. Die gerollten Rinden werden auf dem Lohbett, einem Stangengestell, getrocknet. Vor den bereits abgetriebenen Lohhecken des Museums sind am Weg ein Lohbett und ein Stapel geschälter Eichenstangen zu sehen. Das Lohschälen wird im Museum in etwa 2- bis 3jährigem Turnus jeweils im Juni erfolgen. Der anschließende Wald, in dem die künftigen Lohhekken angelegt werden, ist ein ehemaliger, jetzt aber überjähriger Lohwaldbestand, der seit den Nachkriegsjahren nicht mehr geschlagen wurde. Besser noch läßt sich die ehemalige, aus Stockausschlägen wieder aufgewachsene Lohhecke weiter südlich im Gelände, hinter der Meilerstelle, besichtigen.

Das Gebiet der historischen Waldnutzungen endet mit dem Platz des Holzkohlenmeilers (B 1).

Auch die Köhlerei besaß schon im Mittelalter große Bedeutung unter den Waldnutzungen. Bis zum 19. Jahrhundert erfolgte die Erzverhüttung mit Holzkohle. Das geringe Gewicht der Holzkohle ermöglichte ihren Transport über größere Strecken, so daß die Köhlerei in weitem Umkreis um die Erzvorkommen intensiv betrieben werden konnte. Der hohe Holzkohlenbedarf der Hütten war vielfach die Hauptursache für die Entstehung geschlossener Niederwaldgebiete. Die vor allem für die Meiler genutzten Niederwälder hießen Kohlhecken. Vom Eisengewerbegebiet um das

Schleidener Tal wird 1605 berichtet, daß die Eisenhütten und Reitwerke zeitweilig stillstehen mußten, weil der Wiederaufwuchs der Kohlhecken nicht rasch genug Holz für die Meiler liefern konnte.
Auf der Meilerstelle des Museums wird im Spätsommer oder Herbst ein Holzkohlenmeiler aufgebaut und abgebrannt. Den Kern des Meilers bildet die sog. Fülle, ein senkrechter Schacht von etwa 40 cm Durchmesser, dessen Gerippe aus drei in den Boden gerammten und von zwei Weiden- oder Eisenreifen auseinandergehaltenen Stangen besteht. Um diesen Kern werden die zu verkohlenden, etwa meterlangen Holzscheite kreisförmig aufgestapelt. Zwei solche Stapel werden übereinander gepackt; der flachere obere Teil wird in 30—50 cm Höhe mit Kleinholz abgedeckt und verdichtet. Mit dünnem Astholz (Reiserknüppeln) werden dann die Fugen zwischen den Scheiten geschlossen, und der gesamte Meiler wird zunächst mit Grassoden, darüber mit einer 3—5 cm starken Schicht aus Köhlererde abgedeckt. Am Boden des Meilers werden Zuglöcher durchgestoßen. Dann wird der Meiler in der Fülle entzündet. Die Fülle bleibt noch etwa einen halben Tag offen, wobei der Schacht mit Holzkohle vom vorigen Brand, später auch mit trockenem Holz auf- und nachgefüllt wird. Gegen Abend wird dann die Fülle mit Rasenplaggen verschlossen. Auch in der folgenden Nacht muß noch nachgefüllt werden, da sich durch den Schwelbrand im Schacht immer wieder ein Hohlraum bildet. Meist erst am zweiten Tag, je nach den Windverhältnissen, werden im oberen Teil des Meilers die ersten Rauchlöcher durchgestoßen. Die Farbe des Rauchs gibt dem Köhler Auskunft über das Fortschreiten der Verkohlung im Innern. Wenn der zunächst dicke weiße Rauch dünner wird und sich blau färbt, ist die Verschwelung in diesem Teil abgeschlossen; die Rauchlöcher werden geschlossen und tiefer neue eingestoßen. Der Köhler muß während des Brands den Meiler ständig beobachten, um zu rasches oder ungleiches Fortschreiten zu verhindern und die Zug- und Rauchlöcher stets den jeweiligen Windverhältnissen anzupassen. Der Meiler fällt während des Brands bis fast auf die Hälfte seines ursprünglichen Volumens zusammen. Wenn alles Holz verkohlt ist, wird er mit Wasser abgelöscht. Am nächsten Tag beginnt dann das schichtweise Abtragen. Die beim Herausnehmen noch glühende Kohle bleibt einen weiteren Tag unter Kontrolle liegen, bis sie ausgeglüht ist und abtransportiert werden kann. Der gesamte Brand dauert, je nach Meilergröße und Windverhältnissen, sechs bis zehn Tage. Aus einem Raummeter Holz lassen sich etwa 100 kg Holzkohle gewinnen.
Auch wenn die Arbeit der Köhler in ihren Grundzügen überall gleich ist, bestehen doch Unterschiede in Einzelheiten der Arbeitsverfahren beim Aufbau und bei der Behandlung des Meilers. So wie es hier beschrieben und auf der Meilerstelle des Museums gehandhabt wird, legten die Köhler in den Wäldern um Monschau und im Kermeter ihre Meiler an.

Zur Geschichte des Museumsgeländes

Das Freilichtmuseum liegt auf einem langgestreckten Höhenrücken zwischen dem Bleibach- und dem Rotbachtal, der bis 370 m über NN ansteigt, im Südwesten und Südosten rasch, im Nordwesten und Nordosten sanfter abfällt und infolge seiner isolierten Lage in weitem Umkreis sichtbar ist. Das Museumsgelände ist etwa 75 ha groß; es hat eine Länge von 2000 m und eine größte Breite von 850 m. Auf seinem höchsten Punkt umschließt es den 1956 errichteten Hochbehälter des Verbandswasserwerks.
Das ganze Gelände war bis zur Museumsgründung mit Wald bedeckt, der zum Teil aus ehemals bäuerlichem Eichen-Niederwald, zum Teil aus seit dem 19. Jahrhundert vorwiegend mit Kiefern wiederaufgeforsteten Heideflächen entstanden war. Die Kommerner Urkatasteraufnahme von 1829 verzeichnet für den Flurteil Kahlenbusch im östlichen Teil des Museumsgeländes Heide, für den West- und Südteil, die Flur Auf der Hoof, Holzung, die allerdings im Süden mit kleineren Heideflächen durchsetzt war. Vor 1794 gehörte der Kahlenbusch der Gemeinde Kommern; die Heide war aus einem offenbar überweideten Hudewald entstanden. Die Flur Auf der Hoof war Waldbesitz des Landesherrn der Herrschaft Kommern, des Herzogs von Arenberg. Die Grenze zwischen beiden Fluren verläuft etwa längs des von der Museumsverwaltung zur Baugruppe Bergisches Land führenden Wegs, biegt mit diesem bei der Spieler Mühle nach Südosten um und verläuft durch die heutige Parzelle E 3 ins Tal, wo X 1 noch zum Kahlenbusch gehörte, während X 2 und 3 Teile der Flur Auf Rodder waren, die ebenso wie Y (Flur Zingsheimer Tal) als kleinparzelliertes Ackerland

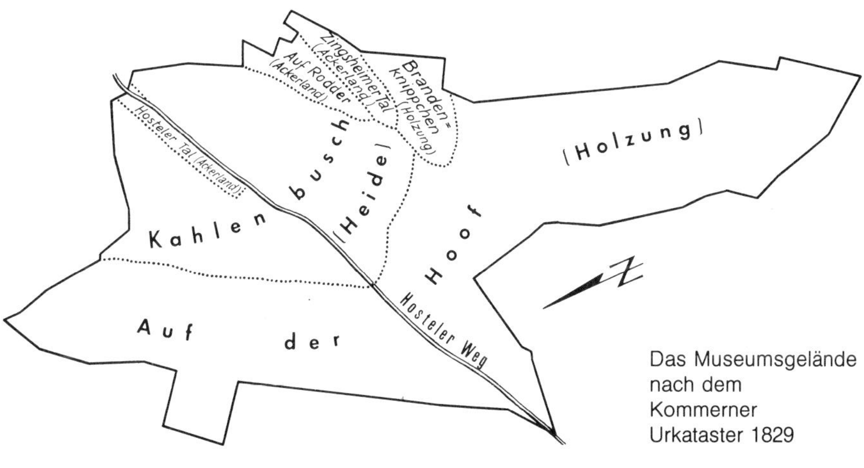

Das Museumsgelände nach dem Kommerner Urkataster 1829

genutzt wurden. Die noch heute erkennbaren Terrassen erinnern an die Ackernutzung des heutigen Wald- (X) bzw. Wiesenlands (Y). Ackerparzellen lagen auch im Tälchen, durch das heute die Museumszu- und -abfahrt führt, und zwar im ganzen Bereich der heutigen unteren Parkplätze. Der alte Name dieses Tälchens, Hosteler Tal, erinnert daran, daß hier ein alter Landweg von Kommern nach Hostel über den Berg führte. Diesen Weg gibt es sowohl außer- wie innerhalb des Museumsgeländes noch heute. Er verläuft im Zuge der heutigen Museumsauf- (unterer) bzw. -abfahrt (oberer Teil); an ihm lag bis zur Neugestaltung des Eingangsbereichs 1977 auch der Museumszugang. Im Gelände selbst ist er vom Wasserhochbehälter bis unterhalb der Cantruper Mühle als Museumsweg ausgebaut; als Waldwirtschaftsweg geht er außerhalb des Geländes bis Hostel weiter.
Die Kuppe, auf der heute das Mannesmann-Haus und das Gartenhaus aus Lennep stehen, hat den alten Namen Brandenknippchen. Hier lagen 1829 kleinparzellierte Holzungen der Kommerner Bauern.
Im Norden reichte das Ackerland fast bis an die Baugruppe Westerwald heran, und sogar ein Teil des Geländes im Bereich der heutigen Baugruppe Eifel ist früher einmal landwirtschaftlich genutzt worden. 1579/80 waren „Auf der Hoven" 60 Morgen Land und Heide verpachtet. 1590 wurden sie offenbar nicht mehr bewirtschaftet, waren aber 1630 und 1669 wieder und 1751 noch zum Teil landwirtschaftlich genutzt, zum Teil bereits mit Niederwald bestockt. Ob es sich um Teile des Ackerlands einer älteren Hofwüstung handelt, ist aus den Quellen nicht zu entscheiden. Eher ist an Außenfelder zu denken, die zeitweilig als Schiffelland genutzt wurden.
Im Laufe des 19. Jahrhunderts wurde auch auf den 1829 noch landwirtschaftlich genutzten Parzellen der Ackerbau aufgegeben. Durch die Zusammenlegungs- und Flurbereinigungsverfahren seit der Jahrhundertwende kam das gesamte heutige Museumsgelände in Gemeindebesitz und wurde 1958 zur Museumsgründung dem Landschaftsverband Rheinland übereignet.

Zur Geologie des Museumsgeländes

Der gesamte Höhenrücken, auf dem das Freilichtmuseum liegt, besteht aus den Sandsteinen und Konglomeraten des Hauptbuntsandsteins, der allerdings nur am Rand des Museumsgeländes als Gestein ansteht — etwas außerhalb in einem Tälchen in Richtung Eicks sind in einem alten Steinbruch sowohl Sandstein als auch Konglomerat aufgeschlossen —,

während er auf der Höhe selbst tiefgründig verwittert ist und einen nährstoffarmen, trockenen Sand- und Kiesboden mit Geröllleinschlüssen bildet. Zum Kommerner Tal hin liegt der Buntsandstein über Schiefer und Grauwacke des Unterdevon. Die Grenze zwischen beiden Schichten verläuft ziemlich genau längs des Waldrands beim Museumszugang. Auch nach Nordosten hin bildet der Waldrand die Grenze des Hauptbuntsandsteins. Hier folgen durch mehrere Verwerfungen immer jüngere Schichten aufeinander: zuerst Oberer Buntsandstein, dann Unterer und Oberer Muschelkalk und schließlich Unterer Keuper. Schon der Obere Buntsandstein ist tonhaltiger als der Hauptbuntsandstein und daher für den Ackerbau geeignet; noch fruchtbarer aber sind die Kalkböden von Muschelkalk und Keuper. Im Ackerland sind Buntsandstein und Muschelkalk im Frühjahr und Herbst durch die Farbe des Bodens deutlich zu unterscheiden. Am Waldrand an der Nordostseite des Museumsbergs liegt eine alte Lehmgrube, aus der auch der Lehm für die Ausfachungen der Museumsbauten gewonnen wurde.
Für die Gärten und landwirtschaftlich genutzten Flächen in den Baugruppen des Museums wurde Mutterboden von Acker- und Grünlandflächen der Umgebung, wie er vor allem bei Straßenbauten anfiel, angefahren und aufgetragen.

Zur Pflanzenwelt des Museumsgeländes

Im Waldbestand des Museumsgeländes spiegelt sich die waldwirtschaftliche Nutzung der Vergangenheit wider. Der ältere Laubwald ist größtenteils ein reiner Eichenwald. Er ist aus Niederwald hervorgegangen, der überwiegend in Form von Lohhecken genutzt wurde. Im Südteil des Geländes ist das noch am deutlichsten zu erkennen (A 1). In diesen Beständen wächst neben der (standortgemäßen) Trauben-Eiche auch die (für die Lohenutzung bevorzugte) Stiel-Eiche. Die vereinzelt vorkommende Rot-Eiche ist hier nicht heimisch; sie ist (vor der Museumsgründung) als Forstbaum eingebracht worden.
Nur in wenigen Waldparzellen ist die Rot-Buche noch als Altbaum vorhanden. Sie gehört zum natürlichen Waldbestand des Gebiets, ist aber durch die Bewirtschaftung zugunsten der Eiche stark zurückgedrängt worden. Im Zuge der Umforstungen wurde sie im Museumsgelände bereits bevorzugt gepflanzt, so daß sich ihr Bestand im Gelände bald sichtbar vermehren wird.

Von den Nadelhölzern ist bei der Auf- und Umforstung seit dem vorigen Jahrhundert in erster Linie die Gemeine Kiefer gepflanzt worden. Neben Jungwuchs aus der Nachkriegszeit gibt es im Museumsgelände auch einige schöne Kiefern-Altbestände (vor allem in A 5). Ganz vereinzelt sind Schwarz-Kiefer und Weymouths-Kiefer als Forstbäume dazwischengekommen. Mit Fichten ist ein Teil des Osthangs aufgeforstet. Die Douglasie, im benachbarten Eickser Wald beliebter Forstbaum, kommt im Museumsgelände nur an einer Stelle vor.
Jüngster Teil des Museumswalds sind die Birkengehölze. Sie entstanden erst in der Nachfolge der Kiefernaufforstung, und zwar überall dort, wo die schnellwüchsige Birke in nicht geläuterten Kieferndickungen die Kiefer verdrängt hat.
In der weiteren Entwicklung des Museumswalds werden Nadelhölzer nur eine untergeordnete Rolle spielen. Für die Zukunft vorgesehen ist eine Bereicherung des Laubholzbestands um weitere einheimische Baumarten, wie dies in den bereits begründeten Waldsäumen und Hecken schon erfolgt ist.
Außer dem vom Menschen gestalteten Wirtschaftswald gibt es im Museumsgelände aber noch Reste eines älteren Laubmischwalds, der weitgehend den natürlichen Artenbestand seines Standorts zeigt. Am Südhang des Hosteler Tals stehen neben älteren Stiel-Eichen schöne Altbestände von Berg-Ahorn und Grau-Weide sowie einige besonders alte Ebereschen, durchsetzt von Trauben-Eichen, Birken und Vogel-Kirschen, mit Unterwuchs von Stachelbeere und Roter Johannisbeere, Wald-Geißblatt und im Sommer geschlossenen Farnbeständen (Adlerfarn, Gemeiner und Breitblättriger Wurmfarn). Dieser bemerkenswerte natürliche Hangwald gehört zu den aus der forstlichen Nutzung ausgenommenen Schutzwaldparzellen des Museumsgeländes (W 2).
Weit stärker differenziert als im Baumbestand zeigen sich die Waldflächen des Museums in ihrer Krautschicht. Hier schaffen unterschiedliche Bodenbeschaffenheit, Lichtverhältnisse, Himmelsrichtung und Hangneigung usw. kleinräumig verschiedene Standortbedingungen und zugleich jahreszeitlich verschiedene Aspekte. Im Frühling sind die Eichenwälder stellenweise dicht übersät mit den weißen Blüten des Busch-Windröschens, dann folgen Hain-Veilchen, Efeu-Gundermann, Maiglöckchen, Schattenblume und Wald-Sauerklee. Ende Mai leuchtet das Goldgelb des Besenginsters von den Wegrändern und Heideflächen. Im Juni ist der Waldboden an vielen Stellen überzogen von dem weißen Blütenteppich des Harz-Labkrauts, dazwischen stehen die hellblauen Blütentrauben des Wald-Ehrenpreis. Wenn im Juli an den Wegen in zum Teil ganzen Wällen unzählige Kratzdisteln in Blüte stehen, machen die vielen Schmetterlinge und anderen Insekten, die die Blüten anfliegen, den engen Zusammenhang zwischen Pflanzen- und Tierwelt eines solchen Biotops besonders deut-

lich. Auf den Schlägen fallen im Juli die rosablühenden Stauden des Waldweidenröschens auf, auf Öd- und Trittflächen erscheinen die karminroten Blüten des Tausendgüldenkrauts, im Eichenwald um die Baugruppe Niederrhein stehen Massenbestände des Hain-Greiskrauts gelb in Blüte. Weniger auffällig, aber doch nicht zu übersehen, ist der ebenfalls gelb blühende Wiesen-Wachtelweizen im Laubwald des Südteils. Auf trockenem Waldboden blüht mit gelblichweißen Ähren der Salbei-Gamander. Ober- und unterhalb der Baugruppe Westerwald haben sich in den Randstreifen der Wälder beide Springkraut-Arten, das Kleinblütige und das mit seinen dreimal so großen und hängenden Blüten sich deutlich heraushebende Echte Springkraut, ausgebreitet. Hinter der Baugruppe Westerwald und besonders schön im lichten Waldbestand am Weg zum Aussichtspunkt unterhalb der Cantruper Mühle, steht um diese Zeit der Rote Fingerhut in Blüte.
Im Spätsommer sind es dann vor allem die Heideflächen, die mit dem blühenden Heidekraut ihren schönsten Aspekt erhalten, während aus dem Wald die roten Beeren der Eberesche und des Hirsch-Holunders leuchten.
Neben diesen — und vielen anderen — charakteristischen und in größeren Beständen vorkommenden Arten gibt es im Museumsgelände an Einzelstandorten einige seltene Arten, die hier ebenfalls genannt sein sollen, da sie besonderes Interesse, vor allem aber in besonderem Maße unseren Schutz verdienen. In erfreulicher Zunahme begriffen ist das Vorkommen der Orchidee des Museumsgeländes, der Breitblättrigen Sitter, deren schöne, grünlich und violett gezeichnete Blüten man im Juli an Weg- und Waldrändern sehen kann. Bisher nur als Einzelfund ist eine zweite Orchidee, das in Kiefernwäldern heimische Kriechende Netzblatt, zu vermerken; ob sie beständig sein wird, bleibt abzuwarten. Seit 1982 ist als Neufund an mehreren Stellen im Gelände der leuchtend hellblau blühende Pyramiden-Günsel hinzugekommen, der im Mai meist früher als sein häufigerer Verwandter, der Kriechende Günsel, erscheint und stattlicher als dieser ist. Als Schmarotzer wächst auf Besenginster im Südteil die rötlichbraune Ginster-Sommerwurz.
Von besonderem Reiz für den botanisch Interessierten ist eine kahle, allmählich verheidende Kuppe nahe dem südlichen Ende des Museumsgeländes (A 3). Durch einen Waldbrand ist diese Freifläche vor längerer Zeit entstanden; wegen ihrer exponierten Lage wurde sie vom Wald nicht zurückerobert. Auf dünner Humusdecke hat sich hier ein für das Museumsgelände einzigartiger Pflanzenbestand mit seltenen Arten entwickelt, unter denen nur das Kleinblütige Vergißmeinnicht, das im Frühjahr die Kuppe mit einem blauen Blütenteppich umzieht, beide Arten der Haferschmiele, Sand-Hornkraut und Trespen-Federschwingel, Graugrünes Weidenröschen und Quendel-Seide genannt seien. An offenen Stellen ist der

Boden von Flechten, vor allem Cladonia-Arten, überkrustet. Die bisher ermittelten Pflanzenarten dieser Kuppe sind im folgenden zusammengestellt (vgl. auch Pflanzenliste am Schluß).

Brachythecium rutabulum
Ceratodon purpureus
Polytrichum juniperinum
Polytrichum piliferum
Agrostis coarctata
Agrostis tenuis
Aira caryophyllea
Aira praecox
Arenaria serpyllifolia
Avenella flexuosa
Betula pendula
Calluna vulgaris
Carex pilulifera
Cerastium holosteoides
Cerastium semidecandrum
Crepis capillaris
Cuscuta epithymum
Dactylis glomerata
Epilobium lamyi
Festuca ovina
Festuca rubra
Festuca tenuifolia
Filago minima
Galium harcynicum
Galium verum
Gnaphalium silvaticum
Hieracium pilosella
Hypericum humifusum
Hypericum perforatum
Hypochoeris radicata
Luzula multiflora
Myosotis arvensis
Myosotis stricta
Poa pratensis
Poa subcoerulea
Rumex acetosella
Rumex tenuifolius
Sagina procumbens
Sarothamnus scoparius
Senecio jacobaea
Sorbus aucuparia
Taraxacum officinale
Teucrium scorodonia
Veronica officinalis
Vicia angustifolia
Vicia lathyroides
Vicia tetrasperma
Viola riviniana
Vulpia bromoides

Zu den bisher besprochenen Arten, der natürlichen Vegetation des Museumsgeländes, kommen nun noch alle die Arten, die im Zuge des Museumsaufbaus gezielt oder unbeabsichtigt hierhergelangt sind. Zu den ersteren gehören die in den Gärten und auf den Äckern angebauten Kulturpflanzen — die Zierpflanzen eingeschlossen — und die Wildarten, die im Rahmen der unter dem Stichwort „Anlage biogenetischer Reservate" durchgeführten Maßnahmen eingebracht wurden. An Kulturpflanzen soll das Museum alle die Arten und Sorten zeigen, die für die historische rheinische Landwirtschaft von Bedeutung waren. Dazu gehören die Feldfrüchte ebenso wie die Gemüsesorten, Küchen- und Heilkräuter und die Blumen und Ziersträucher des bäuerlichen Gartens bis zum Anfang unseres Jahrhunderts. Dazu gehören aber auch die Obstbaumpflanzungen, in denen als Baum oder durch Pfropfen (Veredeln) alte, vom Aussterben bedrohte Wild- und Kulturobstsorten erhalten und wieder eingebürgert werden.

Gefährdete Wildarten wurden insbesondere im Bereich der Pflanzengesellschaften der Ödlandflächen im Siedlungsbereich (Ruderalflora) und der Äcker (Segetalflora) angesiedelt. Für die Ruderalgesellschaften wurden geeignete Standorte in den Baugruppen — bisher vorwiegend Eifel und Westerwald — nach Bodenverhältnissen, Beschattung, Wind, Feuchtigkeit usw. ausgewählt bzw. durch Auftragen des entsprechenden Bodenmaterials geschaffen, der Boden den jeweiligen Ansprüchen gemäß mit Kalk, Stallmist, Komposterde, Bauschutt von Hausabbrüchen oder Boden aus Rübenmieten u. dgl. vermengt, die Leitpflanzen der einzelnen Pflanzengesellschaften eingepflanzt oder eingesät und über mehrere Jahre gärtnerisch betreut, bis sich ihr Fortbestand hinreichend stabilisiert hatte.

In einigen Fällen sind aber auch weiterhin noch besondere Schutz- und Pflegemaßnahmen erforderlich, um eine dauerhafte Einbürgerung zu sichern. Die einzelnen Ruderalgesellschaften sind in diesem Führer bei ihren Standorten beschrieben.
Ähnliches gilt für die Segetalflora der beiden Getreideäcker, des Ackers mit Kalkboden in der Baugruppe Eifel (vgl. Nr. 18) und des Ackers mit saurem Boden in der Baugruppe Westerwald (Nr. 34). Während der Hauptblütezeit bieten beide ein buntes Bild, wie es bis in unser Jahrhundert für die Getreidefelder charakteristisch war, aber durch den verstärkten Chemie-Einsatz in der Landwirtschaft inzwischen der Vergangenheit angehört. Auf dem Eifel-Acker wurden im Juli 1982 nicht weniger als 61 Wildpflanzenarten (ohne Beete) gezählt. Der größte Teil dieser Arten hat sich jedoch hier wie auf anderem Kulturland des Geländes ohne unser Zutun ausgebreitet. Sie faßten hier Fuß, wenn sie die ihnen gemäßen Standorte und Wuchsbedingungen vorfanden. Viele der jetzt im Bereich der Baugruppen wachsenden Wildpflanzenarten sind auf diese Weise in das Museumsgelände gelangt, und mit Neuankömmlingen ist auch weiterhin zu rechnen. Die Ansiedlung der gezielt eingebrachten Ackerwildkräuter wird hingegen noch einige Jahre Arbeit erfordern, bis es gelungen sein wird, gerade die seltensten und gefährdetsten Arten auf Dauer zu erhalten.
Wer die hier beschriebenen und in der nachfolgenden Liste aufgeführten Pflanzen im Museumsgelände besichtigen will, muß bedenken, daß stets nur ein Teil von ihnen zu sehen ist. Zwar wird man während der ganzen warmen Jahreszeit, insbesondere in den Gärten, Pflanzen in Blüte finden. Allerdings ist nicht nur die Blütezeit unterschiedlich; viele Pflanzen sind überhaupt nur während eines Teils der Vegetationsperiode erkennbar. Frühjahrsblüher sind bald nach dem Fruchten verschwunden, und Sommer- und Herbstblüher kommen oft erst in der vorgeschrittenen Jahreszeit zum Vorschein. Bei den Wildpflanzen hängt es ohnehin vom Jahresklima und von anderen Faktoren ab, ob und wie stark sie in den einzelnen Jahren gedeihen. Daran sollte man denken, wenn man beim Museumsbesuch bestimmte Pflanzen vielleicht vergeblich sucht.
Die Vielfalt der Pflanzen- und Tierarten im Museumsgelände wird in den nachfolgenden Listen deutlich. Diese Vielfalt erklärt sich aus der Vielgestaltigkeit des Geländes, in dem sich auf kleinem Raum zahlreiche Biotope nebeneinander entwickeln konnten und in dem durch Geländearbeiten und gestalterische Maßnahmen immer wieder gute Bedingungen für Neuansiedler geschaffen werden, die hier von allen Schadstoffen freie Wuchsorte finden. Deshalb kann die Liste auch kein Verzeichnis auf Dauer sein. Sie ist eine Momentaufnahme, die einerseits einen zu erhaltenden Bestand dokumentiert, andererseits im Bereich der nicht gezielt angesiedelten Arten durch die natürliche Sukzession immer wieder Änderungen in Artenbestand und Standorten erfahren wird.

Stockrosen am Haus aus Scheuerheck

Höhere Pflanzen im Museumsgelände

Die Liste erfaßt die im Museumsgelände vorkommenden Moose und Gefäßpflanzen nach Klassen und Familien geordnet. Mit einem Stern ☆ vor dem Pflanzennamen sind die als Kulturpflanzen (Nutz- und Zierpflanzen) angebauten Arten bezeichnet, mit einem Kreuz + die gezielt in das Museumsgelände eingebrachten Wildpflanzen, sofern sie nicht unabhängig davon bereits im Gelände vorkommen. Bei allen Blütenpflanzen außer den Nadelhölzern sind nach dem deutschen und wissenschaftlichen Namen die Blütemonate angegeben. Die Buchstaben und Ziffern am Ende geben die Standorte nach den Parzellen auf dem Museumsplan im hinteren Umschlag an. Mit a sind Arten bezeichnet, die im Museumsgelände allgemein verbreitet sind oder zahlreiche Standorte haben. Die Zusammenstellung der eingebrachten Arten der Ruderal- und Segetalflora verdanke ich Dr. Wolfgang Schumacher, das Verzeichnis der historischen Gartenpflanzen Dr. Wilhelm Lohmeyer. Ganz besonders zu danken habe ich Prof. Dr. Kurt Walther für die in mehreren gemeinsamen Begehungen des Museumsgeländes erfolgte Bestandsaufnahme, auf der diese Liste basiert.

Moose:

- Atrichum undulatum a
- Brachythecium rutabulum a
- Bryum argenteum F 5. G.
- Bryum caespiticium K.
- Calliergonella cuspidata N 2.
- Calypogeia muellerana A 7.
- Camptothecium sericeum K.
- Campylopus pyriformis F 2.
- Ceratodon purpureus a
- Dicranella heteromalla a
- Dicranoweisia cirrata H 2. K.
- Dicranum scoparium H 1. R.
- Dicranum scoparium v. orthopyllum A 1. A 5.
- Diplophyllum albicans A 7.
- Eurhynchium praelongum R. X 3.
- Fissidens bryoides A 6. X 3.
- Funaria hygrometrica a
- Hylocomium splendens F 2.
- Hypnum cupressiforme a
- Lepidozia reptans A 7.
- Lophocolea bidentata O 4. R.
- Lophocolea heterophylla a
- Marchantia polymorpha G.
- Mnium affine A 4. B 1. F 7.
- Mnium hornum a
- Orthodontium lineare B 9.
- Plagiothecium cavifolium A 7.
- Plagiothecium curvifolium O 4.
- Plagiothecium denticulatum a
- Pleurozium schreberi F 7.
- Pogonatum aloides A 5. U.
- Pohlia nutans a
- Polytrichum formosum a
- Polytrichum juniperinum A 2. A 3. A 8/9. W.
- Polytrichum piliferum A 1. A 3. A 8/9. T.
- Pseudoscleropodium purum a
- Rhytidiadelphus loreus A 4.
- Thuidium tamariscinum W 2.

Schachtelhalme:

- Teich- Schachtelhalm (Equisetum fluviatile) D.
- Acker-Schachtelhalm (Equisetum arvense) D.

Farne:

Adlerfarn (Pteridium aquilinum) a
Gemeiner Wurmfarn (Dryopteris filix-mas) a
Dorniger Wurmfarn (Dryopteris carthusiana) a
Breitblättriger Wurmfarn (Dryopteris dilatata) a
Wald-Frauenfarn (Athyrium filix-femina) A 10. B 5. W 3.

Nadelhölzer:

☆ Eibe (Taxus baccata) G. M. R.
\+ Gemeine Fichte (Picea abies) E 3. X.
\+ Douglasie (Pseudotsuga taxifolia) S.
\+ Europäische Lärche (Larix decidua) A 6. N 1.
Gemeine Kiefer (Pinus silvestris) a
☆ Berg-Kiefer (Pinus mugo) R.
\+ Schwarz-Kiefer (Pinus nigra) R. X.
\+ Weymouths-Kiefer (Pinus strobus) R. T.
\+ Gemeiner Wacholder (Juniperus communis) F 7. L 2. M.
☆ Sadebaum (Juniperus sabina) R.
☆ Kanadische Schierlingstanne (Tsuga americana) R.

Rohrkolbengewächse:

\+ Breitblättriger Rohrkolben (Typha latifolia) 7—8 D.
Schmalblättriger Rohrkolben (Typha angustifolia) 7—8 G.

Igelkolbengewächse:

\+ Ästiger Igelkolben (Sparganium erectum) 6—8 D. P.

Laichkrautgewächse:

\+ Schwimmendes Laichkraut (Potamogeton natans) 6—8 G. M.

Froschbißgewächse:

\+ Kanadische Wasserpest (Elodea canadensis) 5—8 G.

Süßgräser:

☆ Echte Hirse (Panicum miliaceum) 6—9 M.
☆ Kolbenhirse (Setaria italica) 6—10 M.
☆ Gestreiftes Rohrglanzgras (Typhoides = Phalaris arundinacea v. picta) 6—7 P.
Gemeines Ruchgras (Anthoxanthum odoratum) 5—6 C 4. F 7. P. X 3.
\+ Begranntes Ruchgras (Anthoxanthum puelii) 5—7 P.
Wald-Flattergras (Milium effusum) 5—7 B 3.
Wiesen-Lieschgras (Phleum pratense) 6—8 B 10. G.M.Y.
Wiesen-Fuchsschwanzgras (Alopecurus pratensis) 5—6 D. Y.
Gekniętes Fuchsschwanzgras (Alopecurus geniculatus) 5—10 M.
Gemeines Straußgras (Agrostis tenuis) 6—7 a
Riesen-Straußgras (Agrostis gigantea) 6—7 B 10. R.
Weißes Straußgras (Agrostis stolonifera) 6—7 G. M.
Sand-Straußgras (Agrostis coarctata) 6—7 A 3. M.
Gemeiner Windhalm (Apera spica-venti) 6—7 D.M.P.
Land-Reitgras (Calamagrostis epigeios) 7—8 a
Wald-Reitgras (Calamagrostis arundinacea) 6—7
Weiches Honiggras (Holcus mollis) 7—8
Wolliges Honiggras (Holcus lanatus) 7—8 Y.
Nelken-Haferschmiele (Aira caryophyllea) 6—7 A 3.
Frühe Haferschmiele (Aira praecox) 5—6 A 3.
Rasen-Schmiele (Deschampsia cespitosa) 6—7 F 6. G. W 2.
Schlängel-Schmiele (Deschampsia = Avenella flexuosa) 6—8 a
Hoher Glatthafer (Arrhenatherum elatius) 6—7 M. P. U.
Flug-Hafer (Avena fatua) 6—8 D. M.
☆ Saat-Hafer (Avena sativa) 6—8 M. P.
Liegender Dreizahn (Sieglingia = Danthonia decumbens) 6—7 A 6. C 1. W 3.
Pfeifengras (Molinia coerulea) 7—9 B 4. B 8. C 2.

Gemeines Knäuelgras (Dactylis glomerata) 5—7 a
Wiesen-Kammgras (Cynosurus cristatus) 6—7 A 6.
Einjähriges Rispengras (Poa annua) 1—12 C 1. G. P. W.
Zusammengedrücktes Rispengras (Poa compressa) 6—7 G. M.
Wiesen-Rispengras (Poa pratensis) 5—6 A 3. G. P.
Gemeines Rispengras (Poa trivialis) 6—7 a
Graugrünes Rispengras (Poa subcoerulea) 5—6 A 3. D.
Hain-Rispengras (Poa nemoralis) 6—7 a
Sumpf-Rispengras (Poa palustris) 6—7 X 4.
Flutender Schwaden (Glyceria fluitans) 5—8 D.
Schaf-Schwingel (Festuca ovina) 5—8 a
Haar-Schwingel (Festuca tenuifolia) 5—8 A 3. F 7.
Rot-Schwingel (Festuca rubra) 6—7 A 3. D. P. X 3.
Wiesen-Schwingel (Festuca pratensis) 6—7 D. Y.
Rohr-Schwingel (Festuca arundinacea) 6—7 P.
Riesen-Schwingel (Festuca gigantea) 7—8 B 4.
Trespen-Federschwingel (Vulpia bromoides) 6—8 A 3.
Weiche Trespe (Bromus mollis = hordeaceus) 5—6 M.
Taube Trespe (Bromus sterilis) 5—6 M.
Roggen-Trespe (Bromus secalinus) 6—7 P.
+ Spelz-Trespe (Bromus grossus) 6—7 M.
Ausdauernder Lolch (Lolium perenne) 5—10 D. G. P. S. Y.
Vielblütiger Lolch (Lolium multiflorum) 6—8 D.
Gemeine Quecke (Agropyron repens) 6—8 G. M. P.
☆ Weizen (Triticum aestivum) 5—7 M.
☆ Einkorn (Triticum monococcum) 6 M.
☆ Emmer (Triticum dicoccum) 6 M.
☆ Dinkel, Spelz (Triticum spelta) 6 M.
☆ Roggen (Secale cereale) 5—6 M. P.
Mäuse-Gerste (Hordeum murinum) 6—10 M. P.
☆ Winter-Gerste (Hordeum vulgare) 5—6 M.
☆ Sommer-Gerste (Hordeum distichon) 6—7 M.

Riedgräser:
Pillen-Segge (Carex pilulifera) 5—6 a
+ Ufer-Segge (Carex riparia) 6—7 G.
Wald-Segge (Carex silvatica) 6—7 X 3.
Hasen-Segge (Carex leporina) 6—7 C 1.

Wasserlinsengewächse:
Kleine Wasserlinse (Lemna minor) 5—6 G. M. P.

Binsengewächse:
Flatter-Binse (Juncus effusus) 6—8 a
Zusammengedrückte Binse (Juncus compressus) 7—8 K.
Glanzfrüchtige Binse (Juncus articulatus) 7—9 K.
Blaugraue Binse (Juncus inflexus) 6—8 D. P.
Knäuel-Binse (Juncus conglomeratus) 5—6 D.
Kröten-Binse (Juncus bufonius) 6—10 D. G.
Zarte Binse (Juncus tenuis) 6—9 X 4.
Feld-Hainsimse (Luzula campestris) 3—4 F 7. X 3. Y.
Vielblütige Hainsimse (Luzula multiflora) 4—6 a
Behaarte Hainsimse (Luzula pilosa) 4—5 A 2. A 7. A 10. B 2—3.
Schmalblättrige Hainsimse (Luzula luzuloides = albida) 6—7 O 4.

Liliengewächse:
☆ Rotgelbe Taglilie (Hemerocallis fulva) 7—8 M. P.
+ Acker-Goldstern (Gagea arvensis = villosa) 3—5 M.

Schattenblume (Maianthemum bifolium) 5—6 A 1. A 2. H 2. W 2.
Maiglöckchen (Convallaria maialis) 5—6 a
+ Weinbergs-Lauch (Allium vineale) 6—8 M.
☆ Zwiebel (Allium cepa) 6—8 M. P.
☆ Schalotte (Allium ascalonicum) 6—7 P.
☆ Knoblauch (Allium sativum) 7—8 P.
☆ Schnittlauch (Allium schoenoprasum) 6—8 P.
☆ Porree (Allium porrum) 6—8 M. P.
☆ Röhrenzwiebel (Allium fistulosum) 6—8 P.
☆ Kaiserkrone (Fritillaria imperialis) 4—5 P.
☆ Feuer-Lilie (Lilium bulbiferum) 6—7 P.
☆ Rote Lilie (Lilium croceum) 6—7 P.
☆ Weiße Lilie (Lilium candidum) 6—7 P.
☆ Glockenblumen-Blaustern (Scilla campanulata) 5—6 D.
☆ Meerträubel (Muscari racemosum) 4—5 P.
+ Doldiger Milchstern (Ornithogalum umbellatum) 4—5 M.
+ Wilde Tulpe (Tulipa silvestris) 4—5 M.
☆ Garten-Tulpe (Tulipa gesneriana) 4—5 P.
☆ Echte Weißwurz (Polygonatum odoratum) 5—6 P.
Vielblütige Weißwurz (Polygonatum multiflorum) 5—6 F 7. X 3.
☆ Fackellilie (Tritoma uvaria) 5—6 M.

Amaryllisgewächse:
☆ Schneeglöckchen (Galanthus nivalis) 2—3 P.
☆ Weiße Narzisse (Narcissus poéticus) 4—5 P.
☆ Gelbe Narzisse (Narcissus pseudonarcissus) 3—4 P.

Schwertliliengewächse:
☆ Deutsche Schwertlilie (Iris germanica) 5—6 M. P.
☆ Holunder-Schwertlilie (Iris sambucina) 5—6 P.
☆ Bunte Schwertlilie (Iris variegata) 5—6 P.
+ Wasser-Schwertlilie (Iris pseudacorus) 5—6 D. M.

Orchideen:
Breitblättrige Sitter (Epipactis helleborine) 6—8 K. R. S. V.
Kriechendes Netzblatt (Goodyera repens) 7—8 H 3.

Weidengewächse:
+ Silber-Pappel (Populus alba) 3—4 M.
+ Schwarz-Pappel (Populus nigra) 4
Espe (Populus tremula) 3—4 a
+ Korb-Weide (Salix viminalis) 3—4 G.
+ Mandel-Weide (Salix triandra) 4—5 P.
Grau-Weide (Salix cinerea) 3—4 a (bes. W 2)
+ Silber-Weide (Salix alba) 4—5 D.
☆ Trauer-Weide (Salix babylonica) 4—5 N 1.

Haselgewächse:
Hainbuche (Carpinus betulus) 4—5 A. C. M.
Gemeine Hasel (Corylus avellana 2—4 G. M. O.

Birkengewächse:
Flaum-Birke (Betula pubescens) 4—5 T.
Weiß-Birke (Betula pendula) 4—5 a
Schwarz-Erle (Alnus glutinosa) 3—4 F. G.
+ Grau-Erle (Alnus incana) 3—4 N 1.

Buchengewächse:
Rot-Buche (Fagus silvatica) 4—5 F. M. R. X 4.
+ Rot-Eiche (Quercus rubra) 5 L 1.
Trauben-Eiche (Quercus petraea) 5 a
Stiel-Eiche (Quercus robur) 5 a

Walnußgewächse:
☆ Nußbaum (Juglans regia) 5 D. M. P.

Ulmengewächse:
+ Feld-Ulme (Ulmus minor = carpinifolia) 3—4 M.

\+ Berg-Ulme (Ulmus glabra)
3—4 M.

Hanfgewächse:
Gemeiner Hopfen (Humulus lupulus) 7—8 G. P.

Nesselgewächse:
Kleine Brennessel (Urtica urens) 6—9 G. M. P.
Große Brennessel (Urtica dioica) 7—10 a

Osterluzeigewächse:
☆ Windende Osterluzei (Artistolochia macrophylla) 5—6 P.
☆ Aufrechte Osterluzei (Aristolochia clematitis) 6—8 P.

Knöterichgewächse:
Breitblättriger Ampfer (Rumex obtusifolius) 7—8 a
Krauser Ampfer (Rumex crispus) 6—8 a
Kleiner Ampfer (Rumex acetosella) 5—8 a
Sauerampfer (Rumex acetosa) 5—7 D. E 2. G. Y.
☆ Gemeiner Rhabarber (Rheum rhabarbarum) 5—6 M. P.
☆ Pontischer Rhabarber (Rheum rhaponticum) 5—6 P.
Floh-Knöterich (Polygonum persicaria) 7—10 D. M. P.
Ampfer-Knöterich (Polygonum lapathifolium) 7—10 D. F 7. M. P.
Pfeffer-Knöterich (Polygonum hydropiper) 7—9 D. M. P.
Aufrechter Knöterich (Polygonum monspeliense) 6—10 P.
Verschiedenblättriger Knöterich (Polygonum heterophyllum) 6—10 M. P.
Winden-Knöterich (Polygonum convolvulus) 7—10 D. G. M.
Vogel-Knöterich (Polygonum aviculare) 5—11 D. G. P.
☆ Spieß-Knöterich (Polygonum cuspidatum) 7—9 P.
☆ Schling-Knöterich (Polygonum auberti) 7—9 N 1.
☆ Echter Buchweizen (Fagopyrum sagittatum) 7—10 B 10. M.

Gänsefußgewächse:
☆ Runkelrübe (Beta rapacea) 7—8 P.
☆ Rote Rübe (Beta rapacea f. rubra) 7—8 M.
☆ Mangold (Beta vulgaris) 7—8 M. P.
\+ Guter Heinrich (Chenopodium bonus-henricus) 5—8 M. P.
Weißer Gänsefuß (Chenopodium album) 7—10 D. M. P.
\+ Bastard-Gänsefuß (Chenopodium hybridum) 6—9 M. P.
\+ Mauer-Gänsefuß (Chenopodium murale) 7—9 M. P.
\+ Stinkender Gänsefuß (Chenopodium vulvaria) 6—9 M.
Vielsamiger Gänsefuß (Chenopodium polyspermum) 7—9 D. P.
☆ Spinat (Spinacia oleracea) 6—9 M. P.
☆ Garten-Melde (Atriplex hortensis) 7—9 P.
Spreiz-Melde (Atriplex patula) 7—10 D. G. M. P.

Portulakgewächse:
\+ Acker-Quellkraut (Montia chondrosperma) 6—8 P.

Nelkengewächse:
Vogelmiere (Stellaria media) 3—12 a
Echte Sternmiere (Stellaria holostea) 4—6 A 6. B 2—4. B 9. F 7. Y.
Gras-Sternmiere (Stellaria graminea) 5—7 D. X 3—4. Y.
Sand-Hornkraut (Cerastium semidecandrum) 3—5 A 3. P. R.
Gemeines Hornkraut (Cerastium holosteoides) 5—10 A 3. P. W 3. X 4. Y.
Knäuel-Hornkraut (Cerastium glomeratum) 3—9 G. P.
☆ Filziges Hornkraut (Cerastium tomentosum) 5—7 M. P.
Kronenloses Mastkraut (Sagina apetala) 5—9 D. R.
Liegendes Mastkraut (Sagina procumbens) 5—9 A 3. C 1. D. G. K. P. W.

Dreinervige Nabelmiere (Moehringia trinervia) 5—7 a
Quendelblättriges Sandkraut (Arenaria serpyllifolia) 5—9 A 3. R.
Einjähriger Knäuel (Scleranthus annuus) 4—9 D. M.
Acker-Spark (Spergula arvensis) 6—10 D. M.
Rote Schuppenmiere (Spergularia rubra) 5—9 D. M.
☆ Bart-Nelke (Dianthus barbatus) 6—9 M. P.
☆ Garten-Nelke (Dianthus caryophyllus) 7—8 P.
☆ Feder-Nelke (Dianthus plumarius) 6—8 P.
Gemeines Leimkraut (Silene vulgaris) 6—9 P.
+ Echte Lichtnelke (Melandrium noctiflorum = Silene noctiflora) 6—9 M.
Rote Lichtnelke (Melandrium rubrum = Silene dioica) 4—9 D. G. X 3.
Weiße Lichtnelke (Melandrium album = Silene alba) 6—9 D. X 3.
+ Kornrade (Agrostemma githago) 6—7 M. P.
☆ Echtes Seifenkraut (Saponaria officinalis) 6—9 P.
☆ Kronen-Lichtnelke (Lychnis coronaria) 6—8 P.
Kuckucks-Lichtnelke (Lychnis flos-cuculi) 5—7 R.

Pfingstrosengewächse:
☆ Pfingstrose (Paeonia officinalis) 5—6 M. P.

Hahnenfußgewächse:
+ Sumpfdotterblume (Caltha palustris) 4—6 D.
☆ Christrose (Helleborus niger) 12—3 P.
☆ Grüne Nieswurz (Helleborus viridis) 3—4 P.
☆ Damaszener Schwarzkümmel (Nigella damascena) 6—8 P.
+ Acker-Rittersporn (Delphinium = Consolida regalis) 5—8 M.
☆ Garten-Rittersporn (Delphinium = Consolida ajacis) 6—8 M. P.
☆ Blauer Eisenhut (Aconitum napellus) 6—8 M. P.
☆ Wolfs-Eisenhut (Aconitum vulparia) 6—8 P.
☆ Wald-Akelei (Aquilegia vulgaris) 5—7 M. P.
Zwerg-Mäuseschwanz (Myosurus minimus) 4—6 P.
+ Sommer-Adonisröschen (Adonis aestivalis) 5—7 M.
+ Flammen-Adonisröschen (Adonis flammea) 6—8 M.
☆ Ganzblättrige Waldrebe (Clematis integrifolia) 6—7 P.
Buschwindröschen (Anemone nemorosa) 3—5 a
Scharbockskraut (Ficaria verna = Ranunculus ficaria) 3—5 H 2.
Kriechender Hahnenfuß (Ranunculus repens) 5—8 a
+ Acker-Hahnenfuß (Ranunculus arvensis) 5—7 M.
+ Gift-Hahnenfuß (Ranunculus sceleratus) 6—10 D.
Scharfer Hahnenfuß (Ranunculus acris) 5—9 Y.

Berberitzengewächse:
☆ Mahonie (Mahonia aquifolium) 4—6 L. R.

Mohngewächse:
Großes Schöllkraut (Chelidonium majus) 5—10 a
+ Klatsch-Mohn (Papaver rhoeas) 5—7 D. M. P.
+ Sand-Mohn (Papaver argemone) 5—7 M. P.
☆ Schlaf-Mohn (Papaver somniferum) 6—8 P.
☆ Orientalischer Mohn (Papaver orientale) 6—8 P.
☆ Tränendes Herz (Dicentra spectabilis) 5—6 P.
☆ Kalifornischer Kappenmohn (Eschscholtzia californica) 6—10 P.
Echter Erdrauch (Fumaria officinalis) 5—10 D. M.
+ Kleinblütiger Erdrauch (Fumaria parviflora) 6—9 M.
+ Buschiger Erdrauch (Fumaria vaillantii) 6—9 M.

Kreuzblütler:
Knoblauchsrauke (Alliaria petiolata) 4—6 a
Gemeines Sophienkraut (Descurainia sophia) 5—9 G.
Acker-Schmalwand (Arabidopsis thaliana) 4—5 D. L 2.
☆ Färber-Waid (Isatis tinctoria) 5—7 M.
☆ Nachtviole (Hesperis matronalis) 5—7 M. P.
☆ Goldlack (Cheiranthus cheiri) 5—6 M. P.
Wiesen-Schaumkraut (Cardamine pratensis) 4—6 P.
Spring-Schaumkraut (Cardamine impatiens) 5—7 R.
Rauhhaariges Schaumkraut (Cardamine hirsuta) 4—6 G. L 2. M. P.
Echtes Barbarakraut (Barbarea vulgaris) 5—7 D. G. P.
Mittleres Barbarakraut (Barbarea intermedia) 4—6 D. N 3.
☆ Meerrettich (Armoracia rusticana) 5—7 G. P.
☆ Garten-Silberblatt (Lunaria annua) 4—6 P.
Hungerblümchen (Erophila verna) 3—5 C 1. R. W.
+ Kleinfrüchtiger Leindotter (Camelina microcarpa) 5—7 M.
Gemeines Hirtentäschel (Capsella bursa-pastoris) 1—12 D. G. M. P.
Acker-Hellerkraut (Thlaspi arvense) 5—10 M.
☆ Garten-Kresse (Lepidium sativum) 5—7 M.
☆ Schwarzer Senf (Brassica nigra) 6—9 P.
☆ Rosenkohl (Brassica oleracea v. oleracea) 5—9 M.
☆ Grünkohl (Brassica oleracea v. acéphala) 5—9 M.
☆ Kohlrabi (Brassica oleracea v. acéphala) 5—9 G. M.
☆ Weißkohl (Brassica oleracea v. capitata) 5—9 M.
☆ Rotkohl (Brassica oleracea v. capitata) 5—9 M.
☆ Wirsing (Brassica oleracea v. capitata) 5—9 M.
☆ Blumenkohl (Brassica oleracea v. botrytis) 5—9 M.
☆ Raps (Brassica napus) 4—9 P.
☆ Stoppelrübe, Rübsen (Brassica rapa) 4—9 P.
☆ Kohlrübe (Brassica rapifera) 4—9 P.
Wegerauke (Sisymbrium officinale) 5—10 D. G. M.
☆ Raukenkohl (Eruca sativa) 5—6 P.
☆ Radieschen (Raphanus sativus) 5—6 M. P.
☆ Rettich (Raphanus sativus) 5—6 P.
Hederich (Raphanus raphanistrum) 6—10 M.
+ Acker-Wendich (Calepina irregularis) 5—6 M.
+ Weißer Ackerkohl (Conringia orientalis) 5—7 M.

Resedengewächse:
Färber-Resede (Reseda luteola) 6—9 D. M. P.
+ Gelbe Resede (Reseda lutea) 5—9
☆ Gartenresede (Reseda odorata) 7—9 P.

Dickblattgewächse:
☆ Rosenwurz-Fetthenne (Sedum rosea) 6—8 P.
☆ Berg-Fetthenne (Sedum fabaria) 7—9 P.
☆ Große Fetthenne (Sedum maximum) 7—9 P.
☆ Purpur-Fetthenne (Sedum telephium) 7—9 P.
☆ Echte Hauswurz (Sempervivum tectorum) 7—8 P.

Steinbrechgewächse:
☆ Falscher Jasmin (Philadelphus coronarius) 5—6 P.
☆ Falscher Jasmin (Philadelphus virginalis) 5—6 G.
☆ Rauhe Deutzie (Deutzia scabra 6—7 P.
☆ Hortensie (Hydrangea macrophylla) P.
☆ Schwarze Johannisbeere (Ribes nigrum) 4—5 P.
Rote Johannisbeere (Ribes rubrum, Wildpflanze) 4—5 E 2. E 3. W 2. X 3.

☆ Rote Johannisbeere (Ribes rubrum, Gartenpflanze) 4—5 P.
Stachelbeere (Ribes uva-crispa, Wildpflanze) 4—5 E 2. W 2. X 3.
☆ Stachelbeere (Ribes uva-crispa, Gartenpflanze) 4—5 P.

Rosengewächse:
☆ Wald-Geißbart (Aruncus dioicus) 6—7 P.
☆ Weiden-Spierstrauch (Spiraea salicifolia) 6—7 P.
☆ Zwergmispel (Cotoneaster dammeri) 5—6 P.
☆ Quitte (Cydonia oblonga) 5—6 M. P.
☆ Japanische Scheinquitte (Chaenomeles speciosa) 5—6 P.
☆ Birnbaum (Pyrus sativa) 4—5 G. M. P.
Wilder Apfelbaum (Malus silvestris) 5 A 7. X 3.
☆ Apfelbaum (Malus domestica) 5 G. M. P.
Eberesche (Sorbus aucuparia) 5—6 W 2.
☆ Mehlbeere (Sorbus aria) 5 M.
☆ Speierling (Sorbus domestica) 5 P.
Zweigriffliger Weißdorn (Crataegus laevigata) 5 a
Eingriffliger Weißdorn (Crataegus monogyna) 5—6 a
☆ Feuerdorn (Crataegus pyracantha) 5—6 R.
☆ Deutsche Mispel (Mespilus germanica) 5—6 P.
☆ Japanisches Goldröschen (Kerria japonica) 5 P.
Brombeere (Rubus fruticosus) 5—7 a
Himbeere (Rubus idaeus) 5—6 a
Erdbeer-Fingerkraut (Potentilla sterilis) 3—5 A 4. G.
Blutwurz (Potentilla erecta) 6—8 a
Gänse-Fingerkraut (Potentilla anserina) 5—8 a
Kriechendes Fingerkraut (Potentilla reptans) 6—8 a
☆ Garten-Erdbeere (Fragaria ananassa) 5—6 M.
Wald-Erdbeere (Fragaria vesca) 5—6 a
☆ Zimt-Erdbeere (Fragaria moschata) 5—6 P.
Acker-Sinau (Aphanes arvensis) 5—9 D. W.
Echte Nelkenwurz (Geum urbanum) 5—8 a
Kleiner Odermennig (Agrimonia eupatoria) 6—8 a
Großer Wiesenknopf (Sanguisorba officinalis) 7—9 G.
Sumpf-Mädesüß (Filipendula ulmaria) 6—7 D.
Hunds-Rose (Rosa canina) 6 W. X 3.
\+ Wein-Rose (Rosa rubiginosa) 6 D. M.
\+ Kriechende Rose (Rosa repens = arvensis) 6 N 1. P.
☆ Weiße Rose (Rosa alba) 6 P.
☆ Hundertblättrige Rose (Rosa centifolia) 6 P.
Traubenkirsche (Prunus padus) 5 M.
☆ Weichselkirsche Prunus mahaleb) 5 M.
Vogelkirsche (Prunus avium) 4—5 a (bes. W 2)
☆ Kirschbaum (Prunus juliana) 4—5 G. M. P.
Schlehe (Prunus spinosa) 4—5 a
☆ Pflaumenbaum (Prunus insititia) 4—5 G. M. P.
☆ Zwetschgenbaum (Prunus domestica) 4—5 G. M. P.

Schmetterlingsblütler:
Vielblättrige Lupine (Lupinus polyphyllus) 6—8 D. V.
☆ Färber-Ginster (Genista tinctoria) 6—8 M.
☆ Goldregen (Laburnum anagyroides) 5—6
Gemeiner Besenginster (Sarothamnus = Cytisus scoparius) 5—6 a
Blaue Luzerne (Medicago sativa) 6—9 D. S.
Hopfenklee (Medicago lupulina) 5—10 D. F 6. G. M.
Weißer Steinklee (Melilotus alba) 6—9 D.
Echter Steinklee (Melilotus officinalis) 6—9 D.

Weiß-Klee (Trifolium repens)
5—9 M.
Rot-Klee (Trifolium pratense)
6—9 M.
Persischer Klee (Trifolium resupinatum) 4—6 D.
Schweden-Klee (Trifolium hybridum) 5—9 D. G. M.
Gemeiner Hornklee (Lotus corniculatus) 5—9 a
Sumpf-Hornklee (Lotus uliginosus)
6—7 P. X 4.
Zaun-Wicke (Vicia sepium)
5—8 F 6. P. U. X 3. Y.
Vogel-Wicke (Vicia cracca)
6—8 D.
Rauhhaarige Wicke (Vicia hirsuta)
6—7 D. M. P.
Viersamige Wicke (Vicia tetrasperma) 6—7 A 3. M.
Schmalblättrige Wicke (Vicia angustifolia) 5—7 A 3. D. P.
Getreide-Wicke (Vicia segetalis)
5—7 M. P.
Platterbsen-Wicke (Vicia lathyroides) 4—6 A 3.
☆ Acker-Bohne (Vicia faba) 5—7
Saat-Esparsette (Onobrychis viciaefolia) 5—7 D.
+ Erdnuß-Platterbse (Lathyrus tuberosus) 6—8 M.
☆ Breitblättrige Platterbse (Lathyrus latifolius) 7—8 P.
+ Behaarte Platterbse (Lathyrus hirsutus) 6—8 M.
Wiesen-Platterbse (Lathyrus pratensis) 6—8 G.
+ Ranken-Platterbse (Lathyrus aphaca) 6—7 M.
☆ Erbse (Pisum sativum) 5—7 G. M.
☆ Feuer-Bohne (Phaseolus coccineus) 6—9 M. P.
☆ Busch-Bohne (Phaseolus nanus)
6—9 G.
☆ Stangen-Bohne (Phaseolus vulgaris) 6—9

Sauerkleegewächse:
Wald-Sauerklee (Oxalis acetosella)
4—5 a

Storchschnabelgewächse:
Ruprechts-Storchschnabel (Geranium robertianum) 5—10 a
Kleiner Storchschnabel (Geranium pusillum) 6—8 M.
Weicher Storchschnabel (Geranium molle) 5—10 D. P.
+ Wald-Storchschnabel (Geranium silvaticum) 5—7 M.
Schlitzblättriger Storchschnabel (Geranium dissectum) 5—10 R.
Schierlings-Reiherschnabel (Erodium cicutarium) 4—10 D.

Kapuzinerkressengewächse:
☆ Große Kapuzinerkresse (Tropaeolum majus) 6—10 G.

Leingewächse:
☆ Flachs (Linum usitatissimum)
6—7 M.

Rautengewächse:
☆ Weinraute (Ruta gravéolens)
6—8 G. P.

Wolfsmilchgewächse:
Sonnenwend-Wolfsmilch (Euphorbia helioscopia)
6—9 D. G. M. P.
Garten-Wolfsmilch (Euphorbia peplus) 7—10 M.
+ Kleine Wolfsmilch (Euphorbia exigua) 6—10 M.
☆ Kreuzblättrige Wolfsmilch (Euphorbia láthyris) 6—8 M. P.
Einjähriges Bingelkraut (Mercurialis annua) 6—10 D. M.

Wassersterngewächse:
+ Gemeiner Wasserstern (Callitriche palustris) 5—10 D.

Buchsbaumgewächse:
☆ Buchsbaum (Buxus sempervirens)
3—4 G. M. P.

Stechhülsengewächse:
Ilex (Ilex aquifolium) 5—6 a

Spindelbaumgewächse:
Europäisches Pfaffenhütchen (Euonymus europaea)
5—6 G. O. P.

Ahorngewächse:
Berg-Ahorn (Acer pseudoplatanus)
5 G. W. X.
Spitz-Ahorn (Acer platanoides)
4—5 G.
+ Feld-Ahorn (Acer campestre)
5—6 F. G. M. O.

Roßkastaniengewächse:
☆ Gemeine Roßkastanie (Aesculus hippocastanum) 5—6 P.

Balsaminengewächse:
Kleines Springkraut (Impatiens parviflora) 6—9 H 1. O 3—4. P. Q 2.
Echtes Springkraut (Impatiens noli-tangere) 7—8 O 3—4. Q 2.

Kreuzdorngewächse:
Faulbaum (Frangula alnus) 5—6 A 6. E 1. E 2.

Lindengewächse:
+ Sommer-Linde (Tilia platyphyllos) 6 M.
+ Krim-Linde (Tilia euchlora) 7 P.

Malvengewächse:
+ Rauher Eibisch (Althaea hirsuta) 7—8 M.
☆ Echter Eibisch (Althaea officinalis) 7—9 G. P.
☆ Roter Eibisch, Stockrose (Alcea rosea) 6—10 M. P.
☆ Spitzblättrige Malve (Malva alcea) 7—9 P.
Moschus-Malve (Malva moschata) 7—9 G. X 3.
+ Wilde Malve (Malva silvestris) 6—10 M. P.
+ Gänse-Malve (Malva neglecta) 6—10 M. P.

Hartheugewächse:
Tüpfel-Johanniskraut (Hypericum perforatum) 7—8 a
Schönes Johanniskraut (Hypericum pulchrum) 7—9 A 5—9. F 7. W 3.
Niederliegendes Johanniskraut (Hypericum humifusum) 7—8 A 3.
☆ Großblumiges Johanniskraut (Hypericum calycinum) 6—8 R.

Veilchengewächse:
Acker-Stiefmütterchen (Viola arvensis) 5—10 D. M.
☆ Garten-Stiefmütterchen (Viola wittrockiana) 4—10 P.
Hain-Veilchen (Viola riviniana) 4—5 a
☆ März-Veilchen (Viola odorata) 3—4 P.
Hunds-Veilchen (Viola canina) 5—6 A 6.

Seidelbastgewächse:
☆ Gemeiner Seidelbast (Daphne mezereum) 3—4 P.
Gemeine Spatzenzunge (Thymelaea passarina) 7 D.

Ölweidengewächse:
☆ Gemeiner Sanddorn (Hippophae rhamnoides) 3—5 G.

Weiderichgewächse:
+ Blut-Weiderich (Lythrum salicaria 7—9 D.

Nachtkerzengewächse:
Berg-Weidenröschen (Epilobium montanum) 6—9 M. X 4.
Rauhaariges Weidenröschen (Epilobium hirsutum) 6—9 D. N 1.
Kleinblütiges Weidenröschen (Epilobium parviflorum) 6—9 D. P.
Rosarotes Weidenröschen (Epilobium roseum) 7—9 A 4.
Graugrünes Weidenröschen (Epilobium lamyi) 7—8 A 3. M.
Drüsiges Weidenröschen (Epilobium adenocaulon) 6—9 a
Wald-Weidenröschen (Chamaenerion = Epilobium angustifolium) 7—8 a
+ Gemeine Nachtkerze (Oenothera biennis) 6—8 D. P.
Großes Hexenkraut (Circaea lutetiana) 6—8 F 8. M.

Efeugewächse:
Gemeiner Efeu (Hedera helix) 9—11 A 7. F 8. N 1. X 3.

Doldengewächse:
+ Hecken-Kälberkropf (Chaerophyllum temulum) 5—7 M. P.
Wiesen-Kerbel (Anthriscus silvestris) 5—8 P.
☆ Garten-Kerbel (Anthriscus cerefolium) 5—6 P.
+ Echter Venuskamm (Scandix pecten-veneris) 5—6 M.
Gemeiner Klettenkerbel (Torilis japonica) 6—7 D. F 6. M.
+ Kletten-Haftdolde (Caucalis lappula = platycarpos) 6—7 M.
☆ Koriander (Coriandrum sativum) 6—7 P.

+ Gefleckter Schierling (Conium maculatum) 6—9 P.
☆ Sellerie (Apium gravéolens) 7—9 G. M. P.
☆ Petersilie (Petroselinum crispum) 6—7 M. P.
☆ Kümmel (Carum carvi) 5—7 P.
+ Echter Knollenkümmel (Bunium bulbocastanum) 6—7 M.
Zaun-Giersch (Aegopodium podagraria) 6—7 M.
Gemeine Hundspetersilie (Aethusa cynapium) 6—9 M.
Acker-Hundspetersilie (Aethusa egrestis) 6—9 M.
☆ Fenchel (Foeniculum vulgare) 7—9 P.
☆ Dill (Anethum gravéolens) 7—9 P.
☆ Engelwurz (Angelica archangelica) 6—8 P.
☆ Liebstöckel (Levisticum officinale) 7—8 G. M. P.
☆ Meisterwurz (Peucedanum = Imperatoria ostruthium) 7—8 P.
☆ Gemeiner Pastinak (Pastinaca sativa) 7—9 P.
Wiesen-Bärenklau (Heracleum sphondylium) 6—9 D. G. M.
Wilde Möhre (Daucus carota) 6—9 D. P. S.
☆ Garten-Möhre (Daucus sativus) 6—9 M. P.
+ Rundblättriges Hasenohr (Bupleurum rotundifolium) 6—8 M.

Hartriegelgewächse:
Roter Hartriegel (Cornus sanguinea) 5—6 O 1.

Heidekrautgewächse:
Heidelbeere (Vaccinium myrtillus) 4—8 a
Gemeines Heidekraut (Calluna vulgaris) 8—10 a

Primelgewächse:
Wiesen-Schlüsselblume (Primula veris) 4—6 D. F 6.
☆ Garten-Aurikel (Primula hortensis) 5—7 P.
Hain-Gilbweiderich (Lysimachia nemorum) 5—8 H 2.
☆ Punkt-Gilbweiderich (Lysimachia punctata) 6—8 M. P.
Acker-Gauchheil (Anagallis arvensis) 6—10 D. G. M.
+ Blauer Gauchheil (Anagallis foemina) 6—9 M.
+ Acker-Kleinling (Centunculus minimus) 5—9 P.

Ölbaumgewächse:
+ Gemeine Esche (Fraxinus excelsior) 4—5 G. X 3.
☆ Flieder (Syringa vulgaris) 4—5 M. P.
☆ Forsythie (Forsythia suspensa) 4—5 P.

Enziangewächse:
Echtes Tausendgüldenkraut (Centaurium umbellatum = erythraea) 7—9 D. F 6. R. S.

Hundsgiftgewächse:
☆ Kleines Immergrün (Vinca minor) 4—5 M.

Windengewächse:
Ufer-Zaunwinde (Calystegia sepium) 6—9 M. R.
Acker-Winde (Convolvulus arvensis) 6—9 Y.

Seidengewächse:
Quendel-Seide (Cuscuta epithymum) 7—9 A 3. B 10. C 1. F 5.

Schwalbenwurzgewächse:
☆ Echte Seidenpflanze (Asclepias syriaca) 6—8 P.

Himmelsleitergewächse:
☆ Blaue Himmelsleiter (Polemonium coeruleum) 6—7 M. P.

Borretschgewächse:
Blauer Natterkopf (Echium vulgare) 5—10 Q 2.
+ Acker-Steinsame (Lithospermum arvense = Buglossoides arvensis) 4—7 M.
Acker-Vergißmeinnicht (Myosotis arvensis) 8—10 D. G. M. P.
Kleinblütiges Vergißmeinnicht (Myosotis stricta) 3—6 A 3. D. F 5.
+ Sumpf-Vergißmeinnicht (Myosotis palustris) 4—10 D.

☆ Garten-Vergißmeinnicht (Myosotis spec.) 5—6
+ Echte Hundszunge (Cynoglossum officinale) 5—7 M.
+ Gemeine Ochsenzunge (Anchusa officinalis) 5—9 M.
+ Gelbe Ochsenzunge (Anchusa ochroleuca) 5—9 M.
+ Acker-Krummhals (Lycopsis arvensis = Anchusa arvensis) 5—9 M.
☆ Gemeiner Beinwell (Symphytum officinale) 5—7
☆ Borretsch, Gurkenkraut (Borago officinalis) 6—7 G. M.

Eisenkrautgewächse:
☆ Eisenkraut (Verbena officinalis) 7—9 P.

Lippenblütler:
+ Acker-Günsel (Ajuga chamaepitys) 6—8 M.
Kriechender Günsel (Ajuga reptans) 5—6 a
Pyramiden-Günsel (Ajuga pyramidalis) 5—6 A 4. A 6. F 5. G.
Salbei-Gamander (Teucrium scorodonia) 7—9 a
+ Gemeiner Andorn (Marrubium vulgare) 6—8 M. P.
+ Echte Katzenminze (Nepeta cataria) 7—9 M. P.
Efeu-Gundermann (Glechoma hederacea) 4—6 a
Kleine Braunelle (Prunella vulgaris) 6—9 D. G. R. S.
Stechender Hohlzahn (Galeopsis tetrahit) 6—10 B 10. D. G. M. X 3.
+ Saat-Hohlzahn (Galeopsis segetum) 7—8 P.
Weiße Taubnessel (Lamium album) 4—10 D. O 3. P. U.
Purpur-Taubnessel (Lamium purpureum) 3—10 D. F 6. M. P.
Stengelumfassende Taubnessel (Lamium amplexicaule) 3—5 M. P.
+ Schwarznessel (Ballota nigra) 6—8 M. P.
+ Echtes Herzgespann (Leonurus cardiaca) 6—9 P.
+ Heil-Betonie (Betonica officinalis) 7—8
+ Einjähriger Ziest (Stachys annua) 6—10 M.
Acker-Ziest (Stachys arvensis) 7—10 D.
Sumpf-Ziest (Stachys palustris) 6—9 F 6.
Wald-Ziest (Stachys silvatica) 6—9 R.
☆ Woll-Ziest (Stachys germanica) 6—8 P.
☆ Echte Salbei (Salvia officinalis) 5—7 P.
☆ Zitronenmelisse (Melissa officinalis) 6—8 G. M. P.
☆ Garten-Bohnenkraut (Satureja hortensis) 7—9 P.
☆ Winter-Bohnenkraut (Satureja montana) 8—10 P.
☆ Echter Ysop (Hyssopus officinalis) 7—10 M. P.
Wirbeldost (Calamintha vulgaris = Clinopodium vulgare) 7—9 N 1.
☆ Majoran (Majorana hortensis) 7—9 P.
☆ Echter Thymian (Thymus vulgaris) 5—10 P.
+ Gemeiner Thymian (Thymus pulegioides) 6—10 P.
+ Ufer-Wolfstrapp (Lycopus europaeus) 7—9 G. P.
☆ Pfefferminze (Mentha piperita) 6—7 G. P.
☆ Rundblättrige Minze (Mentha suaveolens) 7—9 G.
☆ Roß-Minze (Mentha longifolia) 7—9 G.
☆ Polei-Minze (Mentha pulegium) 7—9 P.
☆ Grüne Minze (Mentha spicata) 7—9 G.
Wasser-Minze (Mentha aquatica) 7—10 P.
Acker-Minze (Mentha arvensis) 6—10 D. G. M. P. Y.
☆ Glaskrautblättrige Minze (Mentha parietariifolia) 6—10 P.
☆ Lavendel (Lavandula angustifolia) 7—8 M. P.

Nachtschattengewächse:
☆ Tollkirsche (Atropa bella-donna) 6—8 P.

+ Schwarzes Bilsenkraut (Hyoscyamus niger) 6—10 M. P.
☆ Lampionpflanze (Phýsalis franchetii) 7—8 P.
☆ Kartoffel (Solanum tuberosum) 7—9 G. M. P.
Schwarzer Nachtschatten (Solanum nigrum) 6—10 P.
☆ Tomate (Lycopersicon esculentum) 7—10 M. P.
+ Weißer Stechapfel (Datura stramonium) 6—10 P.

Braunwurzgewächse:
+ Windblumen-Königskerze (Verbascum phlomoides) 7—8 M.
+ Großblütige Königskerze (Verbascum densiflorum) 6—8
+ Schwarze Königskerze (Verbascum nigrum) 6—9 M. P.
Mehlige Königskerze (Verbascum lychnitis) 6—8 G. P.
Kleinblütige Königskerze (Verbascum thapsus) 7—9 a
+ Unechtes Tännelkraut (Kickxia spuria) 7—9 M.
+ Echtes Tännelkraut (Kickxia elatine) 7—9 M.
Gemeines Leinkraut (Linaria vulgaris) 6—10 F 5. S.
+ Acker-Leinkraut (Linaria arvensis) 7—8 P.
+ Acker-Löwenmaul (Antirrhinum = Misopates orontium) 7—10 P.
☆ Garten-Löwenmaul (Antirrhinum majus) 6—9 P.
Knotige Braunwurz (Scrophularia nodosa) 6—9 a
Feld-Ehrenpreis (Veronica arvensis) 4—10 D. G. P. Y.
Gamander-Ehrenpreis (Veronica chamaedrys) 5—6 N 1. P. Y.
+ Acker-Ehrenpreis (Veronica agrestis) 5—10 P.
Persischer Ehrenpreis (Veronica persica) 4—10 D. M. P.
+ Glänzender Ehrenpreis (Veronica polita) 3—10 P.
Glanzloser Ehrenpreis (Veronica opaca) 3—10 D. M.
+ Dreiteiliger Ehrenpreis (Veronica triphyllos) 3—5 P.
Wald-Ehrenpreis (Veronica officinalis) 6—8 a
Efeu-Ehrenpreis (Veronica hederifolia) 3—5 H 3. M. R.
Früher Ehrenpreis (Veronica praecox) 4—6 M. R.
Quendel-Ehrenpreis (Veronica serpyllifolia) 5—9 F 5. R. X 4.
Bach-Ehrenpreis (Veronica beccabunga) 5—9 D.
Roter Fingerhut (Digitalis purpurea) 6—8 B 10. F 7. M. O 4. P. Q 1.
☆ Gelber Fingerhut (Digitalis lutea) 6—8 P.
Wiesen-Wachtelweizen (Melampyrum pratense) 5—9 B 8. C 4. F 7—8. G. H 1. X 3.
+ Roter Zahntrost (Odontites rubra) 6—8 P.

Sommerwurzgewächse:
Ginster-Sommerwurz (Orobanche rapum-genistae) 5—6 A 6.

Wegerichgewächse:
Spitzwegerich (Plantago lanceolata) 5—9 a
Breitwegerich (Plantago major) 6—10 a
Kleiner Wegerich (Plantago intermedia) 6—10 M. P.

Rötegewächse:
+ Gemeine Ackerröte (Sherardia arvensis) 6—10 M.
☆ Waldmeister (Asperula odorata = Galium odoratum) 5—6 P.
Kletten-Labkraut (Galium aparine) 6—10 a
Wiesen-Labkraut (Galium mollugo) 5—9 C 4. F 6. M. O 1. Q 2. U.
+ Unechtes Labkraut (Galium spurium) 5—10 M.
Echtes Labkraut (Galium verum) 5—9 A 3.
Wald-Labkraut (Galium silvaticum) 7—8 O 4.
Harz-Labkraut (Galium harcynicum) 6—8 a
+ Dreihörniges Labkraut (Galium tricornutum) 7—10 M.
Kreuz-Labkraut (Galium cruciata = Cruciata laevipes) 4—6 X 3.

Geißblattgewächse:
Schwarzer Holunder (Sambucus nigra) 6—7 M. P. X 3.
Hirsch-Holunder (Sambucus racemosa) 4—5 a
Gemeiner Schneeball (Viburnum opulus) 5—6 G. H 2. P.
☆ Wolliger Schneeball (Viburnum lantana) 4—6 P.
☆ Schneebeere (Symphoricarpos albus) 7—8 M. P.
Wald-Geißblatt (Lonicera periclymenum) 6—8 a
☆ Echtes Geißblatt, Jelängerjelieber (Lonicera caprifolium) 5—6 M.
+ Rote Heckenkirsche (Lonicera xylosteum) 5—6 P.
☆ Weigelie (Weigela florida) 5—7 P.

Moschuskrautgewächse:
Moschuskraut (Adoxa moschatellina) 3—5 X 3.

Baldriangewächse:
+ Gefurchtes Rapünzchen (Valerianella rimosa) 7—8 M.
Kriechender Baldrian (Valeriana procurrens) 6—9 C 4. P. Q 1. X 4.

Kardengewächse:
☆ Weber-Karde (Dipsacus sativus) 7—8 M.
Wilde Karde (Dipsacus silvester) 7—8 D. M. P. R.
☆ Behaarter Schuppenkopf (Cephalaria pilosa = Dipsacus pilosus) 7—8 M.
Acker-Witwenknopf (Knautia arvensis) 7—8 F 6.

Kürbisgewächse:
Rote Zaunrübe (Bryonia dioica) 6—7 P. X 3.
☆ Gurke (Cucumis sativa) 6—9 P.
☆ Kürbis (Cucurbita maxima) 6—9 M. P.

Glockenblumengewächse:
☆ Marien-Glockenblume (Campanula medium) 6—9 P.
Rundblättrige Glockenblume (Campanula rotundifolia) 6—10 B 5. F 5—7. N 1—2.
Rapunzel-Glockenblume (Campanula rapunculus) 6—8 Y.
Acker-Glockenblume (Campanula rapunculoides) 6—9 G. H 2.
+ Echter Frauenspiegel (Legousia speculum-veneris) 6—8 M.
+ Kleiner Frauenspiegel (Legousia hybrida) 6—7 M.
Schwarze Teufelskralle (Phyteuma nigrum) 5—7 A 6.

Korbblütler:
Gemeiner Wasserdost (Eupatorium cannabinum) 7—9 F 6. P.
Echte Goldrute (Solidago virgaurea) 7—10 A 7. M.
☆ Kanadische Goldrute (Solidago canadensis) 8—10
Gänseblümchen (Bellis perennis) 3—11 a
☆ Maßliebchen (Bellis perennis f. hortensis) 3—11 P.
☆ Neuenglische Aster (Aster novae-angliae) 9—11 M. P.
☆ Neubelgische Aster (Aster novae-belgii) 9—10 M. P.
☆ Weiden-Aster (Aster salignus) 8—10 P.
☆ Lanzettaster (Aster lanceolatus) 8—10 P.
☆ Kleinblütige Aster (Aster tradescantii) 8—10 P.
Kanadisches Berufkraut (Erigeron = Conyza canadensis) 7—10 R.
Zwerg-Filzkraut (Filago minima) 7—9 A 3.
Wald-Ruhrkraut (Gnaphalium silvaticum) 7—9 a
Sumpf-Ruhrkraut (Gnaphalium uliginosum) 7—8 D. P.
☆ Garten-Strohblume (Helichrysum bracteatum) 7—9 P.
☆ Echter Alant (Inula helenium) 7—8 P.
Dürrwurz-Alant (Inula conyza) 7—10 Q 2. U.
Weiden-Alant (Inula salicina) 6—8 D.
☆ Große Telekie (Telekia speciosa) 6—8 P.
☆ Rauhhaariger Sonnenhut (Rudbeckia hirta) 7—9 M.
☆ Schlitzblättriger Sonnenhut (Rudbeckia laciniata) 7—8 P.

☆ Gemeine Sonnenblume (Helianthus annuus) 7—10 P.
☆ Rauhe Sonnenblume (Helianthus rigidus) 8—9 G.
☆ Dahlie (Dahlia pinnata) 8—10 M. P.
Kleinblütiges Knopfkraut (Galinsoga parviflora) 4—10 M.
Vierstrahliges Knopfkraut (Galinsoga ciliata) 5—10 M. P.
Gemeine Schafgarbe (Achillea millefolium) 6—10 a
☆ Färberkamille (Anthemis tinctoria) 6—9 M.
Echte Kamille (Matricaria chamomilla) 5—8 D. G. M.
Strahlenlose Kamille (Matricaria matricarioides = discoidea) 6—8 D. M. P.
Geruchslose Kamille (Matricaria inodora) 6—10 D. M. P.
Wiesen-Margarite (Leucanthemum vulgare) 6—10 D. F 6. M. S.
☆ Große Margarite (Leucanthemum maximum) 6—10 M. P.
+ Saat-Wucherblume (Chrysanthemum segetum) 7—10 M. P.
+ Mutterkraut-Wucherblume (Chrysanthemum parthenium) 6—8 G. M. P.
+ Gemeiner Rainfarn (Tanacetum vulgare) 7—9 P.
☆ Balsamkraut (Tanacetum balsamita) 8—10 P.
Gemeiner Beifuß (Artemisia vulgaris) 7—9 D. G. M. P.
☆ Wermut (Artemisia absinthium) 7—9 G. M. P.
☆ Estragon (Artemisia dracunculus) 8—9 P.
☆ Eberraute (Artemisia abrótanum) 7—10 P.
Gemeiner Huflattich (Tussilago farfara) 3—4 a
+ Rote Pestwurz (Petasites hýbridus) 4—5 D.
☆ Gemswurz (Doronicum spec.) 4—5 S.
Hain-Geiskraut (Senecio fuchsii) 7—9 a
Jakobs-Greiskraut (Senecio jacobaea) 7—9 A 3. F 6. G. R. S.
Gemeines Greiskraut (Senecio vulgaris) 2—11 D. F 5. G. M. P.
Klebriges Greiskraut (Senecio viscosus) 6—10 a
Wald-Greiskraut (Senecio silvaticus) 6—8 B 7. B 10. D.
☆ Garten-Ringelblume (Calendula officinalis) 6—10 G. M. P.
+ Blaue Kugeldistel (Echinops sphaerocephalus) 6—8 M. P.
Große Klette (Arctium lappa) 7—8 M. P. X 3.
+ Kleine Klette (Arctium minus) 7—9 M. P.
Nickende Distel (Carduus nutans) 7—9 D. G. M.
Acker-Kratzdistel (Cirsium arvense) 7—9 a
Lanzett-Kratzdistel (Cirsium vulgare) 6—9 a
Sumpf-Kratzdistel (Cirsium palustre) 7—9 a
☆ Mariendistel (Silybum marianum) 7—8 P.
+ Eselsdistel (Onopordum acanthium) 7—8 D. M. P.
+ Färber-Scharte (Serratula tinctoria) 7—8 M.
+ Kornblume (Centaurea cyanus) 6—10 M.
☆ Berg-Flockenblume (Centaurea montana) 5—10 P.
Gemeine Wegwarte (Cichorium intybus) 7—10 Y.
☆ Zichorie (Cichorium sativum) 7—9 P.
☆ Endivie (Cichorium endivia) 7—9 P.
Gemeiner Rainkohl (Lapsana communis) 6—8 D. M. P.
+ Kleiner Lämmersalat (Arnóseris minima) 6—9 P.
Gemeines Ferkelkraut (Hypochoeris radicata) 6—9 A 3.
Herbst-Löwenzahn (Leontodon autumnalis) 7—9 D.
Wiesen-Bocksbart (Tragopogon pratensis) 5—7 X 4.
☆ Garten-Schwarzwurzel (Scorzonera hispanica) 6—8 M.
Glatter Löwenzahn (Taraxacum laevigatum) 4—6 R.

Gemeiner Löwenzahn (Taraxacum officinale) 4—6 a
Kohl-Gänsedistel (Sonchus oleraceus) 6—10 D. M.
Rauhe Gänsedistel (Sonchus asper) 6—10 A 4. D. G. M.
Acker-Gänsedistel (Sonchus arvensis) 7—10 D. G. M. P.
Zarter Mauerlattich (Mycelis muralis) 7—8 a
☆ Kopfsalat (Lactuca sativa) 6—8 G. M. P.
☆ Gift-Lattich (Lactuca virosa) 7—8 P.
Stachel-Lattich (Lactuca serriola) 7—9 B 10. Y.
Mauer-Pippau (Crepis tectorum) 5—10 D. H 2.
Kleinköpfiger Pippau (Crepis capillaris) 6—10 A 3. D. G. P.
Wiesen-Pippau (Crepis biennis) 5—8 P. V.
Wald-Habichtskraut (Hieracium silvaticum) 6—8 A 6.
Schirm-Habichtskraut (Hieracium umbellatum) 7—10 D.
Glattes Habichtskraut (Hieracium laevigatum) 6—8 F 7.
Savoyer Habichtskraut (Hieracium sabaudum) 7—9 H 2. Q 2. W 2.
Kleines Habichtskraut (Hieracium pilosella) 5—10 a

Wirbeltiere im Museumsgelände

Die Liste bietet nur eine erste vorläufige Übersicht. Das Verzeichnis der Vogelarten wurde nach Angaben von Josef Weber zusammengestellt. Für die Kleintierwelt des Museumsgeländes fehlt eine Bestandsaufnahme zur Zeit noch völlig.

Amphibien:
- Feuersalamander (Salamandra salamandra)
- Kammolch (Triturus cristatus)
- Teichmolch (Triturus vulgaris)
- Fadenmolch (Triturus helveticus)
- Grasfrosch (Rana temporaria)
- Wasserfrosch (Rana esculenta)
- Erdkröte (Bufo bufo)

Reptilien:
- Blindschleiche (Anguis fragilis)
- Zauneidechse (Lacerta agilis)
- Ringelnatter (Natrix natrix)

Gänse:
- Hausgans (Anser anser domestica)

Enten:
- Hausente (Anas platyrhynchos domestica)

Greifvögel:
- Sperber (Accipiter nisus)
- Mäusebussard (Buteo buteo)
- Turmfalke (Falco tinnunculus)
- Roter Milan, Gabelweihe (Milvus milvus)
- Hühnerhabicht (Accipiter gentilis)

Hühner:
- Fasan (Phasianus colchicus)
- Haushuhn (Gallus gallus gallus)

Tauben:
- Ringeltaube (Columba palumbus)
- Turteltaube (Streptopelis turtur)
- Türkentaube (Streptopelis decaocto)

Watvögel:
- Kiebitz (Vanellus cristatus)

Kuckucke:
- Kuckuck (Cuculus canorus)

Eulen:
- Schleiereule (Tyto alba)
- Waldohreule (Asio otus)
- Steinkauz (Athene noctua)
- Waldkauz (Strix aluco)

Segler:
- Mauersegler (Apus apus)

Spechte:
- Buntspecht (Dendrocopus major)
- Mittelspecht (Dendrocopus medius)
- Grünspecht (Picus viridis)
- Schwarzspecht (Dryocopus martius)

Lerchen:
- Feldlerche (Alauda arvensis)

Stelzen:
- Weiße Bachstelze (Motacilla albus)
- Schafstelze (Motacilla flava)

Pieper:
- Baumpieper (Anthus trivialis)

Schwalben:
- Rauchschwalbe (Hirundo rustica)
- Mehlschwalbe (Delichon urbica)

Schnäpper:
- Grauschnäpper (Muscicapa striata)
- Trauerschnäpper (Ficedula hypoleuca)

Drosseln:
- Amsel (Turdus merula)
- Wacholderdrossel (Turdus pilaris)
- Misteldrossel (Turdus viscivorus)
- Singdrossel (Turdus philomelos)
- Ringdrossel (Turdus torquatus)
- Rotdrossel (Turdus iliacus)
- Hausrotschwanz (Phoenicurus ochruros)
- Gartenrotschwanz (Phoenicurus phoenicurus)
- Nachtigall (Luscinia megarhynchos)
- Rotkehlchen (Erithacus rubecula)

Zaunkönig:
- Zaunkönig (Troglodytes troglodytes)

Grasmücken:
- Mönchsgrasmücke (Sylvia atricapilla)
- Gartengrasmücke (Sylvia borin)
- Dorngrasmücke (Sylvia communis)
- Fitislaubsänger (Phylloscopus trochilus)
- Waldlaubsänger (Phylloscopus sibilatrix)
- Zilpzalp (Phylloscopus collybita)
- Wintergoldhähnchen (Regulus regulus)

Baumläufer:
- Gartenbaumläufer (Certhia brachydactyla)
- Waldbaumläufer (Certhia familiaris)

Kleiber:
- Kleiber (Sitta europaea)

Meisen:
- Schwanzmeise (Aegithalus caudatus)
- Blaumeise (Parus coeruleus)
- Kohlmeise (Parus major)
- Tannenmeise (Parus ater)
- Sumpfmeise (Parus palustris)
- Weidenmeise (Parus montanus)
- Haubenmeise (Parus cristatus)

Braunellen:
- Heckenbraunelle (Prunella modularis)

Sperlinge:
- Haussperling (Passer domesticus)
- Feldsperling (Passer montanus)

Finken:
- Buchfink (Fringilla coelebs)
- Grünfink (Carduelis chloris)
- Bergfink (Fringilla montifringilla)
- Zeisig (Carduelis spinus)
- Stieglitz, Distelfink (Carduelis carduelis)
- Bluthänfling (Carduelis cannabina)
- Birkenzeisig (Carduelis flammea)

Girlitz (Serinus serinus)
Kernbeißer (Coccothraustes coccothraustes)
Gimpel, Dompfaff (Pyrrhula pyrrhula)
Goldammer (Emberiza citrinella)

Stare:
Star (Sturnus vulgaris)

Rabenvögel:
Eichelhäher (Garrulus glandarius)
Rabenkrähe (Corvus corone corone)
Saatkrähe (Corvus frugilegus)
Dohle (Corvus monedula)
Elster (Pica pica)

Säugetiere:
Igel (Erinaceus europaeus)
Maulwurf (Talpa europaea)
Feldspitzmaus (Crocidura leucodon)
Wildkaninchen (Oryctolagus cuniculus)
Feldhase (Lepus europaeus)
Eichhörnchen (Sciurus vulgaris)
Gartenschläfer (Eliomys quercinus)
Haselmaus (Muscardinus avellanarius)
Wanderratte (Rattus norvegicus)
Rötelmaus (Clethrionomys glareolus)
Feldmaus (Microtus arvalis)
Steinmarder (Martes foina)
Baummarder (Martes martes)
Hermelin (Mustela erminea)
Mauswiesel (Mustela nivalis)
Hauskatze (Felis silvestris f. catus)
Rotfuchs (Vulpes vulpes)
Hausschwein (Sus scrofa f. domestica)
Hausrind (Bos primigenius f. taurus)
Reh (Capreolus capreolus)
Hauspferd (Equus przewalskii f. caballus)
Hausesel (Equus africanus f. asinus)
Hausschaf (Ovis ammon f. aries)
Hausziege (Capra aegagrus f. hircus)

Literatur

Veröffentlichungen zu Themen aus dem Arbeitsgebiet des Rheinischen Freilichtmuseums in Auswahl

Rheinische Geschichte

Geschichte des Rheinlands von den ältesten Zeiten bis zur Gegenwart. Bd. 2: Kulturgeschichte. Essen 1922.

Geschichtlicher Handatlas der deutschen Länder am Rhein. Köln 1950.

Handbuch der Historischen Stätten Deutschlands. Bd. 3: Nordrhein-Westfalen. 2. Aufl. Stuttgart 1970.

Handbuch der Historischen Stätten Deutschlands. Bd. 5: Rheinland-Pfalz und Saarland. 3. Aufl. Stuttgart 1976.

Rheinische Geschichte. Hg. v. Franz Petri u. Georg Droege. Bd. 2: Neuzeit. Düsseldorf 1976.

Volkskunde und Volkskunst allgemein

Adam Wrede: Rheinische Volkskunde. Leipzig 1922.

Max Creutz: Deutsche Volkskunst - Die Rheinlande. München 1924.

Adam Wrede: Arbeit und Leben am Rhein. Essen 1935.

Adam Wrede: Eifeler Volkskunde. 2. Aufl. Bonn 1960.

Annaliese Ohm: Volkskunst am unteren rechten Niederrhein. Düsseldorf 1960.

Volkskunst im Rheinland. Hg. v. Adelhart Zippelius (Führer u. Schriften d. Rhein. Freilichtmuseums, 4). Düsseldorf 1968.

Dieter Pesch: Volkskunst am Niederrhein. Köln 1980.

Agrargeschichte

Wilhelm Abel: Geschichte der deutschen Landwirtschaft vom frühen Mittelalter bis zum 19. Jahrhundert. 2. Aufl. Stuttgart 1967.

Friedrich Lütge: Geschichte der deutschen Agrarverfassung vom frühen Mittelalter bis zum 19. Jahrhundert. 2. Aufl. Stuttgart 1967.

Günther Franz: Geschichte des deutschen Bauernstandes vom frühen Mittelalter bis zum 19. Jahrhundert. Stuttgart 1970.

Wilhelm Abel: Agrarkrisen und Agrarkonjunkturen. Eine Geschichte der Land- und Ernährungswirtschaft Mitteleuropas seit dem hohen Mittelalter. 2. Aufl. Hamburg/Berlin 1966.

Max Sering: Die Vererbung des bäuerlichen Grundbesitzes im Königreich Preußen. Bd. 1: Oberlandesgerichtsbezirk Köln. Berlin 1897.

Viktor Baur: Die rheinische Landwirtschaft und die wirtschaftliche Struktur der Rheinprovinz zu Beginn des 19. Jahrhunderts. Bonn 1934.

Wilhelm Engels: Ablösungen und Gemeinheitsteilungen in der Rheinprovinz. Ein Beitrag zur Geschichte der Bauernbefreiung. Bonn 1957.

E. G. Zitzen: Scholle und Strom. Rheinischer agrargeschichtlicher Wortschatz. Bonn 1957.

K. Hermes: Zur Frage der ländlichen Erbsitten im nördlichen Rheinland = Köln und die Rheinlande, Festschrift zum 33. Deutschen Geographentag 1961 in Köln, Wiesbaden 1961, 325—340.

Franz Steinbach: Die rheinischen Agrarverhältnisse = Collectanea Franz Steinbach, hg. v. Franz Petri u. Georg Droege, Bonn 1967, 409—433.

Georg Droege: Zur Lage der rheinischen Landwirtschaft in der ersten Hälfte des 19. Jahrhunderts = Landschaft und Geschichte, Festschrift f. Franz Petri, Bonn 1970, 143—156.

Reinhart Zschocke: Die Entwicklung der landwirtschaftlichen Betriebsgrößen in den Rheinlanden und ihre Auswirkung auf die Kulturlandschaft = L'habitat et les paysages ruraux d'Europe, Liège 1971, 423—441.

Volker Henn: Zur Lage der rheinischen Landwirtschaft im 16. bis 18. Jahrhundert = Z. f. Agrargesch. u. Agrarsoziol. 21 1973 173—188.

Volker Henn: Die soziale und wirtschaftliche Lage der rheinischen Bauern im Zeitalter des Absolutismus = Rhein. Vjbll. 42 1978 240—257.

Volker Kölb: Die Entwicklung landwirtschaftlicher Erbsitten im westdeutschen Sprach- und Kulturraum unter dem Einfluß sozialkultureller und sozialökonomischer Wandlungen. Gießen 1978.

Josef Schmithüsen: Der Niederwald im linksrheinischen Schiefergebirge. Bonn 1934.

Wilhelm Müller-Wille: Der Niederwald im Rheinischen Schiefergebirge = Westfäl. Forschungen 1 1938 51—86.

Wilhelm Müller-Wille: Das Rheinische Schiefergebirge und seine kulturgeographische Struktur und Stellung = Deutsches Archiv f. Landes- u. Volksforschung 6 1942 537—591.

Siedlung, Flur und Landwirtschaft in rheinischen Landschaften

Franz Steinbach: Geschichtliche Siedlungsformen in der Rheinprovinz = Z. d. Rhein. Vereins f. Denkmalpflege u. Heimatschutz 30 1937 (2) 19—30.

Franz Steinbach: Ursprung und Wesen der Landgemeinde nach rheinischen Quellen. Köln/Opladen 1960.

Justinus Bendermacher: Dorfformen im Rheinland. Köln 1971.

Untersuchungen zur Struktur und Entwicklung rheinischer Gemeinden. Hg. v. Wolfgang Kuls. Bonn 1971.

Eifel:

Eduard Hartstein: Statistisch-landwirtschaftliche Topographie des Kreises Bonn. Bonn 1850.

Wilhelm Wilsing: Die landwirtschaftlichen Verhältnisse des Eifelgebiets. Heidelberg 1897.

Georg Labion: Darstellung der wirtschaftlichen Verhältnisse eines Eifeldorfes unter besonderer Berücksichtigung seiner landwirtschaftlichen Zustände. Gießen 1904.

Ludwig Schmitz: Die landwirtschaftlichen Verhältnisse der Eifel, besonders in den Kreisen Schleiden, Daun, Prüm und Bitburg. Berlin 1910.

Theodor Brinkmann: Aus dem Wirtschaftsleben der Eifelbauern = Eifel-Festschrift zur 25jährigen Jubelfeier des Eifelvereins, Bonn 1913, 313—391.

Johannes Rieder: Die Schiffelkultur in der Eifel und ihr Rückgang unter dem Einfluß der neuzeitlichen Entwicklung = Schmollers Jb. 46 1922 163—209.

Rudolf Hennewig: Die Landwirtschaft der Eifel im 18. Jahrhundert. Bonn 1926.

Viktor Baur: Die Landwirtschaft in der Eifel und ihren Randgebieten. Daun 1928.

Erhard Antoni: Studien zur Agrargeschichte von Kurtrier. Bonn 1931.

Karl-Heinz Paffen: Heidevegetation und Ödlandwirtschaft in der Eifel. Bonn 1940.

Der Landkreis Monschau. Bearb. v. Hans Pilgram (Die Landkreise in Nordrhein-Westfalen, A 3). Bonn 1957.

Günter Wiegelmann: Natürliche Gunst und Ungunst im Wandel rheinischer Agrarlandschaften. Köln 1958.

Der Landkreis Prüm. Bearb. v. Hans Frentzen (Die Landkreise in Rheinland-Pfalz, 4). Speyer 1959.

Irmund Wenzel: Ödlandentstehung und Wiederaufforstung in der Zentraleifel. Bonn 1962.

Heinrich Winter: Die Entwicklung der Landwirtschaft und Kulturlandschaft des Monschauer Landes unter besonderer Berücksichtigung der Rodungen. Godesberg 1965.

Der Landkreis Düren. Bearb. v. Karl Künster (Die Landkreise in Nordrhein-Westfalen, A 7). Bonn 1967.

Jürgen Bartel: Ein Entwicklungsmuster der Haufendörfer, gezeigt an Beispielen aus den Randlandschaften des Hohen Venns = Berichte zur deutschen Landeskunde 40 1968 253—270.

Hans Becker: Die Agrarlandschaften des Kreises Euskirchen in der ersten Hälfte des 19. Jahrhunderts. Euskirchen 1970.

Joachim Hähnel: Flur und Siedlung = Kommern, eine Dokumentation aus Anlaß der 750-Jahrfeier (Führer u. Schriften d. Rhein. Freilichtmuseums, 16), Köln 1979, 27—87.

Westerwald:

Eugen Heyn: Der Westerwald und seine Bewohner von den ältesten Zeiten bis heute. Marienberg 1893.

Aloys Schmidt: Heimatbuch des Regierungsbezirks Montabaur. Marienberg 1956.

Hellmuth Gensicke: Landesgeschichte des Westerwaldes. Wiesbaden 1958.

Der Landkreis Altenkirchen. Bearb. v. Manfred Hermanns (Die Landkreise in Rheinland-Pfalz, 6). Altenkirchen 1968.

Hans-Joachim Häbel: Die Kulturlandschaft auf der Basalthochfläche des Westerwaldes vom 16. bis 19. Jahrhundert. Wiesbaden 1981.

Niederrhein:

Rolf Lenhartz: Siedlungskundliche Fragen am Niederrhein = Rhein. Vjbll. 5 1935 117—147.

Der Landkreis Bergheim, Bearb. v. Hans Köhler (Die Landkreise in Nordrhein-Westfalen, A 2). Ratingen 1954.

Der Landkreis Grevenbroich. Bearb. v. Paul Junker (Die Landkreise in Nordrhein-Westfalen, A 5). Bonn 1963.

H. Schläger: Die Agrarlandschaft des 19. Jahrhunderts = 150 Jahre Landkreis Bergheim 1816—1966, Bedburg 1966, 147—184.

Bergisches Land:

Franz Steinbach: Beiträge zur Bergischen Agrargeschichte. Vererbung und Mobilisierung des ländlichen Grundbesitzes im bergischen Hügelland. Bonn 1922.

Heinz Schepke: Flurform, Siedlungsform und Hausform im Siegtalgebiet in ihren Wandlungen seit dem 18. Jahrhundert. Bonn 1934.

Otto Kaufmann: Die oberbergische Viehwirtschaft im 19. Jahrhundert = 100 Jahre Waldbröler Viehmarkt 1851—1951, Waldbröl 1951, 71—84.

Der Landkreis Düsseldorf-Mettmann. Bearb. v. Adolf Schüttler (Die Landkreise in Nordrhein-Westfalen, A 1). Ratingen 1952.

Otto Kaufmann: Die oberbergische Landwirtschaft um 1800 = Romerike Berge 5 1955 17—23. 117—123.

Franz Petri: Das Bergische Land in der älteren deutschen Siedlungs- und Wirtschaftsgeschichte = Rhein. Vjbll. 20 1955 61—79.

Heinrich Dittmaier: Siedlungsnamen und Siedlungsgeschichte des Bergischen Landes = Z. d. Berg. Geschichtsvereins 74 1956 1—400.

Heinrich Dittmaier: Probleme der bergischen Siedlungsgeschichte = Rhein. Vjbll. 22 1957 152—175.

Otto Kaufmann: Die oberbergische Landwirtschaft im 18. und 19. Jahrhundert = Romerike Berge 7 1957 113—127.

Otto Kaufmann: Die Landwirtschaft des Homburger und Mucher Landes im 18. und 19. Jahrhundert = Festschrift zum 50jährigen Bestehen des Bröltaler Erntevereins Bruchhausen-Röttgen, 1957, 38—166.

Justus Hashagen, Karl J. Narr, Wilhelm Rees, Edmund Strutz: Bergische Geschichte. Remscheid 1958.

Der Siegkreis. Bearb. v. Karl Künster u. Sigfrid Schneider (Die Landkreise in Nordrhein-Westfalen, A 4). Bonn 1959.

Der Oberbergische Kreis. Bearb. v. Mieke Brinkmann u. Heinrich Müller-Miny (Die Landkreise in Nordrhein-Westfalen, A 6). Bonn 1965.

Otto Kaufmann: Waldarbeiten im Rheinland. Zustand und Nutzung der oberbergischen Wälder im 19. Jahrhundert = Rhein. Heimatpflege 1973 131—142.

Herbert Schmidt: Aus der Wald- und Forstgeschichte des Siegkreises. Siegburg 1973.

Der Rheinisch-Bergische Kreis. Bearb. v. Karl Hermes u. Heinrich Müller-Miny (Die Landkreise in Nordrhein-Westfalen, A 8). Bonn 1974.

Haus und Hof

Konrad Bedal: Historische Hausforschung. Eine Einführung in Arbeitsweise, Begriffe und Literatur. Münster 1978.

Gerhard Eitzen: Rheinische Hausformen südlich der Hallenhausgrenze = Bericht über die Tagung des Arbeitskreises für deutsche Hausforschung 1961, Münster 1962, 6—39.

Gerhard Eitzen: Alte Bauernhäuser der Eifel und des Westerwaldes = Lebendiges Rheinland-Pfalz 4 1967 85—90.

Gerhard Eitzen: Bauernhausformen und ihre Beziehungen zu Wirtschaftsformen = Arbeit und Volksleben, Deutscher Volkskundekongreß 1965 in Marburg, Göttingen 1967, 37—43.

Gerhard Eitzen: Rheinisches Fachwerk im 15. und 16. Jahrhundert = Rhein. Heimatpflege NF 6 1969 2—11.

Eifel:

Anton Zengeler: Die ländliche Bauweise der Eifel = Mitt. d. Rhein. Vereins f. Denkmalpflege u. Heimatschutz 7 1913 11—128.

Gerhard Eitzen: Alte Bauerngehöfte in der hohen Eifel = Rhein. Vjbll. 23 1958 275—290.

Gerhard Eitzen: Das Bauernhaus im Kreis Euskirchen. Euskirchen 1960.

Rolf Robischon: Alte Häuser in der Westeifel = Landeskundl. Vjbll. 11 1965 52—61.

Nikolaus Kyll: Haus und Hof in der alten Volkskultur des trierisch-luxemburgischen Raumes = Kurtrier. Jb. 7 1967 32—50.

Westerwald:

Gerhard Eitzen: Der ältere Scheunenbau im unteren Lahngebiet und seine Bedeutung für die Hausforschung = Rhein. Vjbll. 26 1961 78—93.

Niederrhein:

Adelhart Zippelius: Das Bauernhaus am unteren deutschen Niederrhein. Wuppertal 1957.

Gerhard Eitzen: Niederrheinische Bauernhäuser vom 15. bis zum Beginn des 18. Jahrhunderts (Führer u. Schriften d. Rhein. Freilichtmuseums, 19). Köln 1981.

Bergisches Land:

Hans Ried, Gerhard Eitzen: Das Bauernhaus im niederbergisch-westfälischen Grenzgebiet. Wuppertal 1958.

Otto Kaufmann: Das Bauernhaus im Oberbergischen Kreis = Rhein.-westfäl. Z. f. Volkskunde 6 1959 129—180.

Gerhard Eitzen: Oberbergische Bauernhausformen im 16. und 17. Jahrhundert = Rhein. Vjbll. 28 1963 250—278.

Gerhard Eitzen: Rheinisch-bergische Bauernhäuser aus dem 16. und 17. Jahrhundert = Rhein.-Berg. Kal. 35 1965 15—21.

Willi Münch: Der niederbergische Bauernhof. Wülfrath 1965.

Willi Münch: Niederbergische Steingaden und Wehrspreicher. Düsseldorf 1967.

Wohnen und Arbeiten

Hildegard Bernofsky-Kusenberg: Kindheit und Jugend im bergischen Bauernhaus = Rhein.-Berg. Kal. 31 1961 49—54.

Otto Kaufmann: Alte oberbergische Bauernstuben = Romerike Berge 11 1961 49—64.

Otto Kaufmann: Alte oberbergische Bauernküchen = Romerike Berge 12 1962 156—171.

Elisabeth Nobis-Hilgers: Das alte Bauernhaus im Selfkant und Rurland = Heimatkal- d. Selfkantkreises Geilenkirchen-Heinsberg 12 1962 98—101.

Otto Kaufmann: Möbel und Gerät im alten Bauernhaus = Romerike Berge 23 1973 104—113.

Hans Georg Schmeling: Wohnen und Arbeiten im ländlichen Wohnhaus des mittleren Rheinlandes. Bonn 1973.

Johannes Buchholz: Bäuerliches Leben in einem Dorf der Uckerather Gegend. Ein Bericht über die Zeit um 1920 = Heimatbll. d. Rhein-Sieg-Kreises 43/45 1975/77 108—115.

Gottfried Korff: Wohnalltag in der Eifel. Bemerkungen zur musealen Dokumentation bäuerlicher Wohnformen vor der Industrialisierung = Rhein. Jb. f. Volkskunde 22 1977 103—124.

Volker Gläntzer: Ländliches Wohnen vor der Industrialisierung. Münster 1980.

Viktor Baur: Der rheinische Bauer und sein Vieh = Rhein. Heimatpflege 1936 268—295.

Otto Kaufmann: Das rechtsrheinische Höhengebiet nördlich der Sieg (das Bergische) = Rhein. Heimatpflege 8 1936 212—237. (Betr. bäuerliche Arbeit.)

Robert Legrand: In der Eifel = Rhein. Heimatpflege 1936 238—253. (Betr. Feldarbeiten und Arbeitsbrauchtum.)

Robert Legrand: Die Eifel. Plaudereien über ihre Arbeit und ihr Brauchtum. Wittlich 1941.

Norbert Zerlett: Das Vorgebirge, der rheinische Gemüsegarten = Heimatbuch des Landkreises Bonn, Bd. 2, Bonn 1959, 96—183.

Otto Kaufmann: Frauenarbeit im 19. Jahrhundert im Homburgischen = Romerike Berge 16 1966 49—57.

Max Matter: Landwirtschaftliche Dienstboten im Rheinland nach der ADV-Umfrage zur alten bäuerlichen Arbeit. Erster Arbeitsbericht = Rhein.-westfäl. Z. f. Volkskunde 22 1976 34—50.

Nahrung:

K. Ufer: Wie man im Oberbergischen um 1870 Butter und Käse machte = Z. d. Vereins f. rhein. u. westfäl. Volkskunde 31 1934 61—64.

Otto Kaufmann: Homburgische Bauernkost im 19. Jahrhundert = Romerike Berge 1 1951 159—168.

Dieter Berger: Zur Geschichte der Butterbereitung im Rheinland = Agrarethnographie, Berlin 1957, 175—179.

Otto Kaufmann: Gute alte bergische Bauernkost = Rhein.-Berg. Kal. 33 1963 39—46, 34 1964 137—148, 35 1965 119—128, 37 1967 113—123.

Heinz Horst: Bäuerliche Krautpressen im Erkelenzer Land = Heimatkal. d. Erkelenzer Lande 14 1965 68—73.

Gertrud Herrig: Ländliche Nahrung im Strukturwandel des 20. Jahrhunderts. Untersuchungen im Westeifeler Reliktgebiet am Beispiel der Gemeinde Wolsfeld. Meisenheim 1974.

Backen:

Heinz Horst: Das bäuerliche Backhaus im Erkelenzer Land = Heimatkal. d. Erkelenzer Lande 15 1966 82—90.

Emil Hundhausen: Unser täglich Brot. Ein Beitrag zur Volkskunde im Bergischen Land = Romerike Berge 21 1971 103—106.

Günther Schlieker: So backten unsere Väter — Abschied vom alten „Backes“ = Rhein.-Berg. Kal. 47 1977 164—169.

Kleidung:

Otto Kaufmann: Alte oberbergische Bauernkleidung = Romerike Berge 9 1959 49—73.

Heizung:

Alfred Faber: Entwicklungsstufen der häuslichen Heizung. München 1957.

Sigrid Theisen: Der Eifeler Eisenkunstguß im 15. und 16. Jahrhundert. Düsseldorf 1962. (Takenplatten.)

Dieter Pesch: Herdgußplatten. Bestandskatalog (Führer u. Schriften d. Rhein. Freilichtmuseums, 23). Köln 1982.

Mühlen

Gerhard Luther: Die technische und wirtschaftliche Entwicklung des deutschen Mühlengewerbes im 19. Jahrhundert. Leipzig 1909.

Hermann Gleisberg: Technikgeschichte der Getreidemühle. München 1956.

Hans Jänichen: Zur Geschichte der Sägemühlen im Mittelalter = Alemann. Jb. 1961 317—329.

A. J. Bernet Kempers: Oliemolens. Arnhem 1962.

Friedel Krings: Die Windmühlen der Erkelenzer Börde = Heimatkal. d. Erkelenzer Lande 11 1962 138—152.

Josef Singendonk: Die Kokerwindmühle in Walbeck = Geldr. Heimatkal. 1962 26—28.

Jakob Kalscheuer: Aus dem Leben eines Windmüllers = Heimatkal. f. d. Kr. Moers 23 1966 49—52.

Peter Jansen: Roßmühlen. Zur Geschichte einer vergessenen Mühlenart = Heimatkal. d. Selfkantkreises Geilenkirchen-Heinsberg 20 1970 23—28.

Jannis C. Notebaart: Windmühlen. Der Stand der Forschung über das Vorkommen und den Ursprung. Den Haag/Paris 1972.

Anton Sipman: Molenbouw. Het staande werk van de bovenkruiers. Zutphen 1975.

Ländliche Handwerke und Gewerbe

Eduard Schoneweg: Das Leinengewerbe in der Grafschaft Ravensberg. Bielefeld 1923.

Wilhelm Engels, Paul Legers: Aus der Geschichte der Remscheider und Bergischen Werkzeug- und Eisen-Industrie. Remscheid 1928.

Hubert Meyer: Grenzland-Handwerk. Schleiden 1936.

H. Conrad: Bäuerliche Strohflechtkunst im Oberbergischen = Romerike Berge 1 1951 18—23.

Otto Kaufmann: Altes bäuerliches Handwerk im Oberbergischen. Der Schneider = Romerike Berge 9 1959 16—21. — Der Schreiner = Ebd. 13 1963 49—56. — Der Zimmermann = Ebd. 18 1968 49—57. — Der Schuhmacher = Ebd. 24 1974 49—55.

Herbert Reiners: Agrarstruktur und Korbweidenwirtschaft in der Rur-Wurm-Niederung. Godesberg 1961.

Horst Heidermann: Die Hausindustrie in der bergischen Bandweberei. Göttingen 1960.

August Lentz: Eine untergegangene alte Handwerkstechnik = Heimatkal. d. Selfkantkreises Geilenkirchen-Heinsberg 13 1963 97—100, 14 1964 120—121. (Balkenschneiden mit der Kransäge.)

Else Pfefferkorn: Von Nagelschmieden, Haubenmachern und anderen Berufen in Alt-Schönecken-Wetteldorf = Jb. d. Kr. Prüm 4 1963 72—78.

Hans Seeling: Belgische Ziegel-Wallonen und Feldbrandziegelei am Niederrhein. Eine wirtschafts- und sozialgeschichtliche Studie = Düsseldorfer Jb. 51 1963 225—258.

Emil Hundhausen: Der Huf- und Wagenschmied als aussterbender Handwerksmeister = Romerike Berge 14 1964 104—116.

Theo Schmitz: Vom Schmiedehandwerk im Erkelenzer Land = Heimatkal. d. Erkelenzer Lande 15 1966 75—81.

Gerhard Adelmann: Der gewerblich-industrielle Zustand der Rheinprovinz im Jahre 1836. Bonn 1967.

Emil Hundhausen: Die Ziegelbäckerei, ein ausgestorbenes Handwerk im ehemaligen Amt Dattenfeld = Romerike Berge 17 1967 99—114.

Emil Hundhausen: Der Schornstein- oder Kaminfeger Johann Gerhard Peters aus Loch. Ein Beitrag zur Kultur- und Entwicklungsgeschichte seines Handwerks = Romerike Berge 17 1967 49—65.

Karl Göbels: Rheinisches Töpferhandwerk. Gezeigt am Beispiel der Frechener Kannen-, Düppen- und Pfeifenbäcker. Frechen 1971.

Siegfried Horstmann: Von bergischen Menschen und den Stätten ihrer Arbeit. Remscheid 1971.

Joachim Kermann: Die Manufakturen im Rheinland 1750—1833. Bonn 1972.

Dieter K. Martin: Kohlenmeiler im Wandel der Zeiten = Rhein. Heimatpflege NF 11 1974 29—33.

Hugo Ressler: Die Anlage eines Ziegelofens = Heimatbuch d. Kreises Kempen-Krefeld 25 1974 66—70.

Otto Kaufmann: Arbeiten und Bräuche der Mucher Maurer in alter Zeit = Heimatbll. d. Rhein-Sieg-Kreises 43/45 1975/77 130—136.

Alfred Kühnert: Fast vergessene Berufe. Schlüchtern 1977.

Werden und Wachsen der Wuppertaler Wirtschaft. Von der Garnnahrung 1527 zur modernen Industrie. Hg. v. Horst Jordan u. Heinz Wolff. Wuppertal 1977.

Gerd Bayer, Klaus Freckmann: Küferhandwerk im Rheinland. Köln 1978.

Bärbel Kerkhoff-Hader: Handwerk im Dorf. Selbstversorgung in der vorindustriellen Zeit = museum — Rheinisches Freilichtmuseum Kommern, Braunschweig 1979, 58—73.

Bärbel Kerkhoff-Hader: Lebens- und Arbeitsformen der Töpfer in der Südwesteifel. Ein Beitrag zur Steinzeugforschung im Rheinland. Bonn 1980.

Dieter Pesch: Altes Handwerksgerät (Führer u. Schriften d. Rhein. Freilichtmuseums, 20). Köln 1981.

Kurt Adami, Klaus Freckmann, Konrad Grunsky-Peper: Imkerei im Rheinland und in der Pfalz. Köln 1979.

Weinbau

Felix Meyer: Die Entstehung und Entwicklung des Moselweinbaues. Trier 1925.

Friedrich v. Bassermann-Jordan: Geschichte des Weinbaus. 3 Bände. 2. Aufl. Frankfurt (Main) 1923.

Hubert Honold: Arbeit und Leben der Winzer an der Mittelmosel. Wittlich 1941.

Heinrich Schmitz: Blüte und Verfall des rheinischen Weinbaues unterhalb der Mosel. Bergisch Gladbach 1925.

Josef Ruland: Vom Winzerleben an der Ahr = Festschrift Matthias Zender, Bd. 1, Bonn 1972, 609—622.

Charles Parain: Vorindustrielle Pressen und Keltern und ihre Verbreitung in Westeuropa = Deutsches Jb. f. Volkskunde 8 1962 338—350.

Wegekreuze

Hans Kisky: Hölzerne Wegekreuze im Siegkreis = Heimatbll. d. Siegkreises 21 1953 (66) 14—22.

Georg Jakob Meyer, Klaus Freckmann: Wegekreuze und Bildstöcke in der Eifel, an der Mosel und im Hunsrück = Rhein.-westfäl. Z. f. Volkskunde 23 1977 226—278, 25 1979/80 35—79.

Freilichtmuseen

Adelhart Zippelius: Handbuch der europäischen Freilichtmuseen (Führer u. Schriften d. Rhein. Freilichtmuseums, 7). Köln 1974.